跨越时空的大语文

神话大有来头

刘光成　等　编著

中信出版集团｜北京

图书在版编目（CIP）数据

跨越时空的大语文 : 全6册 / 刘光成等编著. -- 北京 : 中信出版社, 2024.3

ISBN 978-7-5217-5049-2

Ⅰ. ①跨… Ⅱ. ①刘… Ⅲ. ①语文课－中小学－教学参考资料 Ⅳ. ①G634.303

中国版本图书馆CIP数据核字（2022）第241671号

跨越时空的大语文（全6册）

编　　著：刘光成　等
本册撰稿：兰婧
出版发行：中信出版集团股份有限公司
（北京市朝阳区东三环北路 27 号嘉铭中心　邮编　100020）
承 印 者：北京盛通印刷股份有限公司

开　　本：787mm × 1092mm　1/16　　印　　张：47　　字　　数：950千字
版　　次：2024年3月第1版　　印　　次：2024年3月第1次印刷
书　　号：ISBN 978-7-5217-5049-2
定　　价：158.00元（全6册）

目录

盘古开天

造化万物的开创者

人物：盘古

别号：盘古氏、浑屯氏

出处：《三五历纪》《五运历年纪》《开辟衍绎通俗志传》等

类型：创世神话

你知道吗

创世神话也称开辟神话，是人类最初关于天地开辟、人类和万物起源的神话，反映出古人对天地宇宙和人类由来的原始观念。创世神话在各个文明的早期几乎普遍存在，中国创世神话以盘古神话最为著名。

跨越时光读经典

引子

在很久以前，我们的祖先在探索自然的过程中，有了很多疑惑：天地是怎么产生的呢？人类又是从哪里来的呢？

远古时期，人类对世间各种不能理解的现象进行幻想，试图揭开自然与人类之谜。人们幻想有一个叫盘古的人，用自己的神力，开天辟地，并创造世间万物。于是，便有了盘古开天辟地的传说。

天地之分

很久很久以前，宇宙是一片混沌，好像一个大鸡蛋，盘古就孕育在这个大“鸡蛋”中。

过了一万八千年，盘古长大了，他睁开眼睛一看，四周昏暗一团，就用斧子劈开了混沌。随着一声巨响，轻而清的阳气上升，变成了高远的天空；重而浊的阴气下沉，变成了广阔的大地。

从此，宇宙间就有了天地之分。每时每刻，天都在不断变高，地都在不断变厚。又过了一万八千年，天变得高不见顶，地已经深不可测。盘古“顶天立地”支撑了整个宇宙。

盘古就这样独自一直站立着。

神的归宿

又不知过了多少年，终于有一天，盘古再也支撑不住了，他轰然倒下。

在盘古倒地的那一刻，他的身体发生了巨大的变化。他呼出的气息变成了清风和白云；他的声音变成了轰隆的雷霆；他的左眼变成光芒四射的太阳，右眼变成皎洁的月亮；他的四肢变成大地的四极；他的身体变成三山五岳；他的血液变成江河湖海；他的筋脉变成道路；他的肌肉变成土壤；他的头发和胡须变成天上数不清的星星；他的皮肤和汗毛变成了草和树木；他的牙齿和骨头变成了矿物和岩石；他的骨髓变成珠宝美玉；他身上的汗水变成了雨露和甘霖；他身上寄生的各种小虫子，也变成了黎民百姓。

大师的超时空直播间

大明开始流行小说，我也不能免俗，拙作《开辟衍绎通俗志传》刚完成，请各位指正。这本书自盘古开天辟地写起，到周武王伐纣止，虽说是讲历史的小说，但也收罗了早期的神话传说。没办法，上古时期的事情，都是这样流传下来的。却说天地合闭就像个大瓜，包罗万物在内，却得一个盘古氏……

——明代小说家周游

（盘古氏）将身一伸，天即渐高，地便坠下。而天地更有相连者，左手执凿，右手持斧，或用斧劈，或以凿开。

——《开辟衍绎通俗志传》

天开地辟由盘古，人物才分下土。

元代散曲家
刘时中

盘古氏，人祖也。生于混沌之初，鸿蒙未判之先……

明代诗人
马政

混沌未分天地乱，茫茫渺渺无人见。自从盘古破鸿蒙，开辟从兹清浊辨。

明代小说家
吴承恩

谁见盘古生，谁见盘古死。如何盘古墓，却在盘古里。吾闻盘古氏，万世祖之始。后之万万世，皆其孙与子。

清代诗人
龙震

青县盘古沟，上有盘古庙。乾坤始开辟，川原几劫造。

清代诗人
张开东

传世经典再读

三五历纪[1]（节选）

天地浑(hùn)沌(dùn)[2]如鸡子[3]，盘古生其中。万八千岁，天地开辟，阳清为天，阴浊为地。盘古在其中，一日九变，神于天，圣于地。天日高一丈，地日厚一丈，盘古日长一丈，如此万八千岁。天数极高，地数极深，盘古极长。

注释

①三五历纪：三国时期吴国徐整的著作《三五历纪》《五运历年纪》，记载了中国上古的神话传说。

②浑沌：天地没有开辟之前、宇宙模糊成一团的状态。

③鸡子：即鸡蛋。

译文

（最早的时候）天和地混沌一片，像鸡蛋一样，盘古就生长在其中。过了一万八千年，开天辟地，轻而清的东西上升变成了天，重而浊的东西下降变成了地。盘古在天地间，一天有很多次变化，比天和地都神圣。天每天升高一丈，地每天增厚一丈，盘古也每天长高一丈，这样过了一万八千年。天的高度非常高，地的厚度非常深，盘古也长得非常高大。

五运历年纪（节选）

首生盘古，垂死化身，气成风云，声为雷霆，左眼为日，右眼为月，四肢五体①，为四极五岳②，血液为江河，筋脉为地里，肌肉为田土，发髭（zī）③为星辰，皮毛为草木，齿骨为金石，精髓（suǐ）为珠玉，汗流为雨泽，身之诸虫，因风所感，化为黎甿（méng）④。

注释

① 五体：四肢和头。

② 五岳：东岳泰山、南岳衡山、西岳华山、北岳恒山、中岳嵩山，此处泛指群山。

③ 髭：嘴边长而密的胡须。

④ 黎甿：泛指黎民百姓。甿，同氓，古代对百姓的称呼，特指外来之民。

译文

盘古是天地间最早出生的，临死时身体发生了变化。盘古的气息化为风云，声音化为雷霆，左眼化为太阳，右眼化为月亮，四肢和头化为大地的四极和群山，血液化为江河，筋脉化为道路，肌肉化为田地沃土，头发、胡须化为星辰，皮肤汗毛化为草木，牙齿、骨头化为金属和石头，骨髓化为珍珠美玉，汗水化为雨露，身上的各种小虫随风吹落，化为黎民百姓。

神话演变

盘古是中国神话体系中最古老的神，也是中国神话众多创世神中唯一因创世而死亡的。盘古神话长期口头流传，商周时期，盘古的名字出现在有关典籍中。三国时期的吴国太常卿徐整根据各种传说，著成《三五历纪》《五运历年纪》，里面开始有详细的盘古记载，描述了开天辟地的经过。南朝文学家任昉著有《述异记》，也描述了盘古死后身体化为天地万物的过程。在《广博物志》《开辟衍绎通俗志传》等作品中也有盘古形象的描述。

盘古神话的精神

盘古神话中，盘古顶天立地，长成高大的巨人，神话中说他“神于天，圣于地”，这里面展现出一种宝贵的思想：人是自己命运的主人。

另外，盘古神话中也表现出对人类劳动的赞美。盘古不断生长，创造了天地，表达了一种“只要生命不息，劳动不止，就可以创造一切”的精神。正是因为劳动，才使得人类区别于其他生物。

盘古用自己的身体创造出一个充满生机的世界，他奋斗到死，把自己的身体化成世界万物。这是一种不怕困难、努力坚持、自我牺牲、为民造福的精神。

女娲造人

抟土造人，始祖母神

人物：女娲

别号：娲皇、女阴娘娘、女希氏、有蟜氏

出处：《风俗通》《淮南子》等

类型：人类起源神话

你知道吗

在中国古代神话体系中，女娲是“三皇”之一。“三皇”是远古三位大神的合称，被认为是中国人的祖先。“三皇”所指，《春秋纬运斗枢》认为是伏羲、女娲、神农；《尚书大传》认为是燧人、伏羲、神农；《白虎通》认为是伏羲、神农、祝融。《庄子》《纲鉴易知录》则认为是有巢氏、燧人氏、知生氏。

跨越时光读经典

引子

在原始母系社会，女子负责采集果实、加工食物、管理杂务等劳动。在当时，采集野果是氏族成员生活资料的重要来源，同时女性因为在生育上的特殊作用，地位很高。

在这一时期，我们的祖先面对自身的生存状况，开始思考：人类是从哪里来的？是怎么产生的？他们借助想象来描述人类自身的起源，于是就创造出女娲抟土造人的神话。

女娲造人

开天辟地以后，世间万物产生了，却还没有人类。

有一天，天地间出现了一位女神，名叫女娲。她在群山和原野中行走，看到周围的花草树木，却没有人，这让她感觉非常孤独。女娲希望这个美丽的世界生机勃勃，能有一些人类陪伴她。

这一天，乌云蔽日，雷声阵阵，很快便下起雨来。女娲躺在黄土地上，昏昏欲睡。雨水降落在黄土地上，四周变得泥泞起来。女娲坐起来，用雨水掺和着黄土，在手中捏了一个泥人，然后对着捏好的泥人轻轻吹了一口气，泥人立刻有了生命，在地面上跳起舞来，亲切地叫女娲“妈妈”。女娲听了又高兴又激动，于是捏了很多泥人。

人类之母

但是，世界实在是太大了，人的数量太少，很快就不见了踪影。女娲又开始捏泥人，她捏了一批又一批，已经非常疲惫了，还是觉得数量太少。于是女娲想了一个办法，她用一根藤条，沾满泥浆，挥舞起来，一点一点的泥浆洒在地上，都变成了人。

为了让人类能够自己繁衍，延续子孙，女娲创造了嫁娶之礼，让男人和女人结合，繁衍后代。

自从女娲造人之后，这个世界就热闹起来，到处都生机盎然。白天人们耕地种田、狩猎捕鱼，夜晚围着火堆跳舞歌唱。人们幸福地生活着，把女娲称为“女娲娘娘”，把她造人的故事代代相传下去。

大师的超时空直播间

上古神话传说很多，但我还有很多疑问：十层的玉台谁将其看透？登位称帝的人为什么受人敬仰？假如说女娲造了人类的身体，那她特殊的身体又是由谁造的呢？至于舜帝对弟弟那么好，弟弟还加害他，这也是一件想不通的事情。

——战国诗人屈原

璜台十成，谁所极焉？
登立为帝，孰道尚之？
女娲有体，孰制匠之？
舜服厥弟，终然为害。

——《楚辞·天问》

上纪开辟，遂古之初。五龙比翼，人皇九头。伏羲鳞身，女娲蛇躯。

汉代辞赋家
王延寿

女娲祷神祠，祈而为女媒，因置婚姻。

汉代学者
应劭

女娲戏黄土，团作愚下人。散在六合间，濛濛若沙尘。

唐代诗人
李白

天风吹雨来，黄土为柔埴。一经女娲手，蹶然含性识。

宋代文学家
田锡

传世经典再读

风俗通①（节选）

俗说②天地开辟，未有人民，女娲抟（tuán）③黄土作人。务剧④，力不暇供，乃引絙（gēng）⑤于泥中，举以为人。故富贵者，黄土人也；贫贱凡庸者，絙人也。

注释

① 风俗通：东汉时期泰山太守应劭所辑录的民俗著作，又名《风俗通义》。

② 俗说：指民间流传下来的说法。

③ 抟：把东西捏成团。

④ 务剧：事务繁多复杂。

⑤ 絙：粗大的绳索。

译文

民间传说，在天地开辟的时候，世界上并没有人类，女娲把黄土揉成团创造了人类。可由于工作量太过繁巨，她竭尽全力也做不完，于是就把绳子投入泥浆当中，举起绳子把泥浆甩成人类。所以，世上那些富贵的人，是女娲亲手用黄土揉的；而贫贱的人，是女娲用绳子甩落的泥人。

淮　南　子[1]（节选）

黄帝[2]生阴阳，上骈(pián)[3]生耳目，桑林[4]生臂手，此女娲所以七十化也。

注释

① 本段出自西汉刘安所作《淮南子 · 说林训》。

② 黄帝：远古时期著名的部落首领，中华民族的共同祖先。在古代神话中，黄帝是五天帝中的中央之神，其他天帝是东方青帝、南方赤帝、西方白帝、北方黑帝。

③ 上骈：神话传说中主管人类耳朵和眼睛的神明。

④ 桑林：传说中一位神明的名字。

译文

黄帝化生了阴阳两性，上骈造出人的耳目，桑林造出人的手臂，女娲所以能生出七十种变化而造出人类，靠的是上面众神的帮助。

神话演变

关于女娲造人的传说，在春秋战国时期就已经有了。战国时期楚国著名诗人屈原在诗歌《天问》中这样说：女娲有体，孰制匠之？意思是说：传说女娲创造了人类，那么又是什么匠人创造出女娲的呢？

东汉学者王逸在为《楚辞》作注解时提到女娲是人头蛇身，将女娲的形象更加具体化了。

《山海经》中，记述女娲可以化育万物，其肠也化为神人。

北魏地理学家郦道元所著的《水经注》中，记载渭河的支流葫芦河河畔有一座古老的女娲祠，用来祭祀女娲，还有女娲洞、女娲庙等。

这些古籍中对女娲的记述，都是长期的口口相传之后，由文人加工载录形成的。

造人神话的精神

女娲是中华民族世世代代歌颂的对象，也是民间世代崇拜的创世女神和始祖神。在神话故事中，女娲是以一个伟大的人类创造者的形象出现的。人们把盘古看作天地开辟者，又把女娲看成人类始祖，这与中国古代社会的发展状态和古人的观念有关。男人的力气很大，盘古承担起开天辟地的重任；女人负责繁衍后代，女娲成为人类的始祖神。

女娲造人的故事，歌颂了女性在人类发展过程中的重要作用。女娲富有智慧和创造力，想出了用大自然中的泥土造人的办法，让世间充满活力，表现人类与大自然之间的和谐共存。造人的过程中，女娲献出了自己的爱心和关怀，这才让随处可见的泥土有了生命和灵魂，体现了母亲对人类生命孕育、成长的重要作用。可以说，女娲是中华民族伟大母亲的精神象征。

女娲补天

炼石补天，消除洪灾

人物：女娲

别号：娲皇、女阴娘娘、女希氏、有蟜氏

出处：《淮南子》《列子·汤问》

类型：创世神话、自然神话

你知道吗

女娲补天与不周山被撞有关。不周山最早见于《山海经·大荒西经》：“西北海之外，大荒之隅，有山而不合，名曰不周。”后人传说不周山在昆仑山西北，是人间通往天界的路径，但终年寒冷，一般人无法到达。

跨越时光读经典

引子

很久以前，天地间突然传来巨响，大地开始晃动，山也左右摇晃着。有的山中居然喷出火焰和岩浆，一时间飞沙走石，似乎整个世界都要被掩埋了。

在天崩地裂的灾难中，有一位部落女首领带领着族人，紧密团结在一起，积极想办法抗灾救灾，终于渡过难关。人们世世代代传颂着这位女首领的故事，随着时光的流逝，还把她与传说中的创世神女娲联系起来，创造了女娲炼石补天拯救世界的故事。

天塌地裂

自从女娲创造了人类，大地上的人们过着快乐幸福的生活。然而好景不长，火神祝融和水神共工打起仗来，共工把“撑天柱”不周山撞倒了。天塌下半边，不断有陨石和天火从破开的天洞中落下。

女娲被“轰隆隆”的巨大响声震醒了，她看见天空塌下一大块，山上燃烧着熊熊大火，田野里到处是洪水，许多人被火围困在山顶，还有许多人在水里挣扎。女娲立刻造了船，救出在洪水中的人。可是，天上的大窟窿堵不上，灾难就不能根本解决。女娲最终决定冒着生命危险补天救人。

五彩石补天

女娲找到三万六千块补天用的五彩石，然后用神火进行冶炼。炼好了五彩石，女娲补上天空的窟窿，最后自己也化作一道光，将五彩石的缝隙全部封住。

人们常常能看见天边五彩的云霞，传说那就是女娲补天后留下的痕迹。

大师的超时空直播间

天地并不神秘，都是万物的一部分，所以也有不足之处，幸亏女娲冶炼了五色石来补天的不足之处，又砍断了海中巨鳌的脚，用来重做撑起天空的天柱。后来，共工氏与颛顼争夺帝位，发怒撞倒不周山的天柱，因此天往西北倾斜……

——战国思想家、文学家列子

然则天地亦物也。物有不足，故昔者女娲氏练五色石以补其阙；断鳌之足以立四极。其后共工氏与颛顼争为帝，怒而触不周之山，折天柱，绝地维，故天倾西北，日月辰星就焉；地不满东南，故百川水潦归焉。

——《列子·汤问》

南朝诗人
刘孝威

女娲补石，重华累金。

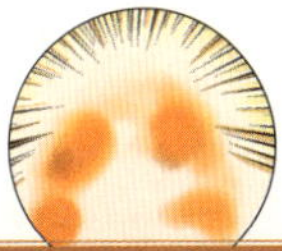

唐代诗人
李贺

女娲炼石补天处，石破天惊逗秋雨。

宋代诗人
释道常

女娲补天天不疏，精卫填海海欲枯。留余乱石龙下蛰，结兹古洞神中刳。

宋代诗人
彭汝砺

高山婉转一千寻，百拜灵祠泪满襟。今日几人能似帝，辛勤长有补天心。

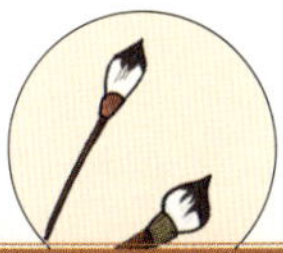

元代诗人
胡奎

不周山崩天柱折，帝遣娲娥补天裂。穹然一盖青团团，东南天漏补不完。

传世经典再读

论衡①（节选）

共工与颛顼（zhuānxū）②争为天子，不胜，怒而触不周之山③，使天柱折，地维绝④。女娲销炼五色石以补苍天，断鳌（áo）⑤足以立四极。天不足西北，故日月移焉；地不足东南，故百川注焉。

注释

① 论衡：本文选自《论衡 · 谈天》，是东汉思想家王充的著作。

② 共工与颛顼：共工是传说中的天神，颛顼是传说中的五帝之一。

③ 不周之山：即不周山，古代神话中的山名，据说在昆仑山西北。

④ 地维绝：系挂着大地四角的大绳弄断了。维，绳子。绝，断。

⑤ 鳌：传说中海里的大龟、大鳖（biē，即甲鱼）。

译文

共工与颛顼争做天子没能获胜，发怒而撞不周山，弄折了支撑天空的柱子，弄断了系着大地四角的绳子。女娲熔炼了五色石填补苍天，砍掉巨鳌的脚顶住天的四边。天的西北方漏了，日月星辰往那边移动；地的东南方漏了，众多的江河向那里流去。

淮南子[1]（节选）

往古之时，四极废，九州裂，天不兼覆，地不周载。火爁（lǎn）炎[2]而不灭，水浩洋而不息。猛兽食颛（zhuān）民[3]，鸷（zhì）鸟[4]攫（jué）[5]老弱。于是女娲炼五色石以补苍天，断鳌足以立四极，杀黑龙以济冀州，积芦灰以止淫水。苍天补，四极正，淫水涸（hé），冀州平，狡虫死，颛民生。

注释

①淮南子：本文选自《淮南子·览冥训》。

②爁炎：大火蔓延燃烧。爁，焚烧、延烧。

③颛民：纯朴的人民。

④鸷鸟：凶猛的鸟。

⑤攫：抓取、掠夺。

译文

在很久以前，大地四方尽头的柱子倒塌，九州大地都塌陷、裂开了，天不能覆盖全部大地，大地不能承载全部世间万物。大火熊熊燃烧、蔓延不熄，洪水到处都是，一片汪洋无法消退。猛兽出来吃善良的人类，凶鸟抓取老弱的百姓。于是女娲熔炼了五色石修补苍天，砍断巨鳌的四肢作为柱子顶天，杀死黑龙拯救中原的百姓，堆积芦苇的灰烬阻止泛滥的洪水。苍天终于修补好了，四方极远之地的天柱立起来了，洪水干涸了，大地安定了，凶兽死了，善良的民众平安生存了。

神话演变

女娲补天的神话故事，来自上古时代，最早记载于先秦古籍《山海经》中，汉代史学家司马迁所著的《史记》中也有记载。此外，在《淮南子》《竹书纪年》《太平御览》中也有类似的故事，可以相互印证。

女娲补天是一个很著名的传说，后世的文学家在此基础上做了很多演绎。四大名著中就有两部对女娲补天的故事有进一步的演绎。《西游记》第三十五回中，银角大王提到：“有一位太上老祖，解化女娲之名，炼石补天，普救阎浮世界。”《红楼梦》则在第一回就引用了女娲的神话：女娲炼石补天剩了一块未用，转世化身为贾宝玉，引出了整本书的故事。

补天神话的精神

女娲奋力补天，拯救世间万物，体现了古人改造天地的伟大想象。古时候人力有限，人与大自然的矛盾只能靠想象中的英雄来解决。

女娲补天的神话还体现了中华民族自觉匡扶天下的精神。天是国家、社会的象征，补天展现出了积极解决困难、消除灾祸、维护和平的愿望和信念。古往今来，每当国家有难，总有奋发有为的人挺身而出，救国救民，这与女娲拯救苍生的理念如出一辙。

大禹治水

中华民族的洪水神话

人物：禹

别号：大禹、帝禹、夏禹、神禹等

出处：《神异经》《山海经》《淮南子》《楚辞》等

类型：洪水神话、民间传说

你知道吗

很多国家和民族的神话传说中，都有大洪水毁灭世界的故事。世界最古老的英雄史诗《吉尔伽美什史诗》中，水神伊亚在大洪水来临之际建了方舟，救出世人。旧约圣经《创世记》也有挪亚方舟的内容。希腊神话中，普罗米修斯预知了大洪水的灾难即将降临，让儿子杜卡利翁建方舟停在帕纳塞斯山，躲避了洪水。

跨越时光读经典

引子

公元前2000年左右，中原地区暴发了一场大规模的洪水。大水泛滥，无边无际，庄稼被淹没了，家园被淹没了，房屋被冲毁了，百姓们流离失所，背井离乡，生活窘困。这时候，贤明的帝王尧忧心忡忡，他四处访求能够治理洪水的人。终于，尧找到了一位叫鲧（gǔn）的贤者。鲧带着大家建筑堤坝，结果却并不好，洪水依旧泛滥。尧死后，舜继承了他的位置，任用一位叫禹的人来治水……

洪水难题

传说，古时候大雨不断，黄河流域洪水泛滥，百姓们有的爬上山顶安家，有的爬上大树造屋。毒蛇和猛兽因为洪水也都无处安身，出来和人类争抢地盘。粮食几乎绝收，饿殍遍地。

负责治水的鲧想建堤坝堵水。听说天帝有一种叫“息壤”的东西，碰到水就可以不停地生长，能用来建堤坝治理洪水。于是鲧便去天帝那里偷来了息壤，用来封堵肆虐的洪水。

天帝知道息壤被偷，暴跳如雷，派出天兵天将收回了息壤，还派祝融去杀了鲧。鲧死后，尸体经久不腐，肚子里出来一条龙，最后化身成大禹。

治水重任

大禹接替了重任，踏上艰辛的治水之路，他一心要完成治水大业。大禹走遍山川大河，实地考察，想出了挖沟造渠、引水入海的治水办法。因为挖沟要费力气，大禹干活时就变成一头巨熊，还从太上老君那里借来一根神珍铁，作为挖沟和测量的工具。

大禹四处奔波治水，亲力亲为，一忙就是十三年。这十三年来，大禹曾经三过家门，都没有进去，只是在门外匆匆看了一眼。他觉得没有完成治水的任务，就无颜面对父老乡亲。最后，大禹完成了治水任务，世界终于太平，百姓再次安居乐业。

大师的超时空直播间

大禹啊，我对他十分钦佩，找不到什么批评的话。他自己平日饮食非常简单，却尽心孝敬祖先。平日自己穿着朴素，却对祭祀的服饰特别讲究。自己住的房屋简陋，却尽力修治沟渠。这样的人，肯定是当之无愧的大英雄、大贤人啊！

——春秋思想家、教育家孔子

禹，吾无间然矣。菲饮食而致孝乎鬼神，恶衣服而致美乎黻冕，卑宫室而尽力乎沟洫。

——《论语·泰伯》

春秋政治家
季札

大禹的德行太高尚了。明明很勤劳，却不以德高自居，除了大禹谁能做到?

大禹和后世的商汤、周文王一样，平日态度严肃恭敬，非常讲道理。他们都能选拔任用那些贤者能人，遵循古代的道德规范。

战国诗人
屈原

汉代史学家
司马迁

大地遭受洪灾的时候，百姓忍饥挨饿。大禹去疏通水道，手脚都生茧子了。他几年不回家，新娶的媳妇也顾不上关心，洪水治理完了，才成为部落首领。

大禹为了治理泛滥百川的洪水，不顾年幼孩子的啼哭，毅然离开了家门。他一心治理洪水，才让九州的人们恢复了男耕女织的生活。

唐代诗人
李白

传世经典再读

山海经[①]（节选）

洪水滔天。鲧窃帝[②]之息壤[③]以堙（yīn）[④]洪水，不待帝命。帝令祝融[⑤]杀鲧于羽郊[⑥]。鲧复[⑦]生禹。帝乃命禹卒布土以定九州。

注释

① 山海经：先秦时期著名的地理、历史、神话、动植物等上古社会百科全书。

② 帝：这里指天帝。

③ 息壤：传说中的一种神土，息壤能够自动生长，无穷无尽，所以能堵塞洪水。息，生长的意思。

④ 堙：堵，塞。

⑤ 祝融：传说中火神的名字，也有人说是远古部落联盟首领，三皇之一。

⑥ 羽郊：羽山的近郊。羽山，传说位于东海海滨。

⑦ 复：通“腹”。传说鲧死了三年，尸体不腐烂，腹部自动裂开，生下了大禹。

译文

大地洪水滔天。鲧偷走了天帝的息壤来堵塞洪水，没有遵守天帝的命令。天帝命令祝融在羽山近郊杀掉鲧。鲧死之后腹中生出大禹。天帝就命令大禹率领部下填土治水，以安定九州。

吴越春秋[①]（节选）

禹伤父功不成，循江溯（sù）河[②]，尽济甄淮[③]，乃劳身焦思以行。七年闻乐不听，过门不入，冠挂不顾，履[④]遗不蹑（niè）[⑤]，功未及成，愁然沉思。

注释

① 吴越春秋：东汉赵晔撰写，记述春秋战国时期吴、越两国史事和地理。有些内容介于历史与小说之间。

② 溯河：逆流而上。

③ 甄淮：甄别淮水。

④ 履：鞋子。

⑤ 蹑：踩，穿上。

译文

大禹感伤父亲治水大业没有成功，（他全力治水）要么循着大江，要么追溯大河行进，全面考察了济水、淮水这些大河，他为了治水竭尽所能，费尽心机。七年间，大禹对音乐充耳不闻，经过家门口也不回去，帽子掉了都顾不上捡，鞋子掉了也顾不上穿好，但治水的工作还是没有成功，他十分忧愁，沉思对策。

神话演变

传说，大禹在治水期间，有一段与女娇的爱情悲剧。大禹三十岁那年，在东夷部落的涂山遇见了一只九尾白狐，名叫女娇。女娇纯真美丽，对大禹一见钟情，二人喜结良缘。两人成亲的第四天，大禹就离开涂山，一心治水。

治水是伟大的事业，但女娇也思念心爱的丈夫。于是女娇决定跟随大禹，两人一起受苦受累，大禹挖沟渠，女娇就给他送饭。有一天女娇送饭时，突然看见了化身为熊的大禹，惊惧之下转头就跑。大禹追上去，女娇吓得化为石像。后来，石像裂开，出来一个孩童，这就是启。

治水神话的精神

大禹治水是我国乃至世界上最卓越的治水神话。神话中描述的治理洪水的斗争，过程漫长而曲折，反映了上古人民面对水灾的奋战，用形象的英雄人物和故事总结了宝贵的治水经验，鲜明地展现了上古先民根除水灾的期望。治水过程艰难、曲折，两个光芒四射的神话形象——鲧和禹，他们身上具有勇往直前、不畏困难的悲剧英雄色彩，闪耀着上古先民卓越德才的光辉。

羿射九日

史上最强神箭手

人物：羿

别号：夷羿、大羿

出处：《山海经》《楚辞·天问》《淮南子》等

类型：天体神话、英雄神话

你知道吗

“羿射九日”中的“羿”到底是谁是有争议的。一般认为，“羿射九日”的主角是上古时代的神箭手羿，又称大羿。后羿则是夏朝的一个国君，与大羿并无关系。唐代以后人们逐渐把羿射九日的神话附会到后羿身上，所以也有了后羿射日的说法。

跨越时光读经典

引子

据说，在遥远的父系氏族公社时期，东夷地区有一个善射善战的部落叫夷羿，这个部落先后涌现了许多英雄，创造了许多伟大的功业。羿便是其中的一位英雄。

后来，人们把征服自然的意志和愿望，集中在了羿的身上，并想象出一些具体的形象和生动的情节，包括羿射九日的神话。

十个太阳

太阳女神羲（xī）和生了十个太阳。羲和每天驾着车，带一个太阳穿越天空，从东边到西边，照射人间。十个太阳轮流当值，秩序井然，天地万物一片和谐。

一次，羲和生病了，无法带孩子出去。十个太阳觉得无聊，决定一起出去遨游天空。就这样，十个太阳同时出现在天空中。

十个太阳如同十个大火团。他们释放的热量几乎毁灭了一切。大地被烤焦了，数不清的人和动物被烧死，植物花草也快要被烧光了。

有一个叫羿的年轻人，箭法超群。羿带着天弓、神箭，走过无数高山、大河，来到了东海边的一座大山上，准备为民除害。

为民除害

羿拉弓射箭，瞄准天上火辣辣的太阳，将天上的十个太阳射下九个。只剩下一个太阳时，羿才停止射箭。从此，最后这一个太阳每天从东海边升起，晚上从西边山上落下，温暖人间，让万物生存，让人们安居乐业。

羿还经过奔波苦战，铲除了人间的“六害”（六种凶禽猛兽）。在中原作恶多端的猰貐（yàyǔ），长着龙头、虎爪、马蹄，浑身长满红色长毛。南方的凿齿长着人的身子、野兽的脑袋，嘴中牙齿有五六尺长，生性蛮横。九婴则长着九个脑袋，开口能吐水、喷火。羿杀了这些怪物，又到了东方的青丘之泽，找到一只叫大风的凶悍孔雀。羿割下头发结成长绳，将绳子一头系在箭尾上，朝大风发出一箭。大风前胸中箭，展开翅膀直往上飞，羿紧紧抓住青丝绳不放，大风渐渐没了力气，栽倒在地，羿拔出宝剑砍下了它的脑袋。后来，羿还除掉了洞庭湖畔的巴蛇和西方桑林中的封豨（xī）。

大师的超时空直播间

我曾在《天问》当中提到很多听过的神话故事，“羿射九日”也在其中。世人都知道，尧在世时十个太阳都在天上，草木焦枯，羿射中了九个太阳和一些怪兽。但是，我也有疑问，神话中那些奇奇怪怪的东西那么多，究竟鲮（líng）鱼生长在哪里？怪鸟鬿（qí）堆飞翔在何处？羿是怎样射下九个太阳的？传说太阳中还有三足乌，它们又是怎么解体的呢？

——战国诗人屈原

鲮鱼何所？鬿堆焉处？
羿焉彃（bì）日？乌焉解羽？
——《楚辞·天问》

**唐代诗人
李白**

当年羿射掉了九个太阳，人间重返安乐。舞剑我是一把好手，很羡慕那些神射手。怎样才能像羿那样，为国效力时大显神威，一箭射落敌军帅旗呢？

**唐代诗人
杜甫**

舞剑和射箭其实差不多。当年我去看著名剑客公孙大娘舞剑时，她的英姿让我想到了羿射九日。

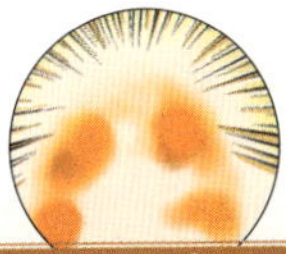

**宋代诗人
梅尧臣**

日月与天下万物并没有什么仇怨，应该是太阳里的三足乌这种鸟招来了祸患，所以羿为民除害。

古人心目中的太阳神

中国古代神话中，曾出现了至少五位与太阳有关的神，他们分别是：羲和、炎帝神农氏、日主、东君和太阳星君。

羲和

《山海经》里记载，古代有位女神名叫羲和。羲和是上古天帝帝俊的妻子，她生下了十个太阳，因此被称为太阳女神。羲和生下的太阳太多，需要轮流上班，某次太阳一起出现在天上，民不聊生，后来引发了羿射九日的故事。《楚辞》则把羲和塑造成一个“太阳司机”的形象，每天赶着马车送太阳上下班。

炎帝

炎帝在五行当中主“火”，传说他以“火德”称王，所以有说法指炎帝也是一位太阳神。炎帝号神农氏，也就是“神农尝百草”的主人公。在古代传说中，炎帝是太阳神兼农业之神，指导百姓进行农耕。

日主

日主是先秦时期流传的中国古代神明之一。汉代史学家司马迁在《史记》中记载，日主是先秦时期的齐地（今山东境内）八神当中的太阳神。日主居住在齐国东北部的成山（今山东威海荣成市的成山镇），成山是中国最早看见海上日出的地方，所以“日主”也是一位太阳神。公元前 219 年和公元前 210 年，秦始皇曾两次来成山拜祭日神，求长生不老药。

东君

东君是战国时期楚国人信奉的神话人物，出自著名诗人屈原的《九歌》。屈原在《九歌》里面描述，太阳神东君面色发赤，青色上衣，白色下衣，手执弓箭，威风凛凛。东君负责守护人们的光明，手持武器，随时准备应对邪恶的天狼星。

太阳星君

中国古代把掌管某一星体的神称为“星君”，太阳星君就是掌管太阳的神。太阳星君又被称为“太阳帝君”或“太阳公”。据说从炎帝时期开始，中国已经有了祭拜太阳星君的祭祀活动。

传世经典再读

淮南子[1]（节选）

逮（dài）至尧[2]之时，十日并出，焦禾稼，杀草木，而民无所食；猰貐[3]、凿齿[4]、九婴[5]、大风[6]、封豨[7]、修蛇[8]，皆为民害。尧乃使羿诛凿齿于畴华[9]之野，杀九婴于凶水[10]之上，缴大风于青丘[11]之泽，上射十日而下杀猰貐，断修蛇于洞庭，禽[12]封豨于桑林，万民皆喜，置尧以为天子。

注释

① 本段出自西汉刘安所作《淮南子 · 本经训》。

② 尧：传说是上古时期的贤明君主。

③ 猰貐：古代传说中一种叫声如婴儿啼哭的吃人怪兽。

④ 凿齿：古代传说中一种长着凿子一般长牙的怪兽。

⑤ 九婴：古代传说中一种长着九个头的怪兽。

⑥ 大风：古代传说中一种飞行时能毁坏建筑物的大猛禽。

⑦ 封豨：古代指大野猪。

⑧ 修蛇：古代传说中一种能吞食大象的长蛇。

⑨ 畴华：传说中的地名，在南方。

⑩ 凶水：传说中的地名，在北方。

⑪ 青丘：传说中的大泽名，在东方。

⑫ 禽：通“擒”，擒拿。

译文

而到了尧的时候，十个太阳一起出现在天上，烤焦了庄稼的苗，晒死了地上的树木花草，百姓因此没有可吃的东西；猰貐、凿齿、九婴、大风、封豨、修蛇这些猛兽都在残害百姓。于是尧帝命令羿在畴华这个地方杀死凿齿，在凶水这个地方杀死九婴，在青丘泽这个地方射死大风，羿又向上射十个太阳，向下杀死了猰貐，在洞庭斩断了修蛇，在桑林擒住了封豨，万民喜悦，一致拥戴尧为天子。

楚辞章句①（节选）

尧时十日并出，草木焦枯。尧命羿仰射十日，中其九日，日中九乌②皆死，堕（duò）③其羽翼，故④留其一日也。

注释

① 本段出自东汉文学家王逸《楚辞章句》卷三《天问》的注文。《楚辞章句》是

对西汉刘向编《楚辞》内容的注解，记述了《楚辞》中辞赋的创作背景等。

②九乌：九个太阳。乌，传说太阳中的三足乌，常用来指太阳。

③堕：掉下，坠落。

④故：有意，故意。

译文

尧帝统治的时代，十个太阳一同出来，世间的花草树木都被晒焦、枯死了。尧命令羿射这十个太阳，羿射中了九个太阳，太阳里的九只三足乌都死了，羽翼掉落下来，羿故意只留下了一个太阳。

神话演变

羿的形象有一个逐渐完善的过程。根据《山海经》的记载，羿的武器是红色的弓和系着丝绳的白色短箭，有人、神、鬼三种不同形象。生前的羿是一位半神半人的神人，死后则变成半鬼半神的鬼王。在一些画像上，羿以一种外貌英伟的持弓战士形象出现。《淮南子》《上古神话演义》里还提到，羿的左臂比右臂长一些，射箭技艺超群。

射日神话的精神

羿射九日的神话深受人们喜爱，流传不衰，表达了人们对伟大英雄战天斗地的大无畏精神的景仰。古代自然环境十分恶劣，生产力水平低下，人们希望与环境作斗争，征服自然，从而创造出美好的生活，羿射九日便是这种美好愿望的一种反映。

嫦娥奔月

长生飞天的美好愿望

人物：嫦娥

别号：恒娥、姮娥、常娥

出处：《归藏》《山海经》《淮南子》《灵宪》《墉城集仙录》等

类型：自然神话

你知道吗

神话中嫦娥在月亮上居住的宫殿为月宫。《淮南子·览冥训》中提到，嫦娥吃了不死药之后，变成了一只捣药的蟾蜍，也就是月精，所以她居住的地方也被称为蟾宫。蟾宫里有很多桂树，古代读书人把“蟾宫折桂”当成科举高中的代名词。

跨越时光读经典

引 子

很久很久以前，我们的祖先经常会仰望星空，对着每天东升西落、阴晴圆缺的月亮，思索其中的奥秘，久而久之，便产生了对自然天象的崇拜，春天祭日、秋天祭月成为礼制。那时候的人们面对生老病死，没有太好的办法。人们追求无病无灾、长生不老，希望自身能够超越凡人、升天成仙。这些想法逐渐被编织成一个“嫦娥奔月”的传说，人们把月亮想象成一个浪漫的仙境，上面有美丽的宫殿，嫦娥仙子在里面生活。秋天祭拜月亮的传统，也演变为世俗生活化的中秋节赏月民俗。

平静生活

很久以前，羿和嫦娥是一对恩爱夫妻，嫦娥美丽善良，羿勤劳勇敢。他们每天日出而作，日落而息，生活悠闲自在。

但是有一天，这种平静的生活被打破了。

羿射箭的本领十分高超，大伙儿都很敬重他，纷纷找他拜师学艺。有个叫逄（páng）蒙的人，奸诈贪婪，也随着众人拜在羿的门下，学习射箭。

羿曾经从西王母那里请求了一颗灵药，吃了这颗药可以长生不老，飞升成仙。羿拿到这颗灵药没有吃下去，他不愿独自一人上天，就让嫦娥把灵药保管好，选个好日子一起吃。

无奈奔月

逢蒙得知了灵药的事，整天盘算着如何把灵药弄到自己手上。终于，机会来了。恰逢八月十五，逢蒙趁羿外出，威胁嫦娥交出灵药。情急之下，嫦娥吞掉了灵药。她顿时感觉自己的身子轻飘飘的，飞向空中。她飞出窗子，飞过郊野，越飞越高。夜空中挂着一轮明月，嫦娥一直朝着月亮飞去。羿回来后，家里已经找不到嫦娥，只见门外皓月当空。飞到月亮上的嫦娥站在一棵树旁，深情地凝望着羿。

天人永别

羿想念妻子嫦娥，就在月下摆上她平日爱吃的食品，遥遥地为她祝福。从此以后，每年的农历八月十五，就逐渐演变成了人们企盼团圆的中秋佳节。

不过，古籍中也有嫦娥盗食仙药飞上月亮，化为蟾蜍（月精）捣药的说法。传说月亮上还有玉兔、桂树等。

大师的超时空直播间

好朋友贾淳写信来问我现状。我现在的状态很不错，月亮很圆，心情很好，倒了一杯美酒，想起贾淳问的那些问题——月亮上面传说没什么人，只有白兔在不停地捣药。奔月的嫦娥现在会不会十分孤单寂寞呢？连个串门的邻居都没有啊。虽然现在的人没见过古时候的月亮，但这个月亮却曾经照亮过古人，真是令人感慨！

——唐代诗人李白

白兔捣药秋复春，嫦娥孤栖与谁邻。
今人不见古时月，今月曾经照古人。
——《把酒问月·故人贾淳令予问之》

唐代诗人
白居易

据说月宫里只有一棵桂花树，不知道嫦娥仙子想不想多种几棵呢？月宫里如果还有地方，何不在中央多种两株？

赏月的时候我突发奇想：月宫里的嫦娥恐怕十分后悔偷了羿的长生不老药吧？现在她独自居住在广寒宫，只有青天碧海夜夜陪伴，实在孤单极了。

唐代诗人
李商隐

唐代诗人
曹唐

嫦娥若不偷长生药，怎么能够在月宫当中长生不老呢？

夜晚看着天上的明月，想象一下嫦娥在月宫的生活。平日月宫只有蟾蜍和玉兔卖弄精神，嫦娥应该十分惆怅吧，或许会孤独地倚靠着桂树哭泣。

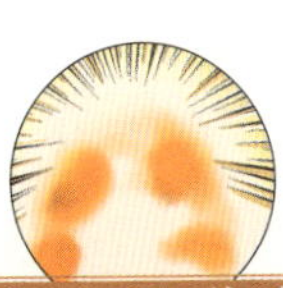

唐代文学家
罗隐

传世经典再读

灵　　宪[1]（节选）

羿请不死之药[2]于西王母[3]，姮(héng)娥[4]窃之以奔月。将往，枚筮(shì)[5]之于有黄。有黄占之，曰："吉。翩(piān)翩[6]归妹[7]，独将西行。逢天晦芒，毋惊毋恐，后且大昌。"姮娥遂托身于月，是为蟾蠩(zhū)[8]。

注释

① 灵宪：东汉张衡的天文学理论著作。清代文字学家严可均认为其中嫦娥奔月的内容，是传说中黄帝作的占卜类典籍《归藏》的旧文。

② 不死之药：传说中吃了可以长生不死的仙药。

③ 西王母：古代神话中的女神，也有人认为是"王母娘娘"。

④ 姮娥：即嫦娥。

⑤ 枚筮：不告知具体的事情而占卜吉凶。

⑥ 翩翩：轻快、飘逸飞舞的样子。

⑦ 归妹：《易经》六十四卦之一。归，古代指女子出嫁。

⑧ 蟾蠩：即蟾蜍。古人用蟾蜍指代月亮。

译文

羿向西王母请来了能令人长生不死的仙药，嫦娥偷来服下后飞到了月亮上。即将出发的时候，嫦娥到一位名叫有黄的占卜师那里去占卜。有黄卜了卦，说："大吉。这一卦叫作'归妹'，好像翩翩归家的女子，你即将独自前往西方。碰到天色晦暗，不必惊慌不用恐惧，以后肯定会有非常好的事情发生在你身上。"嫦娥于是到月亮上安身，就成了月亮上的蟾蜍。

淮南子注①（节选）

姮娥，羿妻。羿请不死之药于西王母，未及服之，姮娥盗食之，得仙，奔入月中，为月精②也。

注释

① 淮南子注：本文出自东汉学者高诱《淮南子注》，是对《淮南子》的注解。

② 月精：古人以蟾蜍为月亮上的精灵。

译文

嫦娥，是羿的妻子。羿从西王母那里请来了可以让人长生不死的仙药，还没来得及服用，嫦娥就偷走并服用了仙药，成仙飞到了月亮上，成为月亮上的精灵。

神话演变

在一些古代神话故事中，嫦娥也被叫作“常羲”或“常仪”，是中国神话传说中的月亮之母。《山海经》记录常羲是古代东方民族传说中的首领帝俊之妻，而常羲跟嫦娥的古音相似（古代羲、仪、娥三字同音），有人推断常羲即嫦娥。后来，随着神话的发展，帝俊之妻常羲生月逐渐演变为羿之妻嫦娥奔月的故事。

从形象上看，嫦娥的外貌随着时代变迁发生了一定变化。汉画像石上嫦娥奔月图中的嫦娥人头蛇身，头梳高髻，身穿宽袖长襦，身后长尾上饰有倒钩状细短羽毛；东汉时期，有学者将嫦娥的外形描述成蟾蜍；南北朝以后，嫦娥的形象才变成今天的美丽仙女。

嫦娥神话的精神

嫦娥奔月的神话代表着古代中国人追求长生不老的美好愿望。在生活条件恶劣的古代，很多人被饥饿、病痛等苦难折磨。追求长生、成仙飞升，就成了人们的美好愿望。嫦娥吃长生灵药成为月中仙子，就是这种愿望的体现。

嫦娥奔月的神话还体现了古代人对自由生活、随性而为的追求。

在古代的神话故事中，嫦娥奔月是特别富有浪漫色彩的一个。它体现了中国古代人的“飞天梦”，“嫦娥奔月”也成为中国人飞天梦想的代名词。

夸父逐日

追逐太阳，追逐梦想

人物：夸父

别号：邓夸父

出处：《山海经·海外北经》《列子·汤问》

类型：英雄神话

你知道吗

巨人是古代神话中常出现的角色，盘古、夸父都是有名的巨人。古籍还记载了朴父夫妇身高一千里之巨，却因为消极怠工被天神罚站。龙伯国的巨人更厉害，几步就走到渤海东几亿万里的地方，钓起六只背负仙山的大鳌背回家去，导致岱舆、员峤两座仙山漂流到北极，龙伯国的巨人也被天帝缩小到了数十丈高。

跨越时光读经典

引 子

在远古时期，人们主要靠采集为生，食物不充足，生活艰难。人们逐渐意识到阳光是影响食物和日常生活的关键。太阳每天从东方升起，从西方落下，到哪里去了呢？有一天，一个名叫夸父的勇士，要去完成追赶太阳的使命。他带着大家的希望，走啊走啊，寻找太阳落下的地方。不知道走了多久，有可能走进了沙漠，酷热难忍。他的体力终于耗尽，最后倒了下来。人们把这件事口口相传，以纪念他的伟大。

追上太阳

很久很久以前，有一个生活在山林中的部落，这个部落里的人都是高大魁梧、力大无穷的巨人。他们的首领叫夸父，后人称这群人为夸父族。

那时候大地荒凉，人们靠采集果实为生。毒蛇猛兽横行，自然灾害频发。人们为了生存下去，经常同自然环境斗争。

有一年，毒辣辣的太阳整日照射大地，晒焦了树木，烤死了庄稼，河流也干涸了。很多人因为这炎热的天气死去了。夸父非常难过，他对族人说：“这太阳太可恶了，我要去追上它，抓住它，让它以后听人们的指挥。”族人认为这是异想天开，纷纷劝阻他，但夸父心意已决。

逐日之旅

夸父告别族人，雄心万丈地向太阳跑去，开始了他逐日的征程。太阳在空中移动，夸父在地上像疾风一样拼命地追。他越过了一座座高山，跨过了一条条河流。跑着跑着，夸父累了。他坐下来微微打个盹，再将鞋里的土抖落在地上，这土就成了一座山。他找来石头垒起来煮饭，架锅的三块石头后来变成了三座高山。

就这样，夸父跑了九天九夜。红彤彤的太阳像一个火球，似乎就在夸父眼前。夸父又渴又累，他跑到黄河边，一口气把黄河的水喝干了；又跑到渭河边，把渭河的水也喝光了，仍不解渴。夸父又向北跑去，那里有纵横千里的大泽。

但是，没等跑到大泽，夸父就渴死了。夸父临死的时候，心里充满了遗憾，他把手中的木杖扔了出去，木杖落地的地方，生出了大片郁郁葱葱的桃林。这片桃林常年茂盛，为过往的行人遮阴，结出果实，为过往的行人解渴，让人们消除疲惫。

大师的超时空直播间

夏日的午后我乘车来到竹林里。天气很热，让我不禁想到了那位曾追着太阳跑了很久的夸父。夸父因为追逐太阳最终渴死在路上，令人叹息不已。太阳和月亮浮浮沉沉，世间万事变幻莫测，何必去学那位执着的夸父呢？做闲散的隐者，每天跟好友在竹林间嬉戏饮酒作诗，岂不快哉？

——三国时期诗人阮籍

夏后乘灵舆，夸父为邓林。存亡从变化，日月有浮沉。凤凰鸣参差，伶伦发其音。

——《咏怀·其二十二》

晋代诗人
陶渊明

夸父神力盖世，连长河都能喝干。最后虽然身死化为邓林，但他死后，成就和名声被人们久久传颂。

唐代文学家
柳宗元

夸父逐日跳过北海跃过昆仑山，一路历尽艰辛，最终渴死在道边。可惜有大志向的人没有成功，那些只需要几粒米便可生活的小矮人，倒是能平安自得度过一生，令人感慨啊！

宋代文学家
张耒

我听说古代有位夸父，追逐太阳到了虞渊。他认为自己能够追到太阳，结果却身死他乡，后代都为他惋惜。

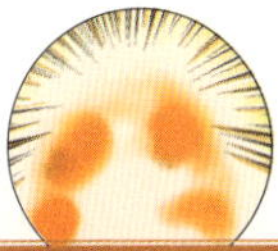

宋代文学家
王之道

夸父追日与孔门弟子颜回早逝一样，都是令人遗憾的事情。

传世经典再读

山海经[1]（节选）

夸父国在聂(shè)耳[2]东，其为人大，右手操青蛇，左手操黄蛇。邓林[3]在其东，二树木[4]。一曰博父。

…………

夸父与日逐走[5]，入日。渴欲得饮，饮于河渭[6]，河渭不足，北饮大泽[7]。未至，道渴而死。弃其杖，化为邓林。

…………

大荒[8]之中，有山名曰成都载天。有人珥(ěr)[9]两黄蛇，把两黄蛇，名曰夸父。后土[10]生信，信生夸父。夸父不量力，欲追日景(yǐng)[11]，逮之于禺谷[12]。将饮河而不足也，将走大泽，未至，死于此。应龙[13]已杀蚩尤[14]，又杀夸父，乃去南方处之，故南方多雨。

注释

① 前两段出自《山海经》的《海外北经》，第三段出自《山海经》的《大荒北经》。

② 聂耳：聂耳国。聂，通“摄”，拿捏、持握。聂耳国的人两手托着大耳朵。

③ 邓林：树林的名字。

④ 二树木：由两棵大树组成的树林。

⑤ 逐走：跟着跑、追着跑。

⑥ 河渭：黄河和渭河。

⑦ 大泽：大湖。

⑧ 大荒：指最荒远的地方。

⑨ 珥：用两条黄蛇来当耳饰。

⑩ 后土：这里指传说中共工的儿子句龙。

⑪ 景：“影”的本字。

⑫ 禺谷：神话传说中太阳落下的地方。

⑬ 应龙：中国古代传说中的雨神。

⑭ 蚩尤：传说中远古时期九黎族的首领。传说蚩尤与黄帝作战失败，被应龙杀死。

译文

夸父国在聂耳国的东面，其国中的人身材十分高大，右手握着青蛇，左手握着黄蛇。邓林在夸父国的东边，是由两棵树组成的树林。也有人说夸父国叫博父国。

…………

夸父与太阳展开追逐，他离太阳越来越近。夸父口渴，想要喝水，于是去黄河和渭河中喝水，黄河和渭河里面的水不足以解他的渴，便要去喝北方大湖里的水。还没到达大湖，夸父就在半路上渴死了。临死前夸父丢掉了自己的拐杖，变成了邓林。

…………

在最荒远的地方之中，有座山名字叫成都载天。有人用两条黄蛇作为耳饰，手里还拿着两条黄蛇，此人名叫夸父。传说后土生了信，信又生了夸父。夸父不自量力，想要追赶太阳的影子，在禺谷地区追赶上了（太阳）。夸父因口渴想要喝黄河之水，可黄河水不够解渴，便想去北方的大泽中喝水，结果没能到达（就渴死了）。也有人说是善于行雨的应龙杀了蚩尤之后，又杀了夸父，然后跑到南方去定居，所以南方特别多雨。

神话演变

据说夸父为炎帝的后裔，土神后土之孙。夸父的结局，大多认为是追逐太阳渴死，也有说法是黄帝和蚩尤发生战争，黄帝的神龙“应龙”杀了蚩尤和夸父。又有《述异记》等古籍记载，夸父可能是一个巨人部族的名字，追日的夸父是部族中的一员。

夸父神话的精神

一直以来，人们对夸父追日的行为有两种解读。有些人认为，夸父追日的行为是一种不自量力。《列子·汤问》等典籍，上面有“夸父不量力，欲追日影”等评价。

也有人认为，夸父虽然最后渴死也没有抓住太阳，可是他不怕牺牲、勇敢追日的精神感动了世人。夸父明知不可为而为之的行为，体现了一种大无畏的精神，显示出原始社会人们不向命运低头、与天地斗争的抗争精神。

精卫填海

衔木填海，永世不屈的鸟儿

人物：精卫

别号：女娃

出处：《山海经》《博物志》《述异记》

类型：英雄神话

你知道吗

精卫填海中的东海和漳水在哪里呢？先秦时期所说的东海，一般指的是现在的黄海。漳水即漳河，分为浊漳河和清漳河，其中浊漳河发源于今山西长子县的发鸠山。这两条支流在今河北南部的合漳一带汇成一条河，称为漳河。

跨越时光读经典

引子

在大海面前，人类是渺小的。传说，在尧帝时期，曾经出现过洪水肆虐的大灾难，当时“水逆行，泛滥于中国”，大概相当于海水倒灌。这种桑田变沧海的大灾难，给人类带来前所未有的损失，也带来了刻骨铭心的痛苦。洪水冲向陆地，淹没了平原大地，很多人在这场巨大的洪水中丧生。甚至在神话中，仙圣居住的两座神山也沉于大海，大量仙圣无奈流离失所。人们的内心有了改造自然、征服大海的决心，后来就有了“精卫填海”这样的神话。

独自出海

炎帝的小女儿名叫女娃，聪明伶俐，炎帝非常喜欢她。女娃对这个世界充满了好奇，每当遇到不明白的事，她总是追着父亲问东问西的。

一天，女娃问炎帝：“大海到底有多大？大海的另一边是什么？”

炎帝说：“谁也不知道大海有多大，谁都没有到过大海的尽头，没有人知道大海的另一边是什么。”

趁炎帝不在家，女娃忍不住跑到海边。海边停着几艘小船，女娃跳进其中的一艘小船，并用力把它往远方划去。离岸越远，女娃越兴奋，在小船上和海中跳跃的鱼虾嬉戏。

化身精卫

突然间，海里起了风浪，小船像一片叶子在海面上漂荡。山一样高的大浪扑向小船，淹没了惊慌失措的女娃。

女娃一夜未归，炎帝夫妇和部落的人到附近的山林和海边寻找，却只看到一只小鸟从海中破浪而出，发出“精卫、精卫”的悲鸣，在海上盘旋，久久不肯离去。

就这样，精卫栖身于发鸠山，她心中充满悲愤，又想到别人也有可能被这样夺去生命，于是她决定要为自己和别人做些什么。精卫衔着发鸠山的石子和树枝，扔到大海。她衔啊、扔啊，经年累月，往返飞行，从不停息。

大师的超时空直播间

重读《山海经》中精卫鸟的故事，想起这些年的国仇家恨，感慨万千。这世间的事情万万千千，必然会有不公平，你又何必没有来由地这么苦恼呢？小小的鸟儿身体只有一寸，却衔木填海，这要到何时才能成功呢？我钦佩你的精神，愿意填平这无边无际的东海，就算是我的身体被大海吞没，心中的信念也绝不动摇。只要大海没有填平，我的志向永远不改变！

——明末清初思想家、学者顾炎武

万事有不平，尔何空自苦？
长将一寸身，衔木到终古。
我愿平东海，身沉心不改。
大海无平期，我心无绝时。

——《精卫》

南朝文学家
江淹

精卫奋不顾身衔木填海，谁能看出它和大海到底谁强谁弱呢？

唐代诗人
李白

虽然精卫有填平大海的雄心，可惜力量太微薄了。区区精卫鸟，衔木空哀吟。

唐代诗人
岑参

炎帝的女儿年纪轻轻被淹死。满心怒气的她立下填平大海的志向，却因为力量薄弱无法达成目标。就算她把西山的木石都运光了，这大海也不知要何时才能填平啊。

唐代文学家
韩愈

我曾经读过历史上著名的刺客列传。那些为报仇舍命刺杀仇人的刺客们，就像那只衔木填海的鸟儿一样。

传世经典再读

山海经（节选）

又北二百里，曰发鸠（jiū）之山[①]，其上多柘（zhè）木[②]。有鸟焉，其状如乌，文首、白喙、赤足，名曰精卫，其鸣自詨（xiào）[③]。是炎帝之少女名曰女娃，女娃游于东海，溺而不返，故为精卫，常衔西山之木石，以堙（yīn）[④]于东海。漳水[⑤]出焉，东流注于河。

注释

① 发鸠之山：《山海经》里提到的发鸠山，可能位于今天山西长子县。

② 柘木：指柘树。

③ 詨：呼唤。

④ 堙：填，填塞。

⑤ 漳水：漳河，位于今天河南、河北交界的地方。

译文

再往北二百里，有座名叫发鸠的山，山上长着很多柘树。山里有一种鸟，它的外形像乌鸦，脑袋上有花纹、白色的嘴、红色的爪子，它的名字叫精卫，叫声像喊自己的名字。精卫原本是炎帝的小女儿，名字叫作女娃。女娃某次去东海游玩，溺水而死再也没有回来，所以死后化身为精卫，经常衔来西山的树枝和石头，要把东海填平。漳河就发源于发鸠山，向东流入黄河。

读《山海经》①·其十

精卫衔微木，将以填沧海。
刑天舞干戚（qī）②，猛志固常在。
同物既无虑，化去不复悔。
徒设在昔心，良辰③讵（jù）④可待。

注释

①读《山海经》：东晋文学家陶渊明的组诗，主要是作者读《山海经》《穆天子传》之后，有感而发的作品。

②刑天舞干戚：《山海经》记载，刑天和天帝争权失败后被砍头，不甘屈服，挥舞着盾牌和战斧。干，盾牌。戚，古代像斧的兵器。

③良辰：美好的日子，这里引申为实现雄心壮志的时光。

④讵：岂，表示反问。

译文

精卫嘴里含着细小树枝，想用这些东西填平沧海。

刑天挥舞着盾牌和战斧，勇猛的斗志始终还存在。

同是生灵没有什么顾虑，化为其他东西也不后悔。

昔日的雄心仍然不减退，美好时日是否还能期待？

神话演变

《山海经》记载了精卫鸟的形象：精卫是一种鸟，它长羽飘飘，婀娜多姿，花色头颅，白色嘴壳，红色爪子，外形有点像乌鸦（其状如乌，文首、白喙、赤足）。

精卫的神话传说还有后续。《述异记》中记载，一只海燕飞过东海时，无意间遇到了精卫，被精卫的精神感动，与精卫成了夫妻。它们生出的小鸟，雌的像精卫，雄的像海燕。《述异记》中的精卫还有四个名字，其中“誓鸟”和“志鸟”代表着精卫立志复仇，“冤禽”显示了精卫遭遇冤死的悲壮，“帝女雀”表明了精卫的身份。

精卫故事的文学演变轨迹，是神话从口口相传到文学创作的一大进步。

精卫神话的精神

精卫只是一只小小的鸟儿，却想填平浩瀚无边的大海，这简直是无法完成的任务，这个故事却被中华民族代代相传。与无边无际的沧海对比，精卫鸟坚韧不拔的精神格外显得伟大。古往今来的人们，热情歌颂着精卫的精神，陶渊明甚至在自己的诗中，把精卫鸟与古代战神刑天相提并论。这种无所畏惧、坚持不懈的精神，是历代民众排除万难、创造历史的力量源泉。

老子出关

青牛西行，紫气东来

人物：老子

别号：一说即老聃（dān）、李耳、老君、太上老君

出处：《太平经》《史记》

类型：民间传说

你知道吗

老子是春秋时期著名哲学家、思想家，也是中国道家学派的奠基者和创始人。《庄子》《荀子》《韩非子》等作品中，都称他为老聃。老子在神话中的地位十分显赫，相传他是道教神仙太上老君在人间的化身。

跨越时光读经典

引子

盘古、女娲是纯粹想象出来的神，距离人的生活比较遥远。而有些神仙，与人的生活息息相关，比如老子。老子本来是周代的史官，以广博的学识为人所知，孔子深深为其折服，将老子形容为见首不见尾的“龙”。老子创立了道家学说，由此演变出来的黄老思想广泛流传。在这个过程中，后世逐渐把老子神化，称其为“太上老君”“道德天尊”，属于地位很高的神仙，他的事迹也在民间广为流传。

降生异象

传说，春秋时期，楚国有个叫曲仁里的村庄，村里住着一户姓李的人家。李家门前有条小河。一天，李家夫人来到河边洗衣服，看到漂过来一个鲜红的李子。她伸手把李子捞起来，在衣服上擦了擦，用手掰开，几口给吃完了。后来，这位夫人生下了一个男孩。相传，孩子一生下来就是老人的样子：白眉白发，脸上还有胡子。这个男孩就是李耳，后世尊称他为老子。

博览群书

老子生下来就会说话，父亲看他天赋异禀，送他到当时的博学之士商容老先生处学习。商容精通殷商之礼，老子很快便学有所成，并且有了名气。后来，他又去拜见周王朝的博士，这些博士被老子的学识和谈吐折服，介绍他进入当时国家办的学校——太学。他在太学学习天文、地理、历史等各种知识，阅读各种典籍。几年后，他成为一个学识渊博的学者。

老子曾经在周王朝的守藏室工作，希望更广泛地阅览典籍，创作出影响深远的作品。然而，周王朝渐渐衰弱，内部争斗不休，百姓苦不堪言。老子便辞官，过上了隐居的生活。

出关消失

有一天，老子想出去走走。他骑着一头青牛，向着西边的秦国走去。老子路过函谷关的时候，守关的官员尹喜在城楼上远远看见东方的紫云聚集成了一团，形如飞龙，由东向西飘然而来。天降祥瑞，尹喜知道一定是有圣人要来了，赶紧下城楼亲自迎接。

很快，仙风道骨的老子骑着一头青牛徐徐向关口而来。尹喜知道这一定是位博学多智的圣人。听说老子要远行，尹喜坚持把老子留了下来，希望老子能把自己的所学所悟都记录下来。

老子把自己的所思所想传授给尹喜，同时将自己所著的《道德经》交予尹喜，便独自西行，不知去向了。

大师的超时空直播间

这世上很多事物我都能看透，并能找到其中的诀窍。鸟，我知道它能在天上飞；鱼，我知道它能在水里游；野兽，我知道它能在陆地上跑……至于龙这种能乘着风云上天的事物，我无法看透它。今天见到的老子，就是游龙一样的人物啊！

——春秋思想家、教育家孔子

鸟，吾知其能飞；鱼，吾知其能游；兽，吾知其能走……至于龙吾不能知，其乘风云而上天。吾今日见老子，其犹龙邪！

——《史记·老子韩非列传》

老子大概活了一百六十多岁，也有人说老子活了二百多岁，我觉得，这是因为他修道而养寿的缘故。

汉代史学家
司马迁

老子所说的道德，我比较赞同。但他反对儒家的某些观点，我就不赞成了。

汉代文学家
扬雄

我去参观老君庙，写了这样一首诗：先君怀圣德，灵庙肃神心。草合人踪断，尘浓鸟迹深。流沙丹灶灭，关路紫烟沉。独伤千载后，空馀松柏林。

唐代诗人
李白

老子五千字的《道德经》真是经典。不过他曾说过“言者不如知者默”，如果说老子是知者，那他为什么不能保持沉默，而是写了《道德经》呢？

唐代诗人
白居易

（老子）把鱼尾冠一推，只见顶上三道气出，化为三清。

明代小说家
许仲琳

传世经典再读

史　　记[①]（节选）

老子修道德[②]，其学以自隐无名为务[③]。居周久之，见周之衰，乃遂去。至关，关令尹喜曰："子将隐矣，强[④]为我著书。"于是老子乃著书上下篇，言道德之意五千馀言而去，莫[⑤]知其所终。

注释

① 史记：本文选自西汉司马迁的《史记·老子韩非列传》。

② 道德：这里是道家学派术语。道，通常指事物发展的普遍规律或宇宙的本原。德，指宇宙万物当中所含有的特殊规律或世界观。

③ 以自隐无名为务：以隐匿自己的声迹、隐居为主要宗旨。务，宗旨。

④ 强：勉力，一定。

⑤ 莫：没有人。

译文

老子研究道德，思想观点以隐居避世为主。他在周朝都城生活了很长时间，看到周朝衰落，便离开了。走到函谷关，守关的官员尹喜对老子说："您要去隐居了，请勉力为我留下些书吧！”于是，老子写了一本分为上下篇的书，内容是讲述道德真谛、五千多字的《道德经》，然后飘然出了函谷关，没人知道他最终去了哪里。

老　子①（节选）

老子在周，乃三百余年，二百年之中，必有厄（è）会②非一，是以名稍多耳。

……以周文王时为守藏史③，至武王时为柱下史④。时俗见其久寿，故号之为老子。夫（fú）人受命，自有通神远见者，禀（bǐng）气与常人不同，应为道主，故能为天神所济，众仙所从。

注释

①老子：本文选自东晋葛洪的志怪小说《神仙传·卷一·老子》。

②厄会：厄运、危难。厄，灾难、困苦。

③周文王时为守藏史：在周文王时担任守藏史。守藏史，周代的史官名。

④武王时为柱下史：在周武王时担任柱下史。柱下史，周、秦时设置的官职名，掌理图书、档案等。

译文

老子在周朝生活了三百年以上。在二百年中就必定会经历多次危难，因此老子的名号比较多。

……周文王时期，老子担任守藏史，武王时担任柱下史。当时的人们看他这么长寿，就叫他“老子”。受命于天的人，才能非凡，见识深远，天赋的气质超越了平常人，自然成为道家的创始者，得到天神和众仙的呵护。

神话演变

老子十分神秘，他的名字和出身都有多种说法。在先秦诸子的笔下，老子是博学多识的智者。在道家典籍中，老子的形象开始受到夸饰。汉初以黄老哲学治国，在这种背景下，老子的形象逐渐神秘化，再加上唐朝皇室的推崇，老子终于成为至高无上的神。元明清时期，随着道教的世俗化，老子身上的神秘色彩在一定程度上有所消退。

老子神话的精神

老子超脱世外，在修身方面，讲究无为、不与人争。他思想深邃，最后又选择了归隐，这种行为与人们观念中的神仙精神十分相似。这也是古人想超脱世俗生活的一种愿望。

八仙过海

凡人成仙，各显神通

人物：张果老、汉钟离、曹国舅、蓝采和、铁拐李、韩湘子、何仙姑、吕洞宾

出处：《八仙庆寿》《东游记》《争玉板八仙过海》

类型：民间故事

你知道吗

东海龙王是八仙过海故事中的反面角色，是古代神话传说中的龙族之王。古代以东方为尊位，东海龙王统治东海，主宰着降雨、雷鸣等，为“四海龙王”之首。东海龙王在许多神话中都有出现，在哪吒闹海的神话中也是反面角色；在《西游记》中与孙悟空有很多交集，孙悟空的金箍棒就取自东海龙宫。

跨越时光读经典

引子

人们追求长生不老，根据想象创造出凡人修仙的神话。随着时光的流逝，这些仙人的故事一直在不断完善，后来逐渐产生“八仙”的故事：张果老、汉钟离、曹国舅、蓝采和、铁拐李、韩湘子、何仙姑、吕洞宾。这八位神仙中，有皇亲国戚，有朝廷大臣，有长寿老人，有风趣书生，有英俊少年，有助人仙姑，甚至还有面丑心善的乞丐。他们各有神通，其中“八仙过海”的故事是流传最广的。

神通过海

传说，八仙齐赴王母在瑶池举办的蟠桃会。八仙兴致很高，痛饮玉液琼浆，不知不觉大醉。

辞别王母后，吕洞宾意犹未尽，提议到广阔的东海游玩观景。众仙看到海上惊涛巨浪，约定不乘云而过，而是各自用一物投到水面，凭神通过海。铁拐李使用自己从不离身的铁杖，其他仙人也分别亮出了自己的宝物。这就是“八仙过海，各显神通”的来源。

八仙过海动静太大，惊动了东海龙王。龙王派太子摩揭领兵绕海巡查，才知道是八仙带着宝贝渡海。摩揭看到蓝采和的玉板（一说玉版），十分喜爱，起了贪念，想据为己有。

东海混战

太子摩揭带着兵将，突然抢走了蓝采和的玉板，还将蓝采和囚禁起来。龙王看到玉板熠熠生辉，十分高兴，设宴庆贺。吕洞宾向太子摩揭要人，太子拒不归还。吕洞宾大怒，把火葫芦投入海中，烧得海水鼎沸。龙王送蓝采和上岸，却没有归还玉板。吕洞宾与何仙姑一起来索取玉板，龙太子点兵上岸对战。吕洞宾十分神勇，在何仙姑的帮助下，连斩东海龙王的两个儿子。东海龙王怒不可遏，尽起海中精兵报仇。八仙技高一筹，把东海烧成一片白地，夺回玉板。东海龙王带妻子逃到南海。

战斗愈演愈烈，东海龙王请来南海、北海、西海龙王帮忙，一起调兵遣将，讨伐八仙。龙王决四方之水来灌，想把八仙溺死在海中。八仙用曹国舅的犀带分开水路，然后推倒泰山填塞东海。四海龙王上奏天庭，搬来天兵相救，引发众仙混战。危急时刻，观音赶来相劝，双方各自罢兵和解。八仙过海引发的一场仙界风波，终于平息了。

大师的超时空直播间

民间都说八仙法力高强，但龙王也不是省油的灯啊。八仙过海的时候，龙太子抢走了蓝采和的法器。其他七仙不肯善罢甘休，老龙王又包庇纵容，导致一场大战，八仙大闹东海。龙王不甘示弱，四海龙王都出来上阵，好一个各显神通啊！

——明代小说家吴元泰

四王出视，只见泰山将崩。急令军马走时，泰山已倒海中，敖闰所领雄兵全军皆没，仅脱得四王，并左右数十骑耳。

——《东游记·第五十三回》

炼丹成仙、点化凡人，是来来往往的人都十分殷勤在意的事情。为什么世上求仙的人，都参不透成仙的真意所在呢？

明代文学家
梁储

世间有多少人，不如张果老。老汉不是倒骑驴，而是凡事要回头看啊！

明代诗人
果庵

韩湘子、张果老、吕洞宾，这些本来就是荒幻的事情，何必当真呢？

清代文学家
赵翼

八仙“火烧东洋”，龙王败绩，请天兵来助，后得观音和解，乃各谢去，而“天渊迥别天下太平”之候，自此始矣。

现代文学家
鲁迅

传世经典再读

东游记[1]（节选）

却说八仙来至东海，停云观望。只见潮头汹涌，巨浪惊人。洞宾言曰："今日乘云而过，不见各家本事。试以一物投之水面，各显神通而过如何？"众曰："可。"铁拐即以铁拐投水中，自立其上，乘风逐浪而渡。钟离以拂尘[2]投水中而渡。果老以纸驴投水中而渡。洞宾以箫管投水中而渡。湘子以花篮投水中而渡。仙姑以竹罩投水中而渡。采和以拍板投水中而渡。国舅以玉版[3]投水中而渡。

却说龙王在宫议事，忽见水面一派

白光，照耀水晶诸宫，透明天地。龙王不知何故，急令太子摩揭巡视……（太子）乃命手下向前夺其玉板，连采和皆没于海中。太子将采和囚在幽室[4]，持宝归宫。一时宫殿光明，如添日月，龙王大喜，设宴庆贺。

注释

① 东游记：明代吴元泰创作的小说，又名《上洞八仙传》《八仙出处东游记传》。

② 拂尘：手柄前面绑着马尾等兽毛的工具，用来掸尘土或驱蚊蝇。

③ 玉版：玉质笏板。

④ 幽室：阴暗、偏僻的屋子，这里指囚禁人的地方。

译文

八仙来到了东海，停下云头观看景色，只见海面上潮头汹涌，巨浪惊人。吕洞宾说：“今天如果我们乘云过海，显不出本事。不如每人用一个宝物投到水面，各显神通，怎么样？”众神仙都说：“好。”铁拐李就把自己的铁拐投到水中，自己站在上面，乘风逐浪渡海远行。汉钟离把自己的拂尘投到水中渡海。张果老把随身携带的纸驴投到水中渡海。吕洞宾把箫管投到水中渡海。韩湘子把花篮投到水中渡海。何仙姑把竹罩投到水中渡海。蓝采和把拍板投到水中渡海。曹国舅将自己随身携带的玉版投到水中渡海。

海里的龙王正在龙宫议事，忽然看到水面一道白光照耀着水晶宫，晶莹剔透。龙王不知道是什么原因，连忙令太子摩揭出海巡视……（太子）于是命令手下兵将夺了蓝采和的玉板，把蓝采和也擒到海中。太子将蓝采和囚禁起来，拿着宝物回到龙宫。一时间，整个宫殿光彩夺目，就像日月照射一般，龙王十分高兴，摆宴席庆祝。

神话演变

八仙的神话传说，起源很早，关于八仙成员一直有多种说法。最初见于史籍的，是盛唐擅道术的张果。五代宋初，流传着吕洞宾的传说。等到了金元时期，钟离权、吕洞宾等仙的地位愈来愈高。在元杂剧中，出现了八仙之名，马致远在杂剧《吕洞宾三醉岳阳楼》中，以吕洞宾之口介绍了八仙。明代杂剧《八仙庆寿》中的八仙是张果老、汉钟离、曹国舅、蓝采和、铁拐李、韩湘子、徐神翁、吕洞宾，明代吴元泰在《东游记》一书确定的八仙中有何仙姑而没有徐神翁，这一说法后来流传最广。八仙的法宝也有不同的说法。与大多数神话中高不可攀的神仙形象不同，八仙是十分“接地气”的，八仙的成员，代表了社会各界的男、女、老、少、富、贵、贫、贱，与普通人的生活并不遥远。八仙过海在民间影响十分广泛，由此发展出来的风俗习惯很多。

八仙神话的精神

八仙过海是中国古代最吸引人的神话之一，八位仙人各有特点。铁拐李治病救人、恩泽乡里，汉钟离豪爽大气、不拘小节，张果老劝化世人，吕洞宾除暴安良、富有情趣，何仙姑为世人排忧解难，蓝采和为人耿介、周济贫苦，韩湘子聪明好学，曹国舅性格纯善、不喜富贵。八仙作为一个神仙团体，相互协作，发挥各自的长处和本领，这在古代神话中也是不多见的，所以有“八仙过海，各显神通”之说。

董永和七仙女

孝行感天，金玉良缘

人物：董永、七仙女

出处：《孝子传》《灵芝篇》《搜神记》《天仙配》等

类型：民间传说

你知道吗

董永的原型来自中国传统的“二十四孝”故事中的“卖身葬父”。相传董永自幼丧母，家境贫苦。父亲去世，董永无钱办理丧事，只能卖身葬父。此事被奉为佳话，列为“二十四孝”之一，代代相传。

跨越时光读经典

引子

自古以来，我国就流行着许多脍炙人口的爱情故事，如“董永和七仙女”“牛郎织女”“白蛇传”“梁山伯与祝英台”等。其中，“董永和七仙女”是流传较早的一个。董永是一个大孝子，卖身葬父；七仙女是出身高贵的仙人，欣赏董永的美德，二人相互爱慕。这样的感情，结果会怎样呢？

至孝董永

东汉时期有一个叫董永的大孝子，命运十分坎坷。他从小没了母亲，和父亲相依为命。二人艰难度日，家中始终没有积蓄。

后来，父亲去世，董永无钱办理后事，只好身披孝服跪在路旁，想卖身葬父。一个财主被董永的孝心打动，借了董永一些银两，并约好董永为财主做三年长工来抵债。

天宫中，天帝一共有七个女儿，最小的七女儿美丽又善良，人称七仙女。天上虽好，却十分冷清。有一天，七仙女受不了在天宫的寂寞生活，悄悄来到了凡间，遇到了卖身葬父的董永。七仙女被董永的行为打动了，二人由土地公主婚、老槐树做媒，在槐荫下结为夫妻。

爱情悲剧

财主见董永多了个妻子，心中有疑问。董永提出妻子擅长纺织，于是财主提出要求，让二人当晚织出十匹云锦。晚上，七仙女悄悄点燃从天上带下来的求助香，仙女姐妹们纷纷下凡帮忙，很快就把云锦织好，完成了财主的任务。也有传说是七仙女十天织了一百匹，或一旬织了三百匹。总之，七仙女最终和董永重获自由，欢欢喜喜地回到自己的家，过着男耕女织的幸福生活。

可惜的是，七仙女私自下凡的事最后还是被天帝知道了，七仙女被迫重回天上。当时七仙女已经有了身孕，与董永约定第二年在槐树下送回孩子。七仙女生下孩子后，从天上撒下了凌霄花的种子，转瞬之间就长成一座连通天地的天梯，把孩子送还给了凡间的董永。

大师的超时空直播间

中国人重视孝道，流传着很多故事，我最感慨的是董永的故事。董永家里非常穷困，卖身葬父，天帝很感动，于是派了会织布的神女嫁给他。孝子感动天地，因而上天赐福。有人说天帝应该反对这种人神结合的爱情，老夫绝不认同！

——汉代文学家刘向

富公曰："女为谁？"答曰："永妻，欲助偿债。"公曰："汝织三百匹，遣汝。"一旬乃毕。

——《孝子传》

三国时期文学家
曹植

我曾在《鼙舞歌五首·其二·灵芝篇》中罗列了很多孝子的故事，董永与神女的故事也在其中。

晋代史学家
干宝

董永这个故事我放在《搜神记》当中了，主要是为了表扬董永这位孝子。

唐代诗人
王梵志

董永之所以能得到仙女下嫁，最重要的原因是他是一位大孝子。

唐代佚名
（敦煌曲子）

董永卖身葬父母，天下流传孝顺名，感得织女来相助。

唐代诗人
李翰

董永卖身葬父，是古代孝子的典范啊。

传世经典再读

搜神记[①]（节选）

汉董永，千乘[②]人。少偏孤[③]，与父居。肆（sì）力[④]田亩，鹿车[⑤]载自随。父亡，无以葬，乃自卖为奴，以供丧事。主人知其贤，与钱一万，遣[⑥]之。永行三年丧毕，欲还主人，供其奴职。道逢一妇人曰："愿为子妻。"遂与之俱。主人谓永曰："以钱与君矣。"永曰："蒙君之惠，父丧收藏。永虽小人，必欲服勤致力，以报厚德。"主曰："妇人何能？"永曰："能织。"主曰："必尔者，但令君妇为我织缣（jiān）[⑦]百匹。"于是永妻为主人家织，十日而毕。女出门，谓永曰：“我，天之织女也。缘君至孝，天帝令我助君偿债耳。”语毕，凌空而去，不知所在。

注释

① 搜神记：东晋史学家干宝著录的笔记体志怪小说集。

② 千乘：千乘郡，大约是今天的山东省滨州市博兴县。

③ 偏孤：指母亲去世。

④ 肆力：尽心尽力。

⑤ 鹿车：原指古代一头鹿拉的小车，此处指小车。

⑥ 遣：遣散，打发。

⑦ 缣：古代一种细绢。

译文

汉朝时期，有个人叫董永，千乘人。年少时母亲去世，跟父亲生活。他尽心竭力耕种田地，用小车载着父亲。父亲去世之后，董永没钱埋葬，于是把自己卖给别人当奴仆，换钱来为父亲办后事。买他的主人知道他的贤德，给了董永一万钱，打发他去办丧事。董永按照当时的礼节为父亲守孝三年，打算回到主人家履行仆人职责。在路上遇到一位女子对他说：“我愿意做您的妻子。”于是董永就带着这位女子一起去主人家。主人对董永说：“那钱是送给你的！”董永说：“蒙受您的大恩，我的父亲才能下葬。我虽是个低贱无用的人，也必定要竭心尽力服侍，以报答您的恩德。”主人说：“你的妻子会做什么呢？”董永回答说：“会织布。”主人说：“如果必须报答，那么就请你的妻子为我纺织一百匹细绢吧。”于是董永的妻子就为主人家纺织细绢，用了十天时间就完成了。这个女子走出门，对董永说：“我其实是天上的神仙织女。因为你非常孝顺，天帝命令我帮助你偿还债务。”说完，这个女子腾空而起，不知道飞去了什么地方。

神话演变

董永与七仙女的神话起源很早，西汉时刘向编的《孝子传》已经提到了董永。晋代的干宝在《搜神记》中描述的较为详细。宋代话本、元明戏曲中都有这个故事。明代戏曲《织锦记》首次提到董永妻的具体称呼“七姑”。戏曲的流传，结合历代民间传说，继而又形成更完整的《天仙配》一类剧目，内容更加丰富。不过，最初的神话是天帝派七仙女帮助董永，随着神话的流传，逐渐演变为天庭拆散二人的悲剧，更具有感染力。

七仙女又称“天之织女”，和牛郎织女神话中的织女名字相似，唐代《董永变文》中解释了这一问题：七仙女是穿紫衣的织女三星之一，而不是嫁给牛郎的织女。

董永和七仙女神话的精神

七仙女不惧天庭礼法，主动追求爱情的行为，体现了人们对美好爱情、幸福婚姻的追求。此外，故事又具有悲剧的色彩，二人历经磨难，终于过上安定幸福的生活，而天庭的惩罚，打破了他们的幸福生活。夫妻二人被迫分离。在古代，这个故事之所以广泛流传，还因为其符合人们重视孝道的观念。董永因为孝心，自愿卖身葬父，感动了七仙女下凡。

牛郎织女

中国情人节的由来

人物：牛郎、织女

出处：《古诗十九首》《小说》《牛郎织女传》等

类型：民间传说

你知道吗

中国有四大爱情传说，分别是牛郎织女、孟姜女哭长城、梁山伯与祝英台、白蛇传。这四个故事都有神话色彩：牛郎遇到了天上的织女下凡，孟姜女哭倒了长城，梁山伯与祝英台死后化为蝴蝶，白蛇和青蛇化为白娘子和青儿在人间生活。

跨越时光读经典

引子

天上美丽的云霞是怎么来的呢？古人想象，天庭有心灵手巧的织女擅长织锦，天上美丽的彩霞都是她织出来的。可是，织女整天都在织锦，已经厌倦了天上单调的生活，于是就偷偷下凡游玩。这次下凡，引发了一个凄美的爱情故事，并成为中国情人节——七夕节的来源。

牛郎奇遇

从前，有个孤儿叫牛郎，父母去世后，依靠哥嫂生活。哥嫂为人十分刻薄，让他在牛棚里住，晚上就睡在干草上。家里的那头老牛却似乎通人性，与牛郎很亲密。孤单的牛郎也喜欢跟老牛在一起，他挑最好的草、最干净的水给老牛，把牛棚打扫得干干净净，给老牛扇风赶走牛虻。一人一牛相依为命。

后来，哥嫂担心牛郎以后分走太多家产，于是提出分家，只分给牛郎那头老牛和一辆破车。牛郎离开村子，在山前盖了间草房，与老牛一起生活。

有天晚上，牛郎突然听见老牛开口叫他的名字——老牛告诉他，明天黄昏的时候，山的那边会有一些仙女在湖里戏水。仙女的衣服都放在草地上，牛郎只要找到一件粉红色的衣服，藏在树林里等着，到时会有一位仙女来找，她能成为牛郎的妻子。

第二天黄昏，牛郎前往山的那边，果然看见一群仙女在湖里，草地上是漂亮的纱衣。牛郎按照老牛说的话，悄悄地拿走了那件粉红色的衣服。

喜结良缘

湖中的仙女要回到天上了，一位仙女贪玩，落在了后面。她上岸后，发现衣服不见了。牛郎把衣服还给她，两个人就这样相识了。原来这位仙女名叫织女，每天都在天上辛辛苦苦地织锦。织女早就厌烦了天上一成不变的生活，于是便留在人间，嫁给牛郎。

夫妻二人十分恩爱，婚后生了一儿一女，和老牛一起过着美满幸福的生活。后来，老牛渐渐衰老，临死前嘱咐牛郎把它的皮留下来，将来遇到紧急情况就披上。牛郎和织女含泪安葬了老牛。

鹊桥相思

织女私自下凡后，王母娘娘大为恼怒，带领天兵天将抓走了织女。牛郎赶紧披上老牛的皮，带着两个孩子飞起来追赶。眼看就要追到王母娘娘和织女，王母娘娘拔下头上的玉簪往后面一划，天空中就出现了一条波涛滚滚的天河（银河），夫妻二人被阻断在河两岸。

牛郎、织女遥遥相望却不能相守，最终成了牵牛星和织女星。王母娘娘拿不死心的织女也没有办法，只好允许她在每年的农历七月七日与牛郎见面。这一天，无数喜鹊飞来，搭成一座跨越天河的鹊桥，牛郎、织女通过鹊桥相会。后来，为了纪念牛郎和织女，人们就把他们相会的这天定为七夕节。

大师的超时空直播间

我最近在研究曹植的《洛神赋》和《九咏》，其中有“牵牛之独处”等句子。根据我找到的资料，这其实指的是牛郎织女的传说。牵牛是丈夫，织女是妻子，二者隔着银河相望，每年的七月七日才能够相会一次。

——南朝梁文学家萧统

牵牛为夫，织女为妇。织女、牵牛之星各处河鼓之旁，七月七日乃得一会。

——《文选》

唐代诗人
杜牧

天阶夜色凉如水，坐看牵牛织女星。

七夕今宵看碧霄，牵牛织女渡河桥。
家家乞巧望秋月，穿尽红丝几万条。

唐代诗人
林杰

宋代词人
秦观

纤云弄巧，飞星传恨，银汉迢迢暗度。
金风玉露一相逢，便胜却人间无数。
柔情似水，佳期如梦，忍顾鹊桥归路！
两情若是久长时，又岂在朝朝暮暮。

星桥鹊驾，经年才见，
想离情别恨难穷。
牵牛织女，莫是离中？
甚霎儿晴，霎儿雨，霎儿风。

宋代词人
李清照

传世经典再读

古诗十九首[①]（节选）

迢（tiáo）迢[②]牵牛星[③]，
皎皎[④]河汉女[⑤]。
纤纤擢（zhuó）[⑥]素手，
札（zhá）札[⑦]弄机杼（zhù）[⑧]。
终日不成章[⑨]，
泣涕零如雨。
河汉清且浅，
相去复几许？
盈盈[⑩]一水间（jiàn）[⑪]，
脉（mò）脉[⑫]不得语。

注释

① 古诗十九首：《古诗十九首》是汉代文人创作的十九首诗，被南朝学者萧统选录编入《昭明文选》。这首诗排在第十，一般以“迢迢牵牛星”为题。

② 迢迢：遥远的样子。

③ 牵牛星：俗称“牛郎星”，隔着银河和织女星相对。

④ 皎皎：形容明亮的样子。

⑤ 河汉女：这里指织女星。河汉，指银河。

⑥ 擢：摆弄，伸。

⑦ 札札：形容织布声音的象声词。

⑧ 杼：指织布机上的梭子。

⑨ 章：原来指布帛上的纹理，这里指整匹的布帛。

⑩ 盈盈：形容清澈、晶莹的样子。

⑪ 间：间隔。

⑫ 脉脉：默默地用凝视的方法来表达情意。

译文

遥远的牵牛星，明亮的织女星（二者隔河相望）。

（织女）伸出她细长而白皙的手，正摆弄着织布机，织布机发出札札的声音。

（织女思念牛郎）一整天也织不成一匹完整的布，眼泪就像下雨一样纷纷滴落。

这银河看上去又清又浅，两人相隔又有多远?

被隔在银河两边的两个人，含情脉脉地凝望对方却说不出话来。

小　　说[1]（节选）

天河[2]之东有织女，天帝之子[3]也。年年机杼（zhù）[4]劳役[5]，织成云锦天衣，容貌不暇整。帝怜其独处，许嫁河西牵牛郎，嫁后遂废[6]织纴（rèn）[7]。天帝怒，责令归河东，但使一年一度相会。

注释

① 小说：南朝梁文学家殷芸撰写《小说》十卷，又称《殷芸小说》，原书已经散佚，本文来自明代冯应京《月令广义·七月令》的引文。

② 天河：传说中天上的银河。

③ 子：古代指儿女。

④ 机杼：织机上的转轴和梭子，借指织机。

⑤ 劳役：这里是辛苦织布的意思。

⑥ 废：荒废。

⑦ 纴：纺织。

译文

在天河的东边，有一位仙女叫作织女，是天帝的女儿。织女每年都要在织机上辛勤劳作，织出云彩做的锦绣天衣，（忙碌得）连容貌都没有时间收拾。天帝怜惜她独自生活，于是准许她嫁给天河西边的牵牛郎。两个人成婚之后，织女荒废了纺织的工作。天帝十分生气，责令她回到天河东边，每年只能（与牵牛郎）相会一次。

神话演变

牛郎织女的神话起源很早。我国最早的诗歌总集《诗经》中有这样的描述：“维天有汉，监亦有光。跂彼织女，终日七襄。虽则七襄，不成报章。睆彼牵牛，不以服箱。”这是牛郎织女神话的雏形。到了汉代的《古诗十九首》，已经有了人物形象和感情的演变。南朝梁的《小说》中，这个神话有了完整的故事情节。在后世的小说、戏剧中，进一步改编和丰富了细节。在民间流传的过程中，神话中的主要人物天帝逐渐被王母娘娘取代，织女的身份也有天帝的女儿、王母的外孙女等多种说法，牛郎则由天河西边的牵牛郎演变为人间的普通人。

牛郎织女神话的精神

这个神话故事深刻体现了古人对婚姻自由的朴素渴望。在封建社会，男女双方没有婚姻自主权，嫁娶都是由父母做主。尤其是女性，更加没有自由恋爱的权利。但是，人们追求真挚爱情的愿望是压抑不住的，牛郎织女的神话，就寄托了对封建礼教的反抗。

作文故事素材索引

【勇敢前行】

【爱国爱民】

【造福万民】

【修身育德】

【真情常在】

【谨言慎行】

作文佳句素材索引

【波澜壮阔】

万八千岁，天地开辟，阳清为天，阴浊为地。——《盘古开天》/006

天不足西北，故日月移焉；地不足东南，故百川注焉。

——《女娲补天》/022

苍天补，四极正，淫水涸，冀州平，狡虫死，颛民生。

——《女娲补天》/023

鲮鱼何所？鬿堆焉处？羿焉彃日？乌焉解羽？

——《羿射九日》/036

逮至尧之时，十日并出，焦禾稼，杀草木，而民无所食。

——《羿射九日》/040

急令军马走时，泰山已倒海中，敖闰所领雄兵全军皆没，仅脱得四王，并左右数十骑耳。——《八仙过海》/078

【勇敢前行】

夏后乘灵舆，夸父为邓林。存亡从变化，日月有浮沉。凤凰鸣参差，伶伦发其音。——《夸父逐日》/054

夸父不量力，欲追日景，逮之于禺谷。——《夸父逐日》/056

常衔西山之木石，以堙于东海。——《精卫填海》/064

【造福人间】

气成风云，声为雷霆，左眼为日，右眼为月，四肢五体，为四极五岳。

——《盘古开天》/007

女娲有体，孰制匠之？——《女娲造人》/012

黄帝生阴阳，上骈生耳目，桑林生臂手，此女娲所以七十化也。

——《女娲造人》/015

【修身育德】

闻乐不听，过门不入，冠挂不顾，履遗不蹑。——《大禹治水》/031

至于龙吾不能知，其乘风云而上天。吾今日见老子，其犹龙邪！

——《老子出关》/070

老子修道德，其学以自隐无名为务。——《老子出关》/072

【真情常在】

今人不见古时月，今月曾经照古人。——《嫦娥奔月》/046

服勤致力，以报厚德。——《董永和七仙女》/088

迢迢牵牛星，皎皎河汉女。纤纤擢素手，札札弄机杼。

——《牛郎织女》/096

跨越时空的大语文

诗歌大有来头

刘光成　等　编著

中信出版集团 | 北京

图书在版编目（CIP）数据

跨越时空的大语文：全6册 / 刘光成等编著. -- 北京：中信出版社, 2024.3
ISBN 978-7-5217-5049-2

Ⅰ.①跨… Ⅱ.①刘… Ⅲ.①语文课－中小学－教学参考资料 Ⅳ.①G634.303

中国版本图书馆CIP数据核字（2022）第241671号

跨越时空的大语文（全6册）

编　著：刘光成　等
本册撰稿：华博
出版发行：中信出版集团股份有限公司
（北京市朝阳区东三环北路27号嘉铭中心　邮编　100020）
承 印 者：北京盛通印刷股份有限公司

开　本：787mm × 1092mm　1/16　　印　张：47　　字　数：950千字
版　次：2024年3月第1版　　印　次：2024年3月第1次印刷
书　号：ISBN 978-7-5217-5049-2
定　价：158.00元（全6册）

目录

先秦

诗歌创作的源头

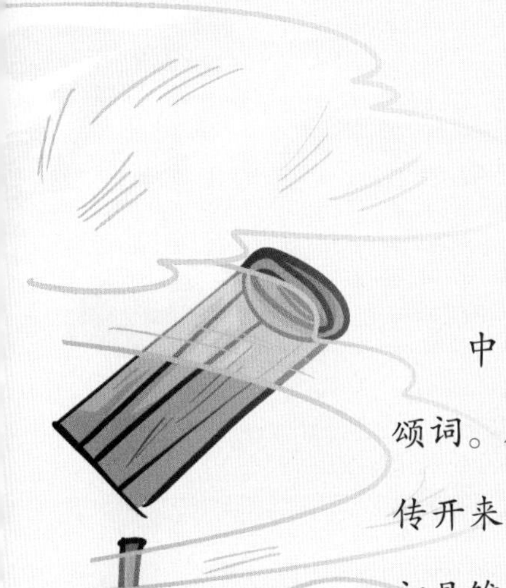

中国最早的诗歌来源于上古时期的劳动民歌与祭祀颂词。在甲骨文出现之前，诗歌这种体裁已经在民间流传开来。到了西周和春秋时代，我国诗歌创作体系已经初具雏形，出现了第一部诗歌总集《诗经》。

《诗经》，也叫《诗三百》，收录了西周至春秋这段时期创作的诗歌，它的出现为后世文学创作奠定了坚实的基础。

战国后期，楚国诞生了一位诗歌界的天才人物——屈原。屈原是楚辞的奠基人。他创作的《离骚》《九歌》《九章》等作品，成为中国诗歌史上的不朽诗篇。后世形容文学的“风骚”一词，就是取自《诗经》中的《国风》与《楚辞》中的《离骚》。屈原之后，宋玉等人扛起了楚辞创作的大旗。可以说，楚辞的出现，标志着中国诗歌由业余化（民间集体创作）发展到专业化（诗人独立创作）的更高阶段。

另外，早期的诗歌都与音乐结合在一起，诗相当于歌词，配合音乐来歌唱、表演。

《诗经》

寻找诗歌的源头

作者：不详。传说为尹吉甫采集，孔子编订

时代：春秋时代

评价：中国第一部诗歌总集，是中国古代诗歌的源头，古代儒家的重要经典

代表作：《关雎》《桃夭》《伐檀》《硕鼠》《蒹葭》等

诗歌之美

风格：以四言诗为主，记叙了古代人民的日常生活和情感，运用了赋、比、兴的文学手法。

影响：作为中国最早的诗歌总集，对后世的文学发展产生了深远和广阔的影响。

跨越时光读经典

最早的诗歌总集

《诗经》被公认为我国第一部诗歌总集，成书时间大概在春秋时期，最初的名字叫作《诗》或者《诗三百》。

《诗经》的作者是谁，现在已无法考证。现在大多认定，是由古代人民集体创作的。相传，周朝单独设有采诗官一职。每年春天，采诗官都会深入民间收集当地的歌谣，将这些反映民间百姓欢乐疾苦的作品谱曲后，演唱给周天子听。相传周宣王时的太师、贤相尹吉甫是《诗经》里诗歌的最早采集者，孔子后来在他的版本上进行了整理修订，形成了今天的《诗经》。

久远的创作年代

《诗经》中最早的诗歌作于西周初年，最晚的作于春秋时期中叶，历史跨度五百多年。除了民间采集，还有很多诗歌可能是当时的贵族文人创作的，比如《豳风·鸱鸮》和《唐风·蟋蟀》就被认为是周朝贵族周公旦所作。

《诗经》中年代最早的部分是《周颂》，大约产生在武王伐纣之后。面世时间稍微晚于《周颂》的《大雅》，产生于周王朝鼎盛时期，创作者多为有学识的贵族。《诗经》中《小雅》的大部分作品创作年代要晚于《大雅》，大概产生于西周晚期到周平王东迁建立东周以后。《鲁颂》和《商颂》是春秋时期的作品。

根据目前的研究，《诗经》中最晚面世的作品成于春秋时期中叶，是郑玄在作品《诗谱序》中提到的以讽刺陈灵公为主要内容的《陈风·株林》。

群体智慧的结晶

孔子曾多次提到过这部诗集。他在《论语》中说："《诗》三百，一言以蔽之，曰：'思无邪'。"历史学家司马迁在《史记》中提道："《诗》三百篇，大抵圣贤发愤之所为作也。"这里之所以说"《诗》三百"，是因为在《诗经》后来传世的版本里，一共记载了 305 篇。

"诗经"一词最早出现于西汉，汉武帝把《诗》《书》《礼》《易》《春秋》定为"五经"，由此得名《诗经》。"经"指的是古代书籍中的经典，这"五经"代表了中国最古老的文化典籍，也是古代读书人需要学习的主要文学作品。

什么是“风、雅、颂”

《诗经》从内容上可以分为《风》《雅》《颂》三个部分。

《风》，又称《国风》，内容多是周朝各地民间流传的民歌或者歌谣，是《诗经》中最有意义的精华内容；《雅》分为《大雅》和《小雅》，内容多是对现实不满的贵族创作的诗歌；而《颂》则是周朝王公贵族在宗庙中祭祀时用的乐歌。

从《诗经》的总体篇幅来看，《颂》一共有 40 篇；《雅》一共有 105 篇，其中《小雅》中的 6 篇只有题目没有内容，没有计算在内；《风》的诗歌数量最多，一共 160 篇，合起来是 305 篇。

什么是“赋、比、兴”

《诗经》的创作内容十分丰富，包含了当时社会中爱情、战争、压迫、反抗、风俗、动植物等五花八门的内容，是周朝社会生活的一面镜子。对于这些复杂的内容，《诗经》主要用了“赋、比、兴”三种文学上的表现手法。

所谓“赋”，指的是一种铺陈叙述的记叙方法。

比如，《诗经》中的《七月》记叙了农夫一年十二个月的生活情况，用的就是“赋”。

所谓“比”，就是通过对人或物进行类比和比喻，使其特点更鲜明。

比如，《硕鼠》这篇诗歌，就是用硕鼠来比喻贪得无厌的统治阶级。

所谓“兴”，就是一种以其他事物引起所要歌咏内容的表现手法，类似于“触景生情”。

比如，《关雎（jū）》开头那句“关关雎鸠，在河之洲”，就是诗人借此景物以兴起下文“窈窕（yǎotiǎo）淑女，君子好逑”的铺垫内容。

大师的超时空直播间

《诗经》是古人智慧的结晶，是十分纯洁、高尚的作品。刚才曾参提问，怎么才能小心谨慎、不惹不必要的灾祸？读一读《小旻》，自然就明白了。人们只知道空手打虎、徒步过河是危险的，却不知道，面对政局，更是如临深渊。

不敢暴虎，不敢冯河。
人知其一，莫知其他。
战战兢兢，如临深渊，如履薄冰。
——《诗经·小雅·小旻》

春秋思想家、教育家
孔子

一句话总结《诗经》，就是三个字：思无邪。不学都不知道该怎么写文章了。

战国思想家
孟子

先生说得对极了。不但要学习《诗经》，还要知道《诗经》的创作背景。

战国思想家
荀子

两位先生说得都对，我们从学习《诗经》开始，到学“礼”结束。

宋代学者
朱熹

《诗经》虽好，其中《风》的内容是民间歌谣，讲爱情是不是多了点？

近代文学家
梁启超

眼下存在的那些先秦古籍，好多都不知道真伪。真金美玉、字字可信的，《诗经》是我心目中的第一名。

诗歌的形式和分类

什么是诗歌

语言

高度凝练浓缩

形式

按照一定的格式或格律要求

通常具有一定节奏和韵律，某些类型的诗歌还讲求一定的音节、声调和格式

古体诗

古诗

唐以前的诗歌，其中五言古体诗简称“五古”；七言或三五七言兼用者称为“七古”。

桃之夭夭，灼灼其华。
之子于归，宜其室家。
——《诗经》

东临碣石，以观沧海。
水何澹澹，山岛竦峙。
——《观沧海》

楚辞

战国时期楚国诗人屈原创作的诗歌体裁，以楚国民歌为基础，又称“骚”或“骚体”。

路曼曼其修远兮，吾将上下而求索。
饮余马于咸池兮，总余辔乎扶桑。
——《离骚》

乐府诗

一种带有音乐性的诗体，有五言、七言和杂言的诗歌形式。

百川东到海，何时复西归？
少壮不努力，老大徒伤悲！
——《长歌行》

抒情言志的诗歌是世界上最古老同时也是最有文学特质的文学样式

内容

表达情感或反映生活

诗歌按照内容，可分为叙事诗、抒情诗、送别诗、边塞诗、山水田园诗、怀古诗、咏史诗、咏物诗、悼亡诗、讽喻诗等。

近体诗

绝句

起源于汉乐府短章，由四句组成。

五绝

举头望明月，低头思故乡。

——《静夜思》

欲穷千里目，更上一层楼。

——《登鹳雀楼》

七绝

两岸猿声啼不住，轻舟已过万重山。

——《早发白帝城》

独在异乡为异客，每逢佳节倍思亲。

——《九月九日忆山东兄弟》

律诗

每首八句，格律要求严格，起源于南朝，盛行于唐宋。

五律

国破山河在，城春草木深。

——《春望》

空山新雨后，天气晚来秋。

——《山居秋暝》

七律

云横秦岭家何在？雪拥蓝关马不前。

——《左迁至蓝关示侄孙湘》

此情可待成追忆，只是当时已惘然。

——《锦瑟》

排律（长律）

文场供秀句，乐府待新词。

天意君须会，人间要好诗。

——《读李杜诗集因题卷后》

传世经典精读

周南·关雎

关关雎鸠（jiū）①，在河之洲。
窈窕淑女，君子好逑（hǎoqiú）。
参差荇菜，左右流之②。
窈窕淑女，寤寐（wùmèi）③求之。
求之不得，寤寐思服。
悠哉悠哉，辗转反侧。
参差荇菜，左右采之。
窈窕淑女，琴瑟友之④。
参差荇菜，左右芼（mào）⑤之。
窈窕淑女，钟鼓乐之。

注释

① 关关雎鸠：雎鸠不停地鸣叫。关关，拟声词，形容雌雄二鸟相互应和的叫声。雎鸠，一种水鸟，一般认为是鱼鹰。

② 左右流之：时而向左、时而向右地摘荇菜。这里原指勉力摘取荇菜，隐喻君子正努力追求淑女。流，求取。

③ 寤寐：醒和睡的时候，代指日夜。寤，醒的时候。寐，入睡的时候。

④ 琴瑟友之：用弹琴鼓瑟的方式来亲近她，琴和瑟都是弦乐器。友，用作动词，有亲近之意。

⑤ 芼：挑选。

译文

叫声相互应和的雎鸠，一起相伴在河中小洲。

那美丽贤淑的女子，真是君子追求的好配偶。

水中参差不齐的荇菜，左边右边不停地摘。

那美丽贤淑的女子，日日夜夜都难以忘怀。

追求女子的美好愿望难以实现，无论清醒还是做梦都在思念。

思念绵绵不断，翻来覆去难以入眠。

参差不齐的荇菜，左边右边不停摘取。

美丽贤淑的女子，奏起琴瑟去亲近她。

参差不齐的荇菜，左边右边去挑选它。

美丽贤淑的女子，鸣钟击鼓去取悦她。

作品赏析

《周南·关雎》是《诗经》的第一篇。通过描写君子对淑女的追求，来歌颂爱情的美好。这首诗运用了“兴”的手法。第一段以相恋的雎鸠合鸣起兴，引出淑女配君子的联想。以下的各段，又以采荇菜的行为起兴，表达了主人公对心仪女子的相思与追求。

秦风·蒹葭(jiānjiā)①(节选)

蒹葭苍苍，白露为霜。

所谓伊人，在水一方。

溯洄(sùhuí)②从之，道阻且长。

溯游③从之，宛在水中央。

注释

① 蒹葭：芦苇。蒹，指没长穗的芦苇。葭，指初生的芦苇。

② 溯洄：逆流而上。洄，指逆流。

③ 溯游：顺流而下。

译文

河边的芦苇青色苍苍，白色的露水凝结成霜。

我的意中人，就在河水那一方。

逆流而上去找她，道路险阻且太长。

顺流而下去找她，仿佛在那水中央。

作品赏析

《蒹葭》是秦国流传下来的民歌，大多认为这是一首爱情诗，描述了一个单相思的人感叹无法与爱人在一起；也有人认为此诗讥刺了秦襄公不能使用周礼来巩固国家；还有人认为这是以追求爱情，来比喻秦国统治者惋惜自己不能得到隐居的贤士。

屈原

开天辟地的浪漫主义

籍贯：可能在丹阳（今湖北省宜昌市秭归县东南）

名号：芈姓，屈氏，名平，字原

生卒年：约公元前 340—约公元前 278 年

评价：战国时期楚国伟大的爱国诗人，中国浪漫主义文学的奠基人，“楚辞”的代表

代表作：《离骚》《九歌》《九章》《天问》等

诗歌之美

风格：想象丰富，语言华美，感情热烈真挚，形象鲜明，体现出为理想而献身的精神。

影响：开创了一派文体，是浪漫主义文学的源头之一。屈原被收入《楚辞》中的《离骚》与《诗经》中的《国风》并称为“风骚”，对后代文学影响很大。

跨越时光读大师

祝融的后代

屈原出身贵族，他的祖上与楚王一样，都是芈姓。芈姓起源于上古的祝融，后来分化为楚王的熊氏、屈原家族的屈氏等。屈原属于楚王的本家，当时被称为“公族”或“公室”。屈原的先祖如屈重、屈完、屈到、屈建等人，都曾在楚国担任高官。但到了屈原这一代，屈氏已经不再有当年的地位，所以屈原在《九章 · 惜诵》中有“忽忘身之贱贫”的诗句。

那时的人们相信生辰和命运相关的说法。而屈原的生辰很吉利，父亲认为屈氏复兴有望，就给他起了个好名字：名叫作象征天的“平”，字叫作象征地的“原”。先秦时期的男子都称氏不称姓，所以人称屈原。

石洞奇遇

屈原自幼博览群书，勤奋好学。如今，屈原的故乡依然流传着屈原“石洞读书”以及“巴山野老授经”的故事。

传说在屈原十岁那年，在小山中发现了一个石洞，里面别有洞天，布满了石灰岩与钟乳石。屈原经常到这个景观别致、幽静清凉的石洞中读书。有一天，洞内出现了一位和善的老人。他学识渊博，经常指导屈原读书。

忧国忧民作《离骚》

经过多年的刻苦学习后，志向远大的屈原决心在仕途上有番作为。

大约在公元前 317 年，屈原担任楚怀王左徒。屈原对治理国家以及外交事务十分精通，一开始楚怀王十分欣赏他，对他委以重任。后来，有人嫉妒屈原的才华，经常在楚怀王面前说屈原的坏话。楚怀王慢慢开始疏远屈原。

在各种谗言之下，公元前 314 年，屈原被罢免了左徒的官职，改任三闾大夫。主要职责是主持宗庙祭祀，这其实是个闲差。屈原既痛心楚怀王善恶不分，被小人所蒙蔽，又对楚国的未来忧心忡忡，忧愁苦闷，在这种焦虑的状态下，写下了千古名篇《离骚》。

这部诗篇表达了作者虽然郁闷但依然坚持理想的爱国之情，是中国最长的抒情诗，也开创了中国文学史上的诗歌新形式：骚体。

提意见反被陷害

公元前 313 年，秦国想攻打齐国，可齐国、楚国两国是军事联盟。秦王派张仪前去游说楚国，称愿用六百里土地换取楚国与齐国绝交。利欲熏心的楚王相信了张仪所说，和齐国断了来往。事后张仪却抵赖说："大王你听错了，约定的是六里而不是六百里。"楚怀王大怒，派军讨伐秦国，结果大败而归。

公元前 304 年，秦楚两国再度结盟。屈原深知秦国的侵略本质，他犯颜直谏，结果被小人陷害，被流放到了汉北之地。在这段时间内，屈原创作了《九章 · 抽思》一文，在文中，他回忆起自己向楚怀王忠心劝谏，最终却遭放逐的情况。

再三劝阻楚怀王

后来，楚国因屡次背信弃义而遭到各诸侯国的孤立，被联军围攻。这时，秦昭王打着与楚国姻亲的名义，要求和楚怀王单独会面。这时，屈原已从流放地归来。他再次阻止说：“秦国不值得信任，还是不要前去。”然而，楚怀王听不进去，还是决定前往。

结果到了秦国，楚怀王就被扣留。

楚怀王被扣押后，他的太子楚顷襄王即位，他的另一个儿子子兰当上了令尹。因为之前子兰曾力劝怀王入秦，屈原对此提出强烈反对。子兰怀恨在心，他怂恿一些大臣在楚顷襄王面前说了很多屈原的坏话。楚顷襄王听信了谗言，公元前 296 年，屈原再次被放逐。

创作高峰期

再次遭放逐的屈原从楚国的郢都（今湖北省荆州市）出发，先到鄂渚，然后经由洞庭湖进入长江。其间他曾到达长沙，在这里凭吊先人，感叹楚国立国不易，最后到了陵阳（据说在今安徽省池州市青阳县南）。从公元前 296 年到公元前 279 年，屈原一直被流放。

虽然流放在外，但屈原仍然眷恋着楚国，时刻不忘返回朝廷。这次流放也是屈原文学创作的高峰期，这个时期他创作了很多优秀的作品，比如《招魂》《九章 · 思美人》《九章 · 惜往日》《九章 · 涉江》《九章 · 哀郢》《九章 · 怀沙》《九章 · 悲回风》等，这些作品大多充斥着对国君醒悟的渴望，表达了忧国忧民的心情。

沉江而死

公元前 279 年，秦国派大将白起进攻楚国。第二年，白起攻下了楚国的都城郢，楚顷襄王狼狈不堪地逃亡陈城（今河南省周口市淮阳区）。屈原得知郢被攻破之后，如行尸走肉一般行走于汨罗江边，万念俱灰，投汨罗江而死。

屈原在江边流放的时候，创作了《渔父》，其中描绘了一位隐居世外的渔父。对于屈原的志向，渔父却有另外的看法。二人对话后，渔父唱着“沧浪之水”的歌谣离去了。

万世传颂

文学方面，屈原对后世影响极大。他继承和发扬了《诗经》中的比兴手法，创造了独特的“香草美人”的象征手法。屈原作品中出现了大量香草和美人的形象，以绮丽的幻想和楚国的神话为人们展示和创造了一幅幅雄伟壮丽的图景。这种独特的浪漫主义创作手法，对后世的诸多诗人（包括李白等）产生了巨大的影响。

当然，屈原留给后世最珍贵的东西，还是他那忧国忧民的爱国主义情怀，激励着一代代仁人志士。

大师的超时空直播间

大王又放逐了我。这应该是朝廷中那些小人搞的鬼。有时想想真是灰心，我心目中的大王不应是优柔寡断、偏听偏信的庸才。我要振作起来，强大的秦国正虎视眈眈地盯着楚国，前路漫漫，我可不能丧失进取的精神。

路曼曼其修远兮，吾将上下而求索。
饮余马于咸池兮，总余辔乎扶桑。
折若木以拂日兮，聊逍遥以相羊。

——《离骚》

汉代史学家
司马迁

屈原虽然被流放在外，仍然想振兴楚国。他在心中反复思考、在自己的作品中再三表现对楚国的感情，可惜最终无可奈何。

唐代诗人
李白

屈原的作品与日月并悬，而放逐他的楚王所建的亭台楼阁，现在都不知道在哪儿了。

宋代文学家
苏轼

我一直都想追赶他，却怎么也达不到他的万分之一。

宋代学者
朱熹

作为臣子，屈原对楚王已经仁至义尽！

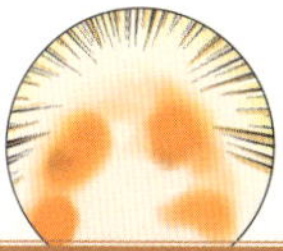

近代文学家
梁启超

屈原是“中国文学家的老祖宗”。

传世经典精读

九歌·山鬼（节选）

若有人①兮山之阿（ē）②，
被（pī）③薜荔兮带女罗④。
既含睇（dì）⑤兮又宜笑⑥，
子⑦慕予⑧兮善窈窕⑨。
乘赤豹⑩兮从⑪文狸⑫，
辛夷车⑬兮结桂旗⑭。
被石兰兮带杜衡⑮，
折芳馨兮遗（wèi）所思。
余处幽篁（huáng）⑯兮终不见天，
路险难兮独后来。

注释

① 人：这里指山鬼。

② 山之阿：山的幽深拐角处。阿，曲隅。

③ 被：通假字，同“披”，披着。

④ 薜荔、女罗：都是香草，蔓生植物。

⑤ 含睇：含情脉脉地斜视着。睇，微微斜视的样子。

⑥ 宜笑：得体、美丽的笑容。

⑦ 子：这里是山鬼对爱人的称呼。

⑧ 予：我，山鬼自称。

⑨ 窈窕：形容美好的样子。

⑩ 赤豹：传说中的红毛黑花豹。

⑪ 从：跟从，随从。

⑫ 文狸：身上有花纹的狸猫。文，花纹。

⑬ 辛夷车：用木兰枝木做成的车。辛夷，即木兰。

⑭ 结桂旗：用桂枝编出旗子。结，编结。

⑮ 石兰、杜衡：都是古代的香草名。

⑯ 余处幽篁：我在幽深的竹林里。余，我。篁，竹林，泛指竹子。幽篁，幽深的竹林。

译文

在那山中幽深拐角处仿佛有一个人，身上披着薜荔，腰上束着女萝。

带着优美的笑容含情脉脉地斜视，爱人你爱慕我把自己打扮得美好婀娜。

我乘坐着红色黑花豹，以花纹狸猫为随从，以辛夷木为车子，用桂枝扎起旗子。

身披石兰，腰束杜衡，采集那些带着幽香的鲜花赠给思念的人。

我在那幽深竹林里终年不见天日，道路艰险难行，所以独自来迟。

作品赏析

这首诗出自屈原的《九歌 · 山鬼》，是一首祭祀山神的颂歌。“山鬼”是一位未经过天帝册封的山神，这段诗分别从外貌、神态、车驾随从等方面描写了山鬼女神出行的场面，其中最出彩的是外貌描写。屈原对山鬼女神衣着装束进行了精妙描摹，运用“香草美人”象征手法，给人一种缥缈绝世的美感。

离　　骚（节选）

长太息[1]以掩涕[2]兮，
哀民生之多艰。
…………
亦余心之所善兮，
虽九死[3]其犹未悔。

注释

①太息：叹息。

②掩涕：掩面而泣。

③九死：死很多次。九是约数，表示多次。

译文

擦着眼泪长长叹息啊，可怜百姓生活多么艰难。

…………

这是我心中所追求的美德啊，哪怕是死很多回，也不会后悔。

作品赏析

司马迁在《史记》中这样记载："屈原放逐，著《离骚》。"《离骚》是屈原根据楚国的政局以及自己的不平遭遇所作的一首抒情诗。诗中描写了诗人的身世遭遇、思想境界，也可以把《离骚》看作屈原的自传。

秦汉至南北朝

乐府与山水诗

秦朝存续时间短暂，再加上秦始皇采取的“焚书坑儒”措施，使得秦代的诗歌创作基本停滞。受此影响，汉代前期的诗歌发展一度陷入低潮。不过在此期间，民间乐府诗的发展却十分活跃。“乐府”原指朝廷设立的国家级音乐机构，后来，乐府机构所收集的民歌、诗歌也被称为“乐府”。

汉乐府民歌是汉代诗歌发展的精华。汉乐府民歌以抒发民间感触为主，“感于哀乐，缘事而发”，形式以叙事为主，内容极富生活气息、通俗易懂，将诗歌创作推向一个新高潮。其中，《陌上桑》与《孔雀东南飞》是汉乐府民歌当中的代表作。特别是《孔雀东南飞》，是中国诗歌史上第一篇高度融合思想性和艺术性的长篇叙事诗，全诗共350余句，1700余字，被誉为“长诗之圣”和“古今第一首长诗”。

东汉末年，文人独立创作的五言诗逐渐成熟。这一时期的《古诗十九首》具有极高的艺术成就。

魏晋南北朝时期，诗歌创作迎来了一波集中式爆发。东汉末年到两晋时期，以曹操、曹丕、曹植为首的“三曹”和“建安七子”所创作的诗歌，都取得了非凡的成就。西晋末年，在士族喜好清谈老庄玄理的风气下，玄言诗盛行，一直存续到南北朝时期。南北朝时期还出现了以谢灵运为奠基人的“山水诗派”。

此时，乐府诗创作依然没有衰落的迹象，北朝时出现的《木兰诗》，与《孔雀东南飞》合称“乐府双壁”。

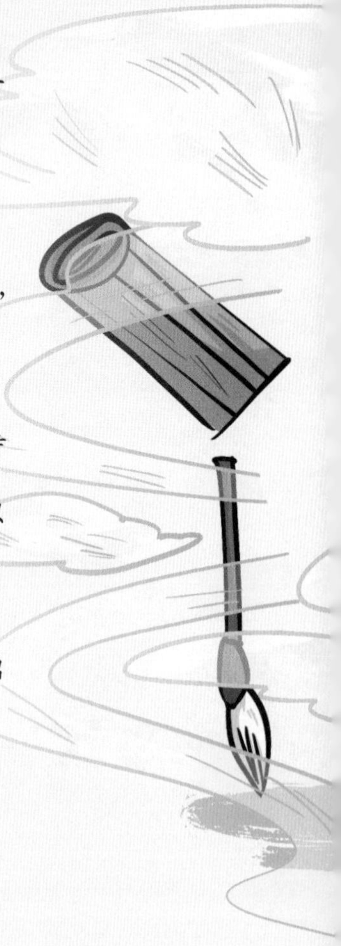

乐府

叙事诗结出成熟的果实

作者：民间集体创作，宋代郭茂倩汇集编纂成《乐府诗集》
时代：两汉时期至清朝，其中汉代乐府成就最高
作品别名：乐府诗、汉乐府、乐府民歌
评价：中国诗歌史上宝贵的财富，文人五言、七言诗歌的先声
代表作：《木兰诗》《陌上桑》《孔雀东南飞》《江南可采莲》

诗歌之美

风格：形式自由，内容以长篇叙事诗为主，反映了当时丰富多彩的社会生活。

影响：乐府诗继承了《诗经》所开创的现实主义传统，是汉魏六朝时期诗歌成就的重要代表，对后世诗、词、曲的创作影响深远。

跨越时光读经典

收集民歌，体察民情

早在周朝，朝廷就开始派出乐官到地方上搜集民歌，以体察民情的方式汇报给周天子，为统治阶级制定政策提供依据。到了秦朝，朝廷在少府的管辖下设立“乐府”的官署，来管理音乐、歌舞教习工作。

公元前 112 年，西汉汉武帝将“乐府”定为单独的政府编制，其负责人称为“乐府令”，负责收集和整理民间音乐、民歌配乐及演奏等。

后来，“乐府”成为一种带有音乐性的诗体名称。

汉乐府：巅峰时期

汉代是乐府诗发展的巅峰期，其作品被称为“汉乐府”，这与“唐诗”“宋词”等提法类似。汉乐府民歌数量众多，影响巨大，为后世诗歌发展打下了坚实的基础。两汉时期，大量优秀的民间诗歌被乐府保存下来，并慢慢演变成一种文学体裁。

魏晋南北朝乐府诗：广泛流传

魏晋南北朝时期，乐府诗进一步得到发展，乐府民歌成为当时流行很广的创作体裁。

南朝乐府诗多是以女子的恋慕之情为题材，北朝乐府诗则是以豪爽朗健的尚武风格为主流。

新乐府：与现实结合

到了唐代，乐府特指揭露、批判现实的诗歌作品。比如“诗圣”杜甫的《兵车行》、白居易的《卖炭翁》等作品。特别是白居易，他与元稹倡导的新乐府运动，为唐诗发展注入了新活力。

新乐府运动的基本宗旨是“文章合为时而著，歌诗合为事而作”，意思是文章要反映当时的社会现实，诗歌要为记叙事情而作。宋元以后，人们也把词、曲等体裁称为乐府。

乐府诗的内容

后世流传下来的乐府诗内容主要有三种类型。

第一种是贵族文人创作的颂歌。主要有祭祀天地、太庙、社稷所用的郊庙歌辞；朝廷设宴时使用的燕射歌辞以及歌舞时使用的舞曲歌辞。这类作品流传下来的有《郊祀歌》和《安世房中歌》等。

第二种是军乐。内容有鼓吹曲辞和横吹曲辞，主要区别在演奏的乐器和场合。这类作品流传下来的有《木兰诗》等。

第三种是民歌歌辞，主要分为相和歌辞、清商曲辞和杂曲歌辞。这类作品内容大多是反映人民群众日常生活中的喜怒哀乐，艺术成就极高。

谁编纂了《乐府诗集》

由于乐府并不特指某一首作品，而是许多作品的合集，所以乐府诗的作者并非某个人。如今我们看到的汉乐府诗，主要收录在宋代郭茂倩的《乐府诗集》当中。

郭茂倩（1041—1099年），字德粲，宋朝郓州须城（今山东省泰安市东平县）人。他自幼才华横溢，熟知音律，四处搜集资料，终于编纂出《乐府诗集》一书。郭茂倩是《乐府诗集》的编纂者，而非书中诗作的作者。

其实，乐府诗的作者大多已经无法考证。比如被称为“乐府双璧”的《木兰诗》与《孔雀东南飞》，都不知道作者是谁。

灵活多变的艺术特点

乐府民歌最大的艺术特点是灵活多变。

第一，乐府诗的语言朴实自然，浅显易懂，乐府中记载的民歌大多使用民间口语。

第二，乐府民歌的长短很随意。最长的作品多达三百多句，最短的作品仅几句而已。既有完整的五言诗，如《孔雀东南飞》等，也有一些没有固定章法和句式的作品，如《上邪》。

第三，乐府诗在押韵方面也很灵活，有的句句押韵，有的隔两三句押韵，还有的相隔五句才押韵。

第四，乐府诗多用对话或独白的方法来叙事，多次采用排偶句回环往复来和谐音韵，最著名的就是《江南》。

大师的超时空直播间

现在是元代泰定四年（1327年），李孝光与好朋友杨维桢畅谈，在座的人都喜欢乐府诗。能够得到古人诗意精髓的，只有乐府诗，学习古乐府势在必行。在此，感谢郭茂倩先生以及他的《乐府诗集》。

太原郭茂倩所辑《乐府诗》百卷，上采尧舜时歌谣，下迄于唐，而置次起汉郊祀，茂倩欲因以为四诗之续耳。郊祀若《颂》，铙歌鼓吹若《雅》，琴曲杂诗若《国风》。

——《〈乐府诗集〉序》

宋代藏书家
陈振孙

《乐府诗集》一共一百卷，是郭茂倩搜集的，功莫大焉。

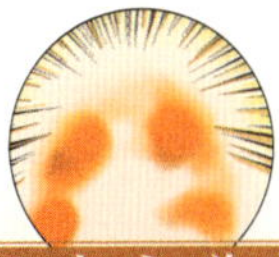

元代文学家
吴莱

《乐府诗集》里面只取标题，不记录作品的时间，结果导致后世人们看后觉得没头没脑，纷乱庞杂。

明末清初藏书家
毛晋

郭茂倩收集了乐府诗一百卷，《乐府诗集》中记录了很多乐府诗，十分全面，可以与《周雅》、《楚辞》等并垂不朽。

清代文学家
纪昀

《乐府诗集》收集的诗歌很多，记录的乐府诗最为全面，但其内容分类工作做得不好，所以显得有点乱。

清代诗人
黄遵宪

即便是旧民主主义的革命时代，我们依然要继承乐府风格。

“三曹”——魏晋诗歌的杰出代表

东汉末年到三国魏晋时期，是中国诗歌史的第一个集中井喷式爆发时代。这个时代，涌现了一大批诗人名士。曹操和他的两个儿子曹丕、曹植，便是其中的佼佼者。作为当时诗坛的三领袖，被后人称为“三曹”，与北宋以文学见称的“三苏”（苏洵、苏轼、苏辙父子三人）齐名。

曹操 建安文学新风气的开创者

特点： 诗歌朴实无华，感情深挚、气势磅礴，没有堆砌大量的华丽辞藻。

生平： 曹操（155—220年），字孟德，小名阿瞒，东汉末年的权臣。建安元年（196年）总揽朝政，“挟天子以令诸侯”。曹丕代汉称帝后，追尊曹操为太祖武皇帝。

地位： 曹操是建安文学的主将和开创者。正是因为曹操的重视和推动，中国文学史才留下了魏晋名士风流的文化现象。

影响： 创作了大量描写时事的作品，抒发自己的政治抱负，反映了汉末人民悲凉的苦难生活。创作风格对后世产生了巨大影响，杜甫、白居易等著名诗人作品中都有曹操乐府诗风的影子。

作品：龟虽寿

神龟虽寿，犹有竟时；
腾蛇乘雾，终为土灰。
老骥伏枥，志在千里；
烈士暮年，壮心不已。
盈缩之期，不但在天；
养怡之福，可得永年。
幸甚至哉，歌以咏志。

曹丕

七言诗发展史上的重要代表

生平： 曹丕（187—226 年），字子桓，曹魏开国皇帝。曹丕年少时文武兼修，220 年曹操去世后，曹丕建魏自立，即魏文帝。著有中国最早的文艺理论批评专著《典论》。

特点： 曹丕与文士集团来往紧密，积极组织创建文学团体并亲自参与和鼓励文学创作，逐渐形成了“建安文学”气象。他的五言诗和乐府诗风格秀丽，清绮动人。

作品：燕歌行·其二（节选）

别日何易会日难，山川悠远路漫漫。
郁陶思君未敢言，寄声浮云往不还。
涕零雨面毁容颜，谁能怀忧独不叹。

影响：《燕歌行》是中国现存最早最完整的七言文人诗，从一位思念丈夫的妇女角度，揭露了战乱流离对人民的摧残，表现了战争中人们心中的惆怅和哀怨。

曹植

文人五言诗走向成熟的标志

生平： 曹植（192—232 年），字子建，曹丕的弟弟。自幼天资聪颖，才华横溢，后政治失意，郁郁寡欢，其诗歌多为五言。

前期特点： 曹植前期的诗歌主题是表现自己伟大的理想和抱负，豪气十足，充满乐观、浪漫的情调，以及傲视天下的气势。

作品：白马篇（节选）

白马饰金羁，连翩西北驰。
借问谁家子？幽并游侠儿。
少小去乡邑，扬声沙漠垂。
宿昔秉良弓，楛矢何参差！

后期特点： 曹丕称帝后，曹植的生活受到限制和打击，诗歌风格偏向悲愤哀怨，诗风综合了前代作品的长处，开创了自己的独特风格，标志着中国诗歌创作由乐府民歌正式走向文人诗的转变。

传世经典精读

长歌行[1]

青青园中葵[2]，朝露待日晞（xī）。

阳[3]春布[4]德泽[5]，万物生光辉。

常恐秋节至，焜（kūn）黄[6]华[7]叶衰。

百川东到海，何时复西归？

少壮不努力，老大徒伤悲。

注释

① 长歌行：本诗选自《相和歌·平调曲》，以“长声歌咏”为曲调的自由式歌行体。

② 葵：葵菜，蔬菜名。

③ 阳：温和，暖和。

④ 布：给予、布施的意思。

⑤ 德泽：恩惠。

⑥ 焜黄：形容草木凋零枯黄的样子。

⑦ 华：同“花”，花儿。

译文

菜园中葵菜青青，清晨的露珠被阳光晒干。

阳光普照，和煦的春光赐给大地恩泽，万物都焕发出蓬勃的生机。

经常害怕秋天降临，草木干枯，花儿凋零。

时光就像东流到大海的江河，什么时候能再回来?

少壮之年如果没有及时努力，到了老年一事无成，只能白白地伤悲。

作品赏析

这首诗是汉乐府诗的名篇。《长歌行》一共有三首，这是其中的第一首。这是一首劝学诗，以景寄情，由情入理，激励年轻人要及时努力、奋发向上。作者借助大河东去从不回头的事例，发出时光易逝、生命短暂的感慨。

江　　南①

江南可采莲，莲叶何②田田③。

鱼戏莲叶间。

鱼戏莲叶东，鱼戏莲叶西，

鱼戏莲叶南，鱼戏莲叶北。

注释

① 江南：选自乐府诗《相和歌辞·相和曲》。

② 何：多么。

③ 田田：形容莲叶新鲜碧绿的样子。

译文

江南可以采摘莲花，莲叶新鲜碧绿。鱼儿在莲叶间游来游去。鱼儿在莲叶东面嬉戏，鱼儿在莲叶西面嬉戏，鱼儿在莲叶南面嬉戏，鱼儿在莲叶北面嬉戏。

作品赏析

这首诗是汉代的一首采莲民歌，描写了劳动生活的快乐情景。这首采莲曲通过对莲叶和鱼儿的描绘，将鱼儿嬉戏的欢乐情景充分描述出来。诗的前三句是主体，后四句只是在为第三句“鱼戏莲叶间”进行细节描写，起到一种渲染、烘托的作用。

谢灵运

山水诗派的鼻祖

籍贯：陈郡阳夏（今河南省周口市太康县），移籍会稽（今浙江省绍兴市）

名号：因晋时袭封康乐公，又称谢康乐

生卒年：385—433 年

评价：中国文学史上山水诗派的开创者，与同时代的颜延之并称“颜谢”

代表作：《登池上楼》《登江中孤屿》《石壁精舍还湖中作》

诗歌之美

风格：语言精丽，尤其擅长刻画自然景物，诗中描写的山水名胜令人印象深刻。

影响：改变了魏晋以来玄言诗言之无物的风气，独创的写景模式和写作技巧深刻地影响了后世的山水田园诗。

跨越时光读大师

名臣后代

谢灵运出身名门，这个家族便是涌现过谢安、谢玄等名士的陈郡谢氏。谢灵运的爷爷是大名鼎鼎的东晋名将谢玄，父亲是谢瑍。谢灵运从小就聪颖睿智，反应极快。谢玄很喜欢他，认为他比谢瑍聪明多了，曾经说："我只是生了瑍儿，瑍儿竟然能够生出灵运！"

谢灵运也没有浪费自己的天资，年少时勤奋好学，博览群书，写出的文章优美动人，被誉为"江左第一"。十八岁那年，谢灵运顺理成章地继承了祖父的爵位，袭封康乐公，但他拒绝了朝廷给予的员外散骑侍郎职务。

官场坎坷

文采飞扬的谢灵运一开始深受当时朝廷重臣，也是后来的宋武帝——刘裕赏识。但谢灵运的性格我行我素，甚至有些刚愎自用，这让他的官场生涯及一生都充满坎坷。有一次，刘裕出征，谢灵运为此写了一篇著名的文章——《撰征赋》。这篇文章气势磅礴，谈古论今，是不可多得的精品。但文中没有为刘裕歌功颂德，这就让刘裕很不满。

隐逸中自有乐趣

刘裕称帝后，只任命谢灵运担任一些没有实权的虚职。而谢灵运内心其实非常希望自己可以像祖辈一样建功立业。因此他郁郁不得志，做事也愈发随心所欲，经常被贬官罢黜。

刘裕去世后，谢灵运在权力斗争中继续失势，后来被赶出朝廷，出任永嘉太守。

永嘉位于今天的浙江温州，风景秀丽，山水宜人。谢灵运在这里找到了隐逸的乐趣，诗兴大发，创作了许多优秀的山水诗，比如《登池上楼》。其中“池塘生春草，园柳变鸣禽”这两句，道尽了春日盛景，被后世人们广为称颂。

开创山水诗派

谢灵运担任永嘉太守一年后，主动辞职回乡。他回到会稽，过起了隐居生活。这期间，他创作的诗作在社会上广泛流传，并逐渐形成了一个流派。

当时文坛上流行一味追求玄理（道家老庄空谈的学问）的玄言诗。谢灵运的诗作将山水的隽永与玄理巧妙地结合起来，改变了玄言诗的空谈风气，极大地丰富和开拓了诗的内容和境界。谢灵运也被认为是中国文学史上山水诗派的开创者。

从此，山水诗开始在历史舞台上绽放出耀眼的光芒。

御用文人

在会稽的时候，谢灵运创作了《石壁精舍还湖中作》等名作。“昏旦变气候，山水含清晖。清晖能娱人，游子憺忘归。”此时的谢灵运，似乎决心以后要过隐逸的生活。他创作了一篇《山居赋》，并自己为之注释。

424 年，宋文帝刘义隆登基为帝，他很欣赏谢灵运，重新召回了谢灵运。

本以为终于守得云开见月明，可以在政治上有番作为，但宋文帝与刘裕一样，只是把谢灵运当成御用文人，每次与谢灵运探讨的都是些文学创作方面的问题，给谢灵运的事务也是编写史书一类。

离职归乡

被皇帝视为御用文人的谢灵运，对自己的境遇十分不满，经常借病外出游玩、创作诗歌。皇帝很生气，又不想太为难这位大才子，于是暗示谢灵运让他自己辞职。

谢灵运的做官之路，与后世的诗仙李白有些相似。其实，李白的诗歌中也常常有谢灵运的影子。李白的名句“脚著谢公屐，身登青云梯”，其中的“谢公屐”，就是谢灵运发明的适宜外出游玩时穿的木屐。李白后来被朝廷“赐金放还”，也与谢灵运的结局有些异曲同工。

辞官之后，谢灵运回到家乡，更加放飞自我，与当地的隐士们结成密友，纵情山水。

遭受刑罚

谢灵运倚仗祖辈留下的丰厚家产，身边聚集了很多人，同游山水，赋诗作文。有一次，谢灵运心血来潮，发动大批人砍伐树木、修建道路，方便到山林中游玩。当地官员看到如此大阵仗，差点以为是山贼。

谢灵运得罪了当地官员，有人弹劾他放荡不羁、侵扰百姓，朝廷派人逮捕谢灵运，谢灵运反把朝廷派来的官员抓起来。最后，谢灵运还是被逮捕了，皇帝爱惜他的才华又感念他祖父谢玄的大功，从轻判处他充军广州。

悲惨结局

谢灵运不把朝廷放在眼里，自然不会有好的结局。他的充军之路仍然不太平，他的诗中甚至有这样的内容："韩亡子房奋，秦帝鲁连耻。"把刘宋王朝比喻成残暴的秦朝。最后，皇帝下诏将谢灵运诛杀于广州。

临死前，谢灵运在《临终》诗中写道："凄凄凌霜叶，网网冲风菌。邂逅竟几何，修短非所愍。送心自觉前，斯痛久已忍。恨我君子志，不获岩上泯。"其中凄惨，令人动容。

大师的超时空直播间

当了一年的永嘉太守之后，我觉得自己不受重用，就干脆称疾辞职，隐居在我祖先们世居的会稽始宁。在这里填湖造田，大兴土木，扩建我们谢家祖传的庄园——始宁墅。作为谢氏子弟，经略天下是我的夙愿，但天不遂人愿，无人赏识，那我就按照自己的心意生活吧！

仰前哲之遗训，俯性情之所便。奉微躯以宴息，保自事以乘闲。愧班生之夙悟，惭尚子之晚研。

——《山居赋》

唐代诗人
李白

南京秦淮河边学风浓郁，读书人努力传播孔孟的学问，弘扬颜延之与谢灵运的诗名。

唐代史学家
李延寿

谢灵运以才名著称，江左无人能敌，他也因此恃才傲物。

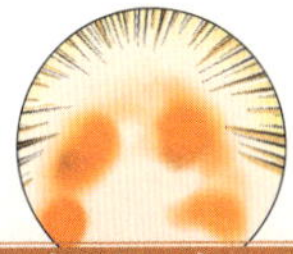

唐代诗人
白居易

谢公才华横溢却生不逢时，壮志未酬，郁郁寡欢，所以寄情山水，独创了“逸韵谐奇趣”的山水诗。只怕他的诗句里，描写的不是景物而是心意啊。

宋代文学批评家
严羽

谢灵运的诗作没有一篇不是佳作。南北朝时期的诗人中，颜延之不如鲍照，鲍照却又不如谢灵运。

明代文学家
王世贞

我最开始读谢灵运诗作的时候，一开头感觉摸不到门路，入了门后渐渐爱上了它们，后来则爱不释手。

传世经典精读

登池上楼（节选）

潜虬（qiú）[1]媚[2]幽姿，飞鸿响远音。
薄霄[3]愧云浮，栖川怍（zuò）[4]渊沉。
进德智所拙，退耕力不任。
徇禄反穷海[5]，卧疴（ē）对空林。
衾（qīn）枕昧节候[6]，褰（qiān）开暂窥临[7]。
倾耳聆波澜，举目眺岖（qū）嶔（qīn）[8]。
初景革绪风，新阳改故阴。
池塘生春草，园柳变鸣禽。
祁祁伤豳（bīn）歌[9]，萋萋感楚吟[10]。

注释

① 潜虬：指潜龙，比喻隐士。虬，古代传说中长着两角的小龙。

② 媚：这里是自我欣赏的意思。

③ 薄霄：停在云霄。薄，通“泊”，停，止。

④ 怍：惭愧。

⑤ 反穷海：返回永嘉海边。反，同“返”。穷海，荒远偏僻的滨海，这里指永嘉地区。

⑥ 昧节候：不知道季节气候。昧，糊涂、不明白。

⑦ 褰开暂窥临：拉开（窗帘）往外面眺望。窥临，临窗向外眺望。

⑧ 岖嵚：形容山岭高耸险峻的样子。

⑨ 祁祁伤豳歌：出自《诗经·豳风·七月》，表达思念之情。

⑩ 萋萋感楚吟：出自《楚辞·招隐士》，萋萋，形容草茂盛的样子，表达思念之情。

译文

深渊沉潜的虬龙，欣赏着自己幽闲美妙的姿态，天空高飞的鸿鸟，响亮的叫声传出很远。想要停留在高空，却因不能飞离祸患而愧对浮在云上的飞鸿；想要栖息在水中，却不懂隐藏锋芒，惭对潜沉深渊的虬龙。我想进入仕途，却因品德智慧条件不高而失败；我想退隐耕田，却又因体力不足而无法胜任。为了追求俸禄来到这偏远的永嘉海边做官，又因卧病在床只能面对着空荡荡的树林。每天躺在床上与被子枕头为伍，连季节气候的变化都不知道了。偶尔掀开窗帷暂且登楼临窗眺望。耳中倾听流水波澜的声音，举目眺望那高峻的山岭。初春的阳光已代替了残余的冬风，新来的太阳也变换了残冬的阴冷。池塘边已经长满了春草，园中柳条上变出许多飞鸟在宛转啼鸣。想起《诗经·豳风·七月》中“采繁祁祁”这首诗非常伤感，想到《楚辞·招隐士》中“春草生兮萋萋”这首楚歌更因思念而心生感慨。

作品赏析

这首诗应当创作于宋少帝景平元年（423年）左右。此前，谢灵运因在权力斗争中失败，被赶出朝廷中枢，前往偏僻的永嘉郡（如今的浙江温州）担任太守。心高气傲的谢灵运因为这次打击大病一场。423年初春，谢灵运大病初愈。登上高楼观景，谢灵运写出了这篇文章。文中，既表达了对朝廷和朋友们的思念，同时又表达了自己追求“遁世无闷”的心意，充分表现了谢灵运不受重用又不甘隐退的矛盾心情。

石壁精舍[1]还湖中作（节选）

昏旦变气候，山水含清晖。

清晖能娱人，游子憺（dàn）[2]忘归。

出谷日尚早，入舟阳已微。

林壑敛暝（míng）色[3]，云霞收夕霏。

注释

① 石壁精舍：谢灵运在会稽北山的一处书斋。精舍，古代儒家学者教书的地方。

② 憺：安闲舒适的样子。

③ 暝色：暮色。

译文

黄昏和早晨的气候变换，山水之间饱含着清灵明净的光芒。

清灵明净的光芒让人愉悦，在外游历的旅客舒适安闲，忘记回去。

离开峡谷的时候时间还早，等到上船的时候已是夕阳西下。

树林和山谷中聚积着傍晚的景色，晚霞收拢着飘动的云烟。

作品赏析

这首诗应当作于元嘉元年至三年（424—426 年）之间，当时，谢灵运辞去永嘉太守的职务，回到谢氏一族曾居住过的会稽始宁（如今的浙江省绍兴市上虞区）庄园里隐居。这首诗先是勾勒出湖光山色的美景，接着描写了在外游山玩水的乐趣。

初唐至盛唐

创作巅峰袭来

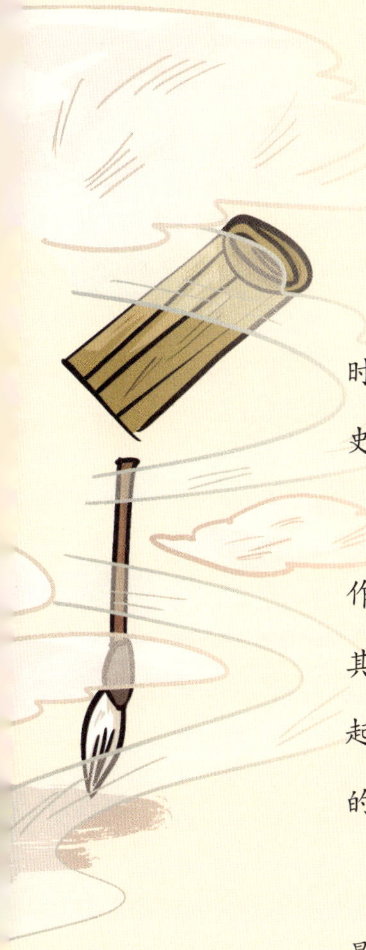

隋朝之后，特别是到了唐朝，诗歌发展走向了巅峰时期，中国文学史上最辉煌的成就之一——唐诗登上历史舞台。

初唐，诗歌发展已经颇具规模。这个时期的唐诗创作以王勃、杨炯、卢照邻、骆宾王、陈子昂等人为代表，其中前四位诗人并称“初唐四杰”，陈子昂则是率先举起诗歌革命大旗的诗人。武则天执政时期，绝句、律诗的格式最终定形，有宋之问、沈佺期等唐诗大家。

盛唐时期，国富民强，经济繁荣，唐诗发展也进入最高峰。这个时期，涌现了中国诗歌史上一批伟大的作者——“诗仙”李白和“诗圣”杜甫等人，他们将唐诗的水平推向“前无古人，后无来者”的境界。李白是伟大的浪漫主义诗人，他的《早发白帝城》《静夜思》等作品，已成为我们耳熟能详的经典；杜甫则是伟大的现实主义诗人，他的“三吏”“三别”等作品，成为现实主义写实作品的不朽经典。田园诗和边塞诗也逐渐兴起，前者以王维、孟浩然等为代表，后者以岑参、高适等为代表。

此外，这一时期比较有名的诗作大家，还有王昌龄、张九龄、王之涣，以及被称为“吴中四士”的张若虚、贺知章、张旭、包融等人。

贺知章

盛唐诗歌引路人

籍贯：越州永兴（今浙江杭州）

名号：字季真，自号“四明狂客”

生卒年：约 659—约 744 年

评价：与张若虚等并称“吴中四士”；与李白等并称“饮中八仙”；又与陈子昂、王维等合称“仙宗十友”

代表作：《咏柳》《回乡偶书》等

诗歌之美

风格：不事雕饰而新意盎然，写景抒情的诗歌尤其清新通俗。

影响：贺知章的咏物诗是诗歌中的杰作，传诵很广，促进了盛唐时期诗歌的发展和繁荣。

跨越时光读大师

声名在外的博学少年

大约在 659 年，贺知章出生于越州，祖上是会稽大姓贺氏，虽然比不上王维出身的王氏家族，但也算得上是名门望族。《旧唐书》中记载，贺知章的先祖贺德仁曾担任过太子洗马一职。太子洗马是指辅佐太子，教太子政事、文理的官职，级别虽然不算太高，地位和前途却非同寻常。

少年时期的贺知章勤学苦读，博学多才，颇富名声。可惜，到了青年时期，恰逢武则天与李氏皇族一直权力争斗，皇权频繁更迭，科考也因此断断续续。青年时期的贺知章经常面临着无试可考的尴尬局面。

高中状元

695 年，科举考试恢复。年过三十的贺知章终于等来了机会。他也不负众望，进士及第。贺知章是浙江省第一位被记录在案的状元。之后，贺知章先后担任了国子四门博士与太常博士这样的官职，但品级不高。贺知章后来在七品的官职上，待了二十多年。

其实，贺知章并非没有升迁的机会。贺知章的表亲陆象先，曾经担任宰相。陆象先也十分欣赏贺知章的博学强识，他夸贺知章“言论倜傥，真可谓风流之士”，并经常跟别人说：“我一天不见贺知章，就感觉精神不太好。”

但贺知章无意攀附关系，二十多年一直是普通文职官员，没有大的提升，以至于《新唐书》把贺知章归在“隐逸”列传中。

晚年幸遇伯乐

六十多岁的贺知章终于遇到了伯乐，这就是三次官至宰相的名臣张说。

当时，张说在北方平定突厥叛军，听说贺知章创作的边塞诗广受欢迎。待到张说回到长安后，便推举贺知章参与撰修《六典》《文纂》等书。

此后，贺知章在官场开始扶摇直上，一直升任到礼部侍郎。

闹了笑话

不过，担任了礼部侍郎的贺知章，并不太擅长处理政事。他曾经闹出了一个大笑话。

当时正值惠文太子去世，玄宗下诏命令礼部挑选牵引灵柩高唱丧曲的挽郎。贺知章挑选的人不太适合，那些作为候选者的贵族子弟聚众围住礼部闹事。贺知章束手无策，竟然爬梯子登上墙头，伸出头去处理事情，一时间被大家引为笑谈。

提携李白

虽然贺知章不擅长官场的工作，但才华出众，后来担任了太子右庶子、侍读的职务。738 年，唐玄宗让贺知章教导刚上位的太子李亨，升任他为太子宾客、银青光禄大夫兼正授秘书监，所以人们也称他为“贺监”。

虽然官做大了，但贺知章为人洒脱，没有架子，特别愿意提携后辈。

晚年时，贺知章遇到了李白。那时候的李白，还没有什么名气，正在为自己的前途四处奔走。一次去紫极宫的时候，李白遇见了贺知章。他早闻贺知章的大名，便呈上自己的诗本，贺知章看后大惊，十分欣赏其中的《蜀道难》和《乌栖曲》。他惊异万分地说：“你根本不是世上的人，难道是谪仙人吗？”

从此，李白“诗仙”的名声传遍天下。贺知章不遗余力地提携李白，终于使李白进入官场。

不拘礼法的“狂客”

到了晚年，贺知章的作风愈发不拘礼法。他自称为“四明狂客”，又自称“秘书外监”，经常遨游在长安大街小巷之中。

贺知章喜欢饮酒，经常醉后创作诗文，往往文不加点，一气呵成。他在书法上也颇有造诣，最擅长草隶书法。人们常趁他兴致勃勃的时候递上纸张笔墨，他便挥毫泼墨，迅速完成。当时的人们把他的字当成宝贝一样珍藏。

荣耀归乡

744 年，贺知章因年老体衰、精神恍惚，上疏请求返回乡里。贺知章回乡时的排场极其隆重，唐玄宗亲自写诗送别，皇太子率领百官为他饯行。在唐代著名诗人当中，贺知章算是罕见的善终者。

回乡之后，贺知章心态十分平和。他写下《回乡偶书二首》，其中描述了家乡的孩子不认识他的趣事，一时广为流传，脍炙人口。

不久后，八十六岁的贺知章在家乡病逝。

贺知章的诗作风格独特，淡而有味，充满了生活气息。由于没有经历过战乱，他的作品中完全没有愤世嫉俗或悲惨凄凉的情绪。但是，贺知章的作品流传下来的不多，《全唐诗》只收了十九首，实在是一件憾事。

大师的超时空直播间

天宝元年（742 年），我与才子李白相遇，彼此惺惺相惜。我们约好一起喝酒，喝到一半才发现身上没有带钱。不巧的是，李白这家伙兜里也很干净。结账的时候场面一度十分尴尬。后来我只好把皇帝赏赐的金龟佩饰拿出来当酒钱，现在想来真是有趣。如今又到了美丽的春天，举起手中的酒杯，就不会觉得自己老了。

泉喷横琴膝，花黏漉酒巾。
杯中不觉老，林下更逢春。
——《春兴》

唐代诗人
李白

老师是一位风流人物。他才华横溢，不但诗文做得好，书法也很棒。要是山阴道士重生，一定允许老师像王羲之那样用书法换鹅。

贺监性情豪放旷达，平日谈笑风生，当时贤人达士都很倾慕他。

五代史学家
赵莹

宋代方志学家
施宿

在我们会稽流传着贺知章先生的故事，当年经常有人带着笔墨纸砚跟着贺老师，等他喝醉就趁机往他手里塞笔，他写出来的字水平极高，大家纷纷收藏起来。

贺老师很喜欢酒后作诗写字，晚年放飞自我的时候尤其严重，一喝醉就作诗写字，水平很高。要是让他清醒后再写，说不定反而不如酒醉时。

元末明初文学家
陶宗仪

传世经典精读

咏柳

碧玉[1]妆成一树高，
万条垂下绿丝绦（tāo）[2]。
不知细叶谁裁出，
二月春风似剪刀。

注释

① 碧玉：原指碧绿色的玉，这里用来比喻春天嫩绿的柳叶。

② 绦：用丝编成的带子。此句指像带子一样的柳条。

译文

嫩绿的叶子长满了整棵柳树，许多柳枝垂下来，就像绿色丝带。

不知道是谁裁剪出这细细的柳叶，原来那二月里的春风，就像一把剪刀。

作品赏析

《咏柳》是 744 年贺知章回乡抵达萧山县城时所作。当时，越州官员一起到驿站迎接，然后准备坐船去贺知章南门外潘水河边的旧宅。时值二月早春，柳树吐新芽。贺知章回到故乡，心情十分舒畅，于是作了这首诗。

回乡偶书[①]·其一

少小离家老大回，

乡音无改鬓（bìn）毛衰[②]。

儿童相见不相识，

笑问客从何处来。

注释

① 偶书：随便作的诗。

② 鬓毛衰：形容老年人的须发都变少了。衰，减少的意思。

译文

年少的时候离开家乡，年老才回来。乡音虽未改变，鬓角的毛发却已稀疏。

家乡的孩子看见我却不认识，他们笑着问我从哪里来。

作品赏析

贺知章于 744 年辞官回到故乡。接近五十年没有回家，八十多岁的贺知章心潮起伏，不能自已，所以写下这首诗，感叹世事变化巨大。

题袁氏别业[①]

主人不相识，偶坐为林泉[②]。

莫谩（màn）[③]愁沽（gū）酒，囊中自有钱。

注释

① 别业：除了本宅之外另建的别墅、别馆。

② 林泉：树林和山泉等景物。

③ 谩：通“慢”，怠慢、轻视。

译文

我并不认识别墅主人，只不过想欣赏林木和山泉便偶然坐下。

不要想着我们会发愁买酒而轻慢对待，我口袋里带着钱呢。

作品赏析

有一次，贺知章外出游玩，走到袁氏别墅时被美景吸引，也不管认不认识主人，就闯进去游玩，然后写下这首诗。这首诗体现了贺知章豁达爱酒的个性，且运用了侧面描写的手法，全诗没有正面提到别墅，却处处都有别墅的影子，风格活泼清新，富有情趣。

王维

山水田园里的“诗佛”

籍贯：蒲州（今山西永济）人，祖籍太原祁县（今山西祁县）
名号：字摩诘，号摩诘居士
生卒年：约 701—761 年
评价：与孟浩然合称为“王孟”，又有“诗佛”之称
代表作：《山居秋暝》《送元二使安西》《九月九日忆山东兄弟》《相思》等诗作，著有《王右丞集》《画学秘诀》等

诗歌之美

风格：清新淡远，自然脱俗，创造出“诗中有画，画中有诗”的意境，善于叙写隐逸情趣。

影响：扩大了山水诗的题材内容，提高了山水诗的艺术成就，成为中国山水田园诗派的杰出代表，对后世影响深远。

跨越时光读大师

诗画、音乐小才子

王维出身太原王氏，家世十分显赫。太原王氏是唐代五大名门之一。而王维的母亲出身于五大名门中的博陵崔氏。

家庭环境给了王维很好的成长环境，他从小博览群书，闻名于乡里。《旧唐书》说他“博学多艺”，被时人所推崇。《唐才子传》中记录王维九岁就在作诗、书画、音乐等方面显示出特殊的天分。但好景不长，在王维九岁那年，父亲去世。此后，母亲崔氏一人拉扯着王维和弟妹们长大。

715 年，十五岁的王维前往长安准备为将来走上仕途做准备。这个时期的王维，可谓好运连连。

闻名长安诗词界

到长安没多久，王维便迅速有了名声。史书记载他“妙年洁白，风姿郁美”，简单来说就是又帅又有才。他以一句“新丰美酒斗十千，咸阳游侠多少年”震惊了整个长安诗词界，让当时还待在家乡的李白都赞不绝口。

两年后，十七岁的王维因思念故乡写下了《九月九日忆山东兄弟》这篇作品，其中“每逢佳节倍思亲”一句，更是被迅速传诵，直到今天还被人们频繁使用。

一时间，王维声名鹊起，成为长安贵族宴席中的常客。就连唐玄宗的兄弟宁王、薛王以及著名的音乐发烧友岐王，都将王维看作师友。

出场即巅峰

719年，十九岁的王维准备参加科举考试，并在京兆府试中一举夺魁。在此期间，他创作了《李陵咏》《西施咏》等作品。这个时期，王维与岐王李范交往很多，并被唐玄宗的妹妹玉真公主所赏识。

两年之后，二十一岁的王维考中进士，并高中状元，可以说是出场即巅峰。在唐朝，中进士的难度很大，李白、杜甫两人都没中过进士，韩愈考了四次方才如愿，而写下“慈母手中线”的孟郊中进士时已经四十多岁。

遭遇打击

王维进入官场，出任大乐丞职务，管理国家礼乐方面的事务。按说，王维已经走上了人生发展的快车道，但很少有人可以一生坦途。

721年，王维的下属中有个演员在表演舞狮子的时候，一时失误，使用了皇帝才能用的黄色狮子，这让皇帝非常恼怒，他将负有领导责任的王维贬去山东，担任济州司仓参军。

这对一直以来顺风顺水的王维来说，是个严重的打击，在前往济州上任的途中，他创作了《宿郑州》等诗，诗中流露出自己的苦闷与失意。

开始隐居

王维在济州，一待就是四年多。其间，他创作了很多作品，如《济上四贤咏三首》《济州过赵叟家宴》等。

后来，皇帝大赦天下，王维离开了济州，却没能再回到中央任职，他选择在淇上地区隐居。孟浩然还与王维见了面，二人有诗相赠。

《淇上田园即事》大概就作于这一时期，诗中描绘了乡村优美的田园风光，诗人自称“静者”，摆脱了官场的繁杂事务，静心欣赏大自然的山水。

再遭排挤

734 年，王维的好友，也是大唐知名诗人的张九龄当上了宰相。已过而立之年的王维觉得自己的机会来了，他决定返回长安，于是写诗进呈给张九龄。

张九龄看后很欣赏，推荐王维出任右拾遗一职。好景不长，因奸相李林甫的栽赃陷害，张九龄很快被挤出权力中心。王维也遭到排挤，被赶出京城，以监察御史兼节度判官的身份被派到凉州。

在这次北行中，王维做出了《使至塞上》一诗，这首诗里的一句“大漠孤烟直，长河落日圆”成为千古佳句，被世代传诵。

与安禄山的纠葛

738 年，王维从凉州回到长安，过了十多年的安稳日子。但是，一场巨大的灾难又将袭来。755 年，安史之乱爆发。第二年，叛军攻破长安，俘虏了王维。安禄山欣赏王维的才华，想让他在自己手下做官。王维不肯服从。安禄山直接关押了王维，并对外宣布王维已答应在自己手下当官。被关押期间，王维用作品抒发自己的亡国之痛。其中有一句“万户伤心生野烟，百官何日再朝天？”，就是这句诗，后来挽救了王维的性命。

晚年风波

唐军收复长安后，王维被下狱。幸亏人们读到他写的那句诗，终于幸免于难。

晚年的王维闲暇时拜佛念经、写诗作画。760 年，王维转任尚书右丞，这是他人生所担任的最高官阶，所以后世将他称为王右丞。

第二年，他上疏皇帝，请求卸任。同年七月，王维突然跟家人索要纸笔，写信给弟弟王缙和一些亲友，然后与世长辞。

大师的超时空直播间

今天，我现场直播好友元二的送别会。元家老二与我交情匪浅，他要到安西都护府去出差，我召集了很多朋友在渭城这里为他送行。大唐国力显赫，万邦来朝，元二此行，必定圆满完成任务，胜利归来。在此，我敬好友一杯酒，作一首诗为他壮行！

渭城朝雨浥轻尘，客舍青青柳色新。
劝君更尽一杯酒，西出阳关无故人。
——《送元二使安西》

**唐代名臣、书法家
王缙**

我哥哥以文章闻名，为人正直，喜欢清静。他到了晚年，仍不忘写作，写出的文章要么给了朋友，要么丢在箱子里。

**唐代宗
李豫**

皇爷爷在位的天宝年间，王维写文章的名声就冠绝天下，朕那时还年少，多次在王府里看到他的文章。

**宋代文学家
苏轼**

品味王维老师的诗，发觉诗中有画；欣赏王维老师的画，感觉画中有诗。

**宋徽宗
赵佶**

王维画画的才能是与生俱来的，他就是那种不学就会的“别人家的小孩”。

**清代学者
贺裳**

唐朝要是没有李白和杜甫，王维就要占据第一的位置了。

边塞诗的自然意象

月亮

边塞的军人远离家乡，往往会借助月亮来表达思乡之情、离别之苦。月亮作为常见的意象，又经常与边关、羌笛、风沙出现在一起。

陇头吟（节选）

王维

陇头明月迥临关，
陇上行人夜吹笛。

关山月（节选）

李白

明月出天山，
苍茫云海间。

夜上受降城闻笛（节选）

李益

回乐烽前沙似雪，
受降城外月如霜。

羌笛

羌笛本来是古代胡人发明的一种乐器，后来流传到了中原大地。盛唐时期，人们喜欢胡乐，羌笛十分流行。羌笛的声音婉转、哀怨，因此唐代的边塞诗中，经常会出现羌笛的影子。

凉州词（节选）

王之涣

羌笛何须怨杨柳，
春风不度玉门关。

塞上听吹笛（节选）

高适

雪净胡天牧马还，
月明羌笛戍楼间。

从军行（节选）

王昌龄

更吹羌笛关山月，
无那金闺万里愁。

黄沙

边塞诗中经常用黄沙表现当地人迹罕至的荒凉景象，体现了边塞军人所处的艰苦环境，抒发戍边军人坚定的意志、大无畏的英雄气概，以及离开家乡的愁苦心情。

玉门关盖将军歌（节选）

岑参

玉门关城迥且孤，
黄沙万里白草枯。

走马川行奉送封大夫出师西征（节选）

岑参

君不见走马川行雪海边，
平沙莽莽黄入天。

从军行（节选）

王昌龄

黄沙百战穿金甲，
不破楼兰终不还。

马诗（节选）

李贺

大漠沙如雪，
燕山月似钩。

蓬草

唐代的边塞通常在荒漠地带，因此会以边塞的特有植物作为象征。蓬草就是其中的典型。蓬草的生长环境十分恶劣，常年被风沙包围，边塞诗中经常会用“征蓬”“飘蓬”“飞蓬”来描述蓬草的形态，比喻边塞军人的漂泊不定、远离家乡。

使至塞上（节选）

王维

征蓬出汉塞，归雁入胡天。

安西馆中思长安（节选）

岑参

弥年但走马，终日随飘蓬。

送李侍御赴安西（节选）

高适

行子对飞蓬，金鞭指铁骢。

传世经典精读

鹿　　柴①

空山不见人，但②闻人语响。
返景③入深林，复照青苔上。

注释

① 柴：用树木围成的栅栏。

② 但：只的意思。

③ 返景：景同“影”，指太阳快要落山时通过云彩反射的阳光。

译文

山里空旷寂静看不见行人，只听到人的说话声。
落日反射的阳光照入深林，再次照到青苔上。

作品赏析

唐天宝年间，王维在终南山下购置了辋川别业，鹿柴是其中的胜景之一。王维经常和他的好友在这里一起作诗，后来编为《辋川集》，这首诗便收录其中。

相　思[1]

红豆生南国，春来发几枝。

愿君多采撷[2]，此物最相思。

注释

① 相思：这首诗还有两个题目，即相思子和江上赠李龟年。

② 采撷：采摘的意思。

译文

红豆生长在南方，春天到来不知长了多少新枝？

希望你多多采摘它们，因为红豆这种东西最能寄托相思之情。

作品赏析

这首诗是天宝年间王维写给好友李龟年的作品。李龟年是唐代著名音乐家，与很多著名诗人交好，杜甫也曾写过《江南逢李龟年》送给这位音乐家。安史之乱后，李龟年流落江南，曾在流浪途中演唱过王维这首诗。《相思》是中国文学史上著名的咏物寄情之作，也是歌颂友情的名篇。

全诗第一句以“红豆生南国”起兴，第二句自然承接。三、四句一气呵成，委婉含蓄，道尽了相思之意。

使至塞上[1]

单车欲问边，属国过居延。

征蓬[2]出汉塞，归雁入胡天。

大漠孤烟直，长河落日圆。

萧关逢候骑[3]，都护[4]在燕然[5]。

注释

① 使至塞上：奉命出使边塞。使，出使的意思。

② 征蓬：飘飞的蓬草。

③ 候骑：负责侦察、巡逻的骑兵。

④ 都护：唐朝时政府在边疆地区设置大都护府，长官称为大都护。

⑤ 燕然：古山的名字，这里指代前线。

译文

轻车简从去慰问边关将士，路经的属国已过了居延。

千里的蓬草也随风飘出了汉塞，北归的大雁正在天空翱翔。

浩瀚的沙漠里孤烟直上，无尽的黄河上落日浑圆。

到了萧关遇到侦察的骑兵，告诉我都护已经到了前线。

作品赏析

唐玄宗开元二十五年（737 年）春，河西节度副大使崔希逸率军大破吐蕃军。唐玄宗大喜，命王维以监察御史的身份慰问军士。王维北上途中，创作了这首诗，传神地表现边塞壮美的风光，同时表达了孤寂之情。

李白

浪漫主义诗歌巅峰

籍贯：出生于西域，幼时随父迁居绵州昌隆（今四川江油）

名号：字太白，号青莲居士

生卒年：701—762 年

评价：被后人誉为“诗仙”，与杜甫并称为“李杜”

代表作：《望庐山瀑布》《行路难》《蜀道难》《将进酒》《明堂赋》《早发白帝城》等

诗歌之美

风格：诗歌众多，风格雄奇豪放，想象力丰富，语言自然，具有瑰丽绚烂的色彩。

影响：李白是唐代伟大的浪漫主义诗人，是屈原以来最具浪漫精神的诗人，他的创作达到了盛唐诗歌艺术的巅峰。

跨越时光读大师

文武双修的少年

李白从小便聪明好学。《上安州裴长史书》中提到，李白五岁时就开始读书，十岁时开始阅读诸子百家的作品。

李白文武兼修，喜欢学习剑术，十五岁已经写了不少诗赋，闻名乡里。

十八岁那年，李白隐居大匡山，拜当时的政治学大师赵蕤（ruí）为师，学习纵横术以求有所作为。

这段时间，他写了《访戴天山道士不遇》等名作。

学有小成之后，李白离开故乡，外出游历了很多地方，增长阅历。

外出游学

李白先在江油、成都、峨眉山一带游历，后来乘船到了渝州（今重庆），后来又到了扬州、陈州等地，先后结识了诗人李邕和孟浩然，其间写下了《望天门山》《静夜思》这样的名篇。

李白二十七岁时，得到宰相许圉（yǔ）师的赏识，并与其孙女结婚，从此定居于安陆地区。在安陆白兆山隐居期间，他写下了《山中问答》等名诗。

成家之后的李白依然喜欢游山玩水，他出游江夏，再会孟浩然，在此期间创作了《黄鹤楼送孟浩然之广陵》《江夏行》。

寻找机会

730 年，而立之年的李白前往长安拜谒宰相张说等王公大臣，希望可以找到一些踏入官场的机会。此时的李白并没有什么名气，拜访也没有结果。李白继续在长安附近的邠州、坊州游历、写诗，同时也与长安城里的平民交往。后来，他对这种生活开始厌倦，也眼见做官的希望十分渺茫，到了开封、宋城、嵩山等地开阔眼界，又有了隐居的打算。

李白曾经投靠在终南山的玉真公主别馆，但没有结识玉真公主本人。几年的游历之后，李白又辗转回到安陆，以耕种、读书为生活。其间，他送友人入蜀，作了《蜀道难》一诗。

遇到伯乐

选择隐居只是暂时的，李白的心中始终没有放弃入仕的理想。734 年，李白通过别人向玉真公主献了诗，颇得玉真公主的赞赏。

李白人生中的真正伯乐，是著名诗人贺知章。贺知章阅读了李白的《蜀道难》和《乌栖曲》两部作品后，发出感慨：“你真不是普通人，是仙人下凡（谪仙人）吗？”从此，“谪仙人”名满天下。

受到皇帝赏识

在玉真公主和贺知章的推荐下，唐玄宗终于读到了李白的诗作，非常欣赏，当即宣召李白进宫。李白进宫的场面很大，皇帝亲自下来迎接，赐座，并亲手为李白做了一碗汤。这次觐见十分成功，玄宗命令李白供奉翰林，陪侍在皇帝左右写诗文。

此后，玄宗每次赴宴或者出游，都把李白带在身边，让他作诗记录自己的行动，以流传后世。这期间，李白的诗词大多围绕扈从展开，比如《侍从游宿温泉宫作》等诗。

赐金放还

皇帝虽宠信李白，但只是把李白当成一个写诗的文人，不重视他的才干。根据《新唐书》记载，李白行为不拘俗礼，做官后仍然在街市上饮酒。玄宗在沉香亭召见，李白醉中下笔写作，文字仍然华丽而美妙。玄宗爱才，经常与他设宴饮酒。李白醉后让宫中的宦官高力士脱鞋，高力士位高权重，觉得受到了侮辱，于是故意找出李白诗中的毛病，私下向杨贵妃告状。玄宗想重用李白的时候，杨贵妃就阻止。李白后来只好请求引退山林，玄宗赏赐金子、锦袍放他离开了，这就是“赐金放还”的典故。

“诗仙”与“诗圣”会面

李白辞官后，与朋友即将离别之际，写了《东武吟》《春陪商州裴使君游石娥溪》等诗，描写了自己的为官经历。这年夏天，李白到洛阳旅行。与此同时，比他小十一岁的杜甫也在洛阳。两人一见如故，彼此学习，建立起深厚的友情。

这年秋天，两人再度相会，并且与会人员中又加上了不得志的诗人高适。正值壮年的三人开怀畅饮，相互学习，取长补短。第二年秋天，李白人生中第三次也是最后一次与杜甫会面。分别后，李白因怀念杜甫，写出《沙丘城下寄杜甫》诗，而后又创作了《梦游天姥吟留别》。

乱世流离

755 年，安史之乱爆发，李白与续妻宗氏一起避难，辗转到过南方的溧阳、金陵、庐山等地。后来，他担任永王李璘的幕僚，在军营写了组诗《永王东巡歌》，抒发了平叛建功的情怀。

不料，李璘后来兵败被杀，李白受到牵连下狱，经过友人极力营救后免死，但被判流放夜郎（今贵州桐梓）。759 年，朝廷大赦，李白重获自由，返舟东下江陵，途中写下了脍炙人口的《早发白帝城》。

年近六十的李白，身体已经经受不住各种挫折，终于病倒。他返回金陵，投奔族叔、当涂县令李阳冰。762 年，重病的李白将《临终歌》的手稿交给李阳冰后，溘然长逝。

李白豪迈奔放、清新飘逸的浪漫主义作品风格对后世影响极大，从韩愈到苏轼，从陆游到辛弃疾，从杨慎到龚自珍，都受到了李白的影响。

大师的超时空直播间

岑夫子就是我的好朋友岑勋，他和元丹丘都是著名的隐士。这些天，我们一起到嵩山颍阳山居，在山中饮宴，一边观看美景，一边写诗，真是惬意啊！乐府旧题有《将进酒》，是“饮酒放歌”的意思，今天我就借着这个旧题，抒发一下我们三人的酒兴、诗情！

君不见黄河之水天上来，奔流到海不复回。
君不见高堂明镜悲白发，朝如青丝暮成雪。
人生得意须尽欢，莫使金樽空对月。
天生我材必有用，千金散尽还复来。
——《将进酒》

唐代诗人 贺知章

我就说三个字——谪仙人。

唐代诗人 杜甫

李白落笔能呼风唤雨，写完诗连鬼神都会被惊动。李白喝酒之后，随手就能写出一百篇诗作。后来他躺在长安酒家睡觉，当今天子让他去船上作诗，他一口回绝，说自己是酒中之仙。

唐代文学家 韩愈

李白和杜甫两位老师的文章名垂千古。

宋代文学家 苏轼

这里没点面子的人还真挤不进来。我为楼上点赞。我也赞成楼上的说法。

宋代文学家 黄庭坚

李白的诗，就像是黄帝张乐于洞庭之野，无首无尾，不主故常，不是一般匠人可以议论的。

传世经典精读

早发[1]白帝城

朝辞白帝彩云间，千里江陵[2]一日还。
两岸猿声啼不住，轻舟已过万重山[3]。

注释

① 发：出发，启程。

② 千里江陵：从白帝城到江陵（今湖北荆州）大约一千二百里。

③ 万重山：层层叠叠的山峰。

译文

早晨我告别了彩云中的白帝城，远在千里的江陵船行一天就能到达。

两岸的猿还在耳边不停地啼叫，轻快的小船已穿过重重山峰。

作品赏析

这首诗创作于唐肃宗乾元二年（759年）三月。李白一年前因永王李璘一案受牵连，被流放到夜郎地区。759年春天，李白流放途中路过白帝城时，忽然收到被赦免的消息。他惊喜交加，随即坐船前往江陵。此诗即作于回江陵的途中。

黄鹤楼[1]送孟浩然之广陵

故人西辞黄鹤楼，烟花[2]三月下扬州。
孤帆远影碧空尽[3]，唯见长江天际流。

注释

① 黄鹤楼：故址在湖北省武汉市武昌区蛇山的黄鹄矶上，原楼已毁，现存的黄鹤楼是 1985 年重建的。

② 烟花：形容春天柳絮如烟、鲜花掩映的样子。

③ 碧空尽：消失在碧蓝的天空尽头。

译文

旧友告别了黄鹤楼向东离去，在醉人的三月去往扬州。

孤独的帆影逐渐消失于碧蓝的天边，只看到滚滚长江在天边奔流。

作品赏析

开元十八年（730 年）三月，李白得知朋友孟浩然要去扬州，便托人带信，约孟浩然在江夏相会。两人在江夏停留几天后，孟浩然告辞，乘船东下，李白在黄鹤楼设宴送行，写下了这首《黄鹤楼送孟浩然之广陵》。

静夜思①

床②前明月光，疑是地上霜。

举头③望明月，低头思故乡。

注释

① 静夜思：安静的夜晚产生的思绪。

② 床：有人说指的是井台或井栏；有人说是“窗”的通假字；还有人说指的是胡床。本书取“窗户”的意思。

③ 举头：抬头。

译文

皎洁的月光洒在窗户上面，地上好像铺了一层霜。

抬头去看天上的明月，低头思念自己的故乡。

作品赏析

这首诗大约创作于唐玄宗开元十四年（726 年）。当时的李白年仅二十五岁，还没有成为尽人皆知的“诗仙”。这年秋天，李白在扬州一间旅舍中病倒了。夜晚，望着天上的明月，思念故乡，于是写下了脍炙人口的《静夜思》。

杜甫

现实主义诗歌巅峰

籍贯：河南巩县（今河南巩义西）

名号：字子美，自号少陵野老

生卒年：712—770 年

评价：有“诗圣”之称，作品被誉为“诗史”，与李白合称“李杜”

代表作：《望岳》《登高》《春望》《茅屋为秋风所破歌》以及“三吏”“三别”等

诗歌之美

风格：语言精练，感情真挚，风格多样，擅长律诗。

影响：唐代伟大的现实主义诗人，继承和发展《诗经》以来注重社会现实的文学传统，是中国古代诗歌发展的又一高峰。

跨越时光读大师

名门之后

杜甫的远祖是晋代名将杜预，祖父杜审言也是一位诗人，杜甫算得上真正的“名门之后”。

杜甫自幼好学，有着远大的志向。小时候的他很顽皮，经常在家中枣树上爬上爬下，后来杜甫回忆这段时期时这样写道：“忆年十五心尚孩，健如黄犊走复来。庭前八月梨枣熟，一日上树能千回。”

家学渊源

少年时代的杜甫，跟随家人接受了多种文化艺术的熏陶。他曾目睹唐代舞蹈家、剑客公孙大娘的舞剑表演。他还去了岐王李范宅里闲逛，在大臣崔涤的堂前散步，并欣赏过著名音乐家李龟年的表演，《江南逢李龟年》一诗中“岐王宅里寻常见，崔九堂前几度闻”描写的便是这些场景。

游历生活

736 年，二十多岁的杜甫准备参加科举考试，结果却落榜了。不过，这次挫折并没有让他消沉。当时杜甫的父亲杜闲担任山东兖州司马一职，杜甫前往兖州，一边省亲，一边游历，日子过得逍遥自在。

在此期间，他创作了著名的《望岳》一诗，一句“会当凌绝顶，一览众山小”，充分体现了他的胸中抱负。

744 年，杜甫来到洛阳。这次游历，他遇到了李白。李白和杜甫一见如故，一起打猎游玩，登高怀古，结下了深厚的友谊。后来二人再次出游时，遇上了著名诗人高适，于是变成了一场“三人行”聚会。

第二年，杜甫和李白都十分想念对方，于是相约在齐鲁地区进行第三次见面。分手时二人依依不舍，互赠诗作。

生不逢时

747 年，唐玄宗下诏让天下有才艺的人都到长安应试。杜甫也报名参加了考试。

可惜，这次考试的主考官是“口蜜腹剑”的奸相李林甫。他为了拍皇帝的马屁，直接宣布“野无遗贤”，意思是民间没有什么漏掉的人才，人才已经都在皇上身边当官了。于是，所有考生全部落选。

动荡的生活

杜甫已经三十六岁，为了养活妻儿，他决定到贵族府中做宾客。可惜的是，没有人赏识他。杜甫客居长安十年，穷困潦倒，郁郁寡欢。

751 年，杜甫写了一篇文章《大礼赋》，进献给皇帝，得到赏识。也因此等来了机会，被任命为负责保管军械的右卫率府兵曹参军。生活开始有所好转。

然而，仅仅在接受官职一个月后，安史之乱爆发。同年，杜甫的小儿子被饿死了。当时时局动荡，民不聊生。

杜甫听说太子李亨在灵武继位为唐肃宗时，他只身北上，准备投奔唐肃宗。不料途中被叛军俘虏，押回了长安。这时，长安城里还羁押着大名鼎鼎的王维。由于杜甫的名气和官职都很小，没有成为叛军重点收编对象，看守比较松懈，杜甫想方设法逃了出去。

这期间，杜甫一直在长安城内游荡，目睹了人民颠沛流离，城内萧条破败的景象，写下了《观安西兵过赴关中待命二首》《春望》等现实主义诗歌。

差点丢了性命

后来，杜甫终于在凤翔（今陕西宝鸡）找到了唐肃宗的军队。唐肃宗很感动，任命他为左拾遗。

然而，好景不长。杜甫很快卷进了一场政治事件中。当时，肃宗打算除掉大臣房琯，杜甫出言营救，这惹得肃宗大怒，几乎想杀掉杜甫。宰相张镐出面说情，杜甫这才保住自己的脑袋。但是肃宗不再信任他，将他贬到华州（今陕西省渭南市华州区）。

杜甫草堂

安史之乱期间，杜甫目睹了战乱为百姓带来的痛苦，于是创作了中国文学史上顶尖的现实主义诗作——“三吏”（即《新安吏》《石壕吏》《潼关吏》）和“三别”（即《新婚别》《垂老别》《无家别》）。

759年夏，华州附近爆发大旱灾情，杜甫眼见到处哀鸿遍野，悲痛之下对黑暗的官场失去信心，辞去了华州司功参军的职务，前去成都，寻找老朋友严武。在严武的帮助下，杜甫在成都郊外建成了一座草堂，也就是著名的“杜甫草堂”。严武推荐杜甫担任检校工部员外郎，所以后世人称杜甫为“杜工部”。

在成都期间，杜甫种菜养花，写了不少田园诗。大家耳熟能详的《春夜喜雨》便出自这一时期。

虽然安顿了下来，但杜甫的生活过得并不如意。一天夜里，突然刮起大风，把草屋的屋顶给吹翻了。接着又下起大雨。杜甫一家人挤在漏雨的草屋里，非常凄惨。他想到战乱中流离失所的百姓，写下了脍炙人口的《茅屋为秋风所破歌》，他感叹：“安得广厦千万间，大庇天下寒士俱欢颜。”

返回故乡

严武去世后，杜甫离开成都到了夔州。在夔州都督柏茂林的照顾下，杜甫度过了后半辈子最舒适的一段岁月。在此期间，杜甫作了四百多首诗，其中包括含有名句“无边落木萧萧下，不尽长江滚滚来”的《登高》。

到了晚年，杜甫思乡心切，他抛弃了夔州的舒适生活，计划坐船返回故乡。这段旅途极其艰难，忍饥受冻，大部分时间是在船上度过。行到耒阳的时候，遭遇江水暴涨，一连几天都没吃到东西。幸亏当地县令派人送来一些酒肉。《新唐书》记载，吃完这顿酒肉后，杜甫便在一条小船上去世了，终年五十九岁。

大师的超时空直播间

这几年全国真是不太平，“安史之乱”闹腾了多年，到处都在打仗，混乱远远没有结束。老夫在成都总算安定下来了，有了这么一个栖身之所。长夜难眠，全国像我这样受苦的老百姓，不知道还有多少啊！

安得广厦千万间，大庇天下寒士俱欢颜！风雨不动安如山。呜呼！何时眼前突兀见此屋，吾庐独破受冻死亦足！

——《茅屋为秋风所破歌》

唐代诗人
李白

最近发现杜甫老弟又瘦了，看起来是刻苦作诗去了啊。

唐代文学家
韩愈

要论起全面性，杜甫是最强的，当世的诗人都得靠边站了。

唐代诗人
白居易

一针见血啊！我也觉得杜甫的诗贯穿古今，尽工尽善。

宋代政治家、文学家
司马光

古人的诗，贵于意在言外，个人感觉，近代只有杜甫一人做到了。

宋代文学家
苏轼

不管君王如何疏远他，处境怎样落魄，他都不曾忘记君臣的本分！

传世经典精读

绝　　句

两个黄鹂鸣翠柳，一行白鹭①上青天。

窗含②西岭千秋雪，门泊东吴③万里船。

注释

① 白鹭：即鹭鸶，一种羽毛纯白、能高飞的鸟。

② 窗含：一种写作手法，由窗往外看西岭，西岭好像嵌在窗框中一样。

③ 东吴：长江下游的江苏一带。

译文

两只黄鹂在翠绿的柳枝中鸣叫，一行白鹭在青蓝的天空里飞翔。

坐在窗前可以看到西岭千秋不化的雪景，门前停泊着来自万里之外的东吴船只。

作品赏析

这首诗作于唐代宗广德二年（764 年）春。安史之乱平定后，杜甫投奔了好友严武。严武当时是四川地区的高官。在他的帮助下，杜甫修筑了杜甫草堂，并在此居住了数年。由于安史之乱刚刚平定，杜甫心情十分愉悦，面对窗外那生机勃勃的景象，创作了这一组即景小诗，本诗为其中一首。

春夜喜雨

好雨知时节，当春乃[1]发生。
随风潜[2]入夜，润物细无声。
野径云俱黑，江船火独明。
晓看红湿处[3]，花重[4]锦官城[5]。

注释

①乃：就。

②潜：悄然，悄悄地。

③红湿处：雨水湿润的花丛。

④花重：花因为饱含雨水而变得沉重。

⑤锦官城：故址在今天的成都市南。

译文

好雨知道什么时节到来，正是在春天植物生长的时候。

它随着春风在夜里悄然落下，无声地滋润着世间万物。

野外的小路和天上的乌云都是黑乎乎的，只有江上小船的灯火分外明亮。

天亮后去看被雨水打湿的红艳花朵，整个锦官城都变成了沉甸甸的鲜花世界。

作品赏析

这首诗创作于唐肃宗上元二年（761年）春，杜甫到四川成都定居。写这首诗的时候，他过着自耕自种、种菜养花的生活，对这场及时雨充满了欣喜之情。

春　望

国[1]破山河在，城春草木深。
感时[2]花溅泪，恨别鸟惊心。
烽火[3]连三月，家书抵万金。
白头搔更短，浑[4]欲不胜簪[5]。

注释

① 国：国都，指长安（今陕西西安）。

② 感时：为国家的时局而感伤。

③ 烽火：古时边防报警的烟火，这里借指战事。

④ 浑：简直。

⑤ 不胜簪：（头发）不能插上簪。胜，经受、承受。簪，一种束发的首饰。

译文

国都陷落，但山河依旧，城里的杂草和树木茂盛地生长。

感伤于战乱的时局，看到花开而潸然泪下，内心惆怅怨恨，听到鸟鸣而心惊胆战。

战乱延续了三个月，家书难得，一封比得上万两黄金。

愁绪缠绕，搔头思考，白发越搔越短，简直无法插簪了。

作品赏析

756 年，正值安史之乱，长安陷落。杜甫被叛军俘虏，押送到长安。他目睹国家战乱的景象，触景伤怀，在第二年的暮春创作了这首诗。本诗前四句景中有情、景中有意，后四句借事抒情、情中有景，寄托了诗人挂念亲人、心系国事的强烈情感。

中晚唐

创作新高潮

中晚唐时期，大唐盛世开始慢慢衰落，诗歌创作也开始有下滑趋势，但总体仍未衰竭。特别是中唐时期，诗歌创作经历过短暂低潮期后，白居易横空出世，使诗歌创作步入了一个新的高潮期。中唐前期的代表诗人为刘长卿、韦应物、卢纶、李益等人，后期则出现了以白居易和元稹为代表的“新乐府诗派”，以韩愈、孟郊、李贺等为代表的“韩孟诗派”。其中，白居易的诗成就最大。他领导了新乐府运动，以“文章合为时而著，歌诗合为事而作”为创作标准，诗歌风格明白晓畅，内容通俗易懂，深受下层人民喜爱，其代表作有《长恨歌》《琵琶行》等。此外，中唐时期的韩愈、刘禹锡、柳宗元、元稹、孟郊、贾岛、李贺等人在诗坛也颇有建树。

晚唐时期，唐诗发展迎来了最后的光荣时刻。这一时期，李商隐、杜牧的诗歌成就很大，二人合称“小李杜”，其诗歌创作多是忧国伤时之作，体现了唐代步入衰亡过程中的民间苦难，艺术成就很高。

白居易

新乐府运动的倡导者

籍贯：生于新郑（今属河南），祖籍太原（今属山西）

名号：字乐天，晚年号香山居士

生卒年：772—846 年

评价：有“诗魔”之称，与元稹并称为“元白”，与刘禹锡并称“刘白”

代表作：《长恨歌》《卖炭翁》《琵琶行》《暮江吟》《赋得古原草送别》《钱塘湖春行》《大林寺桃花》等

诗歌之美

风格：语言通俗，擅长用通俗易懂的语言表达深刻的主题。

影响：主张“文章合为时而著，歌诗合为事而作”，继承并发展了《诗经》、乐府诗的传统和杜甫批判现实主义的精神。

跨越时光读大师

苦学不辍

772 年，白居易出生于河南新郑一个官宦之家。只是他出生后不久，家乡便陷入了战火纷飞的局面。父亲是彭城县令、徐州别驾这样的中下级官员，为了躲避战乱，把他送到相对安全的宿州亲戚家。

就算是处在战乱频发的中原，从小客居他乡，白居易依然非常勤奋，苦读不辍。由于太过刻苦，他的嘴和舌头上生了疮，手和肘部磨出了老茧，头上有了很多白发。

全国最年轻的进士

十六岁那年，白居易做了一首《赋得古原草送别》，开始显露出自己卓越的才华。这首诗朗朗上口、对仗工整、意境浑成。其中“野火烧不尽，春风吹又生”一句，更是被广为传诵。

800 年，二十八岁的白居易高中进士。当时的他是全国最年轻的一位进士。

犯颜直谏惹了皇帝

白居易一开始被任命为左拾遗。虽然官职不高，却属于天子近臣，可参与廷议，可以单独向当时的唐宪宗直接上奏章。但白居易经常犯颜直谏，惹得唐宪宗不满，向身边大臣李绛抱怨说："白居易这个小子，是朕提拔了他，可他非但写文章不知轻重，不留情面。平时也会对朕无礼，朕实在恼火。"

白居易的作品中有大量反映社会现状的诗歌，经常出现一些揭露黑暗现实的内容（比如讽刺"宫市"抢掠百姓的《卖炭翁》），这让皇帝大为光火，也给白居易带来了一些麻烦。

不久，白居易母亲去世，白居易离职回家守孝。814 年，他再次回到长安时，升任正五品的太子左赞善大夫。看起来升了官，但非常清闲。白居易知道，这是明升暗降，皇帝主要是为了调走他，不想再听他啰唆。

贬谪江州

815 年，日益衰弱的大唐发生了一件骇人听闻的大案。当时的宰相武元衡因主张限制地方藩镇势力，在闹市上遇刺身亡。事情发生后，无人敢于发声。白居易挺身而出，上表主张严查凶手，却被执政大臣说成是不守规矩，越职上书，并收集了其他证据陷害他，白居易因此被贬为江州司马。

贬谪江州是白居易人生的转折点。在此之前，他心怀天下，希望做出一番利国利民的事业；在此之后，他心灰意冷，将大部分精力投入文学创作当中。他在作品《重题》中写道："宦途自此心长别，世事从今口不言。"

虽然被贬谪，但他担任的司马也算五品官，比起被发配到穷山恶水的刘禹锡、柳宗元幸运多了，所以他仍能恬然自处。其间，他创作了《大林寺桃花》《琵琶行》等作品。

远离是非之地

820 年，唐宪宗不明不白地暴死在长安，其子唐穆宗继位。穆宗非常欣赏白居易，将其召回长安，出任尚书司门员外郎一职。这之后一段时间，白居易都待在中央政府任职。

但是，唐穆宗贪图享受，朝廷当权的大臣也没有远见，错误地判断藩镇已平，应该缩减军备。822 年，白居易上书提出抗议，但没有被采用。他意识到京师不是自己的久居之地，请求到外地任职。

为百姓办实事

822 年，白居易被朝廷任命为杭州刺史。在杭州任职期间，白居易为当地百姓办了很多实事。他发现杭州地区的农田饱受旱灾威胁，于是发动民工兴修水利，解决了当地数十万亩农田的灌溉问题。同时，白居易组织群众整修了位于钱塘门、涌金门一带的六口井，有效改善了居民的用水条件。

“诗魔”的晚年生活

后来，白居易又被任命为苏州刺史。“上有天堂，下有苏杭”，白居易是唯一一位担任过两地刺史的唐朝著名诗人。

白居易在苏杭一直笔耕不辍。其间，白居易与被罢官的元稹交往甚密，一起倡导新乐府运动。著名的《钱塘湖春行》就创作于这个时期。

827 年，白居易返回长安，升任三品大员。831 年，好友元稹去世。他亲自为元稹撰写了墓志铭。据说当时元家给了白居易六七十万钱的酬劳，白居易将其全数捐赠给了洛阳香山寺。

844 年，73 岁的白居易出资开挖龙门地区阻碍交通的石滩，还写了《开龙门八节石滩诗二首并序》的诗纪念这件事。

846 年，白居易在洛阳病逝。

现实主义诗人

在众多唐代诗人中，白居易早年凄苦，但算是结局很好的一位。晚年他身居高位，生前就积累了很高的名望。死后，当时的大文豪李商隐亲自为他撰写墓志铭，唐宣宗李忱也亲笔为白居易题写了一首悼词。

白居易在写作语言上力求通俗。传说，他经常把自己的作品读给一位没读过书的老妇人听，旨在让下层人民也能够读懂。

在内容方面，白居易主张正视现实，关心民生疾苦，这些都具有极大的进步意义。

大师的超时空直播间

当年我来到长安参加科举考试。考试前我写了一篇《赋得古原草送别》。这首诗完全按科场考试规矩来写，所以题目前必须加上"赋得"二字。名士顾况曾开玩笑说："京城米价很贵，居住在这里不大容易。"诗读一半，又说："能写这样的诗，你居住在长安也容易啊。"感念前辈提携！

离离原上草，一岁一枯荣。
野火烧不尽，春风吹又生。
——《赋得古原草送别》

**唐宣宗
李忱**

白居易是我大唐的骄傲，我们这里的小孩都能吟唱《长恨歌》，西域的人们也能吟唱《琵琶行》。

**唐代诗人
李商隐**

听说白老师生前说愿意投胎做我的儿子，那我的大儿子就起名叫“白老”吧。

**宋代文学家
苏轼**

前半生我觉得白居易写文章有缺点，后半世我竟成了他。

**金元之际文学家
元好问**

白居易这种难得的人才，要五百年才能出一个。

**清乾隆帝
弘历**

白居易那句“救烦无若静，补拙莫如勤”太有道理了，在座的诸位，可以当成座右铭。

传世经典精读

池　上①

小娃撑小艇，偷采白莲回。
不解②藏踪迹，浮萍③一道开。

注释

① 池上：池塘上面。

② 不解：不懂得。

③ 浮萍：一种水生植物，椭圆形的叶子，经常浮在水面。

译文

池塘上有一个小孩撑着小船，偷偷地去采白莲后返回。他并不知道应该怎么掩藏踪迹，水面的浮萍上留下一道船划过的痕迹。

作品赏析

这首诗大约作于大和九年（835 年），一共有两首，这是其中第二首。时任太子少傅的白居易居住在洛阳。有一天，白居易信步来到一个池塘边，看见僧人在池边下棋、小孩子在池塘上撑船，于是创作了这组诗。

暮江吟[1]

一道残阳[2]铺水中，半江瑟瑟[3]半江红。

可怜[4]九月初三夜，露似真珠[5]月似弓。

注释

① 吟：古代诗歌的一种形式。

② 残阳：夕阳，傍晚即将落山的太阳。

③ 瑟瑟：一种碧绿色的宝石，这里形容夕阳照不到的半边江水的颜色。

④ 可怜：可爱、令人爱惜。

⑤ 真珠：珍珠。

译文

夕阳西下，落日的余晖铺洒在水中，江水一半是碧绿色，一半被染成红色。

九月初三的夜晚真是惹人怜爱，圆润露珠就像珍珠一样，新月就像弯弯的弓。

作品赏析

唐穆宗时期，白居易深感京城政治昏暗，朝廷中党争激烈，不愿意卷入政治斗争的旋涡中，于是请求外任。822 年，白居易如愿以偿，被任命为杭州刺史。离开京城，远离是非之地，白居易一路上饱览祖国大好河山，心情轻松愉快，途经长江一带，作了这首诗。诗的景象构思十分妙绝，夕阳下的江水、新月下的露珠，美丽生动。

钱塘湖春行

孤山寺[1]北贾亭[2]西，水面初平云脚低。
几处早莺争暖树[3]，谁家新燕啄春泥。
乱花渐欲迷人眼，浅草才能没马蹄。
最爱湖东行不足，绿杨阴里白沙堤。

注释

① 孤山寺：南北朝所建，上有孤山亭，能看到西湖全景。

② 贾亭：又叫贾公亭，是唐朝时杭州刺史贾全建造。

③ 早莺：初春时的黄莺。争暖树：争着飞到向阳的树枝上。

译文

孤山寺北、贾公亭西的西湖，春水初涨，与低垂的白云齐平。
几只黄莺争着抢着向阳的树木，谁家新飞来的燕子正衔泥筑巢。
湖边缤纷的鲜花使人眼花缭乱，青色的嫩草刚刚遮没马蹄。
湖东的景色最让人喜欢，杨柳成排，在绿荫中穿过一条白沙堤。

作品赏析

822 年，白居易出任杭州刺史。他在任时政绩斐然，闲暇时经常在当地名胜古迹处游玩。《钱塘湖春行》这首诗以游览足迹为顺序，生动地描绘了早春时节白居易在西湖边漫步时的所见、所闻、所感，是一首歌颂大自然美景的诗。

李商隐

唐诗还可以再走心一点

籍贯：怀州河内（今河南沁阳）

名号：字义山，号玉谿生

生卒年：约 813—约 858 年

评价：与杜牧并称“小李杜”，与温庭筠并称“温李”

代表作：《夜雨寄北》《无题》《锦瑟》等

诗歌之美

风格：构思精奇，富于文采，擅长律诗和绝句。

影响：李商隐是晚唐杰出诗人，尤其是五七言律诗成就很高，成为抒情文学的典范，历代受其影响的诗人很多。

跨越时光读大师

抄书养家

813 年，李商隐出生自一个没落的书香世家，李家曾出过三个进士。不过，李商隐并没有享受过家族的荣光，他年幼丧父，跟随母亲过着穷困潦倒的生活。

李商隐非但没有获得家庭助力，反而需要早早出来工作养家。他是家中的长子，很早就挑起了养家糊口的重任。李商隐在文章中回忆自己的童年时说，由于贫穷，他不得不出去为别人抄书来挣钱贴补家用。

即便这样，李商隐依然努力学习知识。李商隐的堂叔是一位知识渊博的学者。这位叔叔担负起了教导李商隐的重任，将他培育成才。

遇到伯乐

829 年，十六岁的李商隐来到了洛阳。在这里，李商隐遇到了影响他一生的人物——天平节度使令狐楚。

令狐楚是中唐名臣，对李商隐十分欣赏，尽力提携，甚至把他当成接班人来培养。他负担起李商隐的生活起居，让李商隐与他的儿子令狐绹一起读书。

坎坷科举路

后来，令狐楚还亲自教授李商隐骈文和奏章的写法，最后还把李商隐召到麾下任职。据传《无题》《柳枝五首》等诗就创作于这个时期。

就真才实学来说，李商隐中进士的希望很大。但此时的大唐深陷权力争斗中，科举制度严重变味。李商隐从十几岁就开始科举之路，但屡次落第。他曾写诗讥讽科举的考官：“鸾皇期一举，燕雀不相饶。”

837 年，多次落第后，李商隐终于考取了进士。

然而，李商隐刚中进士，恩师令狐楚就去世了。料理完恩师的丧事，李商隐离开了令狐家。后来，他接受了泾原节度使王茂元的聘请，出任幕僚。《安定城楼》等作品，就创作于这个时期。王茂元对李商隐青睐有加，还把自己的女儿嫁给了他。

仕途中的无奈

李商隐的后半生，深受“牛李党争”的影响。所谓“牛李党争”，是指唐代中后期朝廷中持续了近四十年的以牛僧孺等为领袖的牛党与以李德裕等为领袖的李党之间爆发的争斗。两派就如同坐跷跷板一样，轮流执政，彼此攻击。

李商隐之所以牵涉其中，是因为恩人令狐楚父子属于“牛党”，而岳父王茂元则是“李党”的成员。李商隐成亲后，令狐绹痛斥他是“叛徒”，而岳父王茂元对他也不满，并未给他的仕途添加助力，这让李商隐的仕途非常艰辛。

连遭不幸

李商隐的官场生涯开局就很不顺利，有一次，他受到上司责难，作了一篇《任弘农尉献州刺史乞假归京》的文章，并先后两次请求辞职。

842 年左右，与李商隐政治见解接近的李党代表人物李德裕获得执政机会。李商隐准备大显身手，却遭遇噩耗——母亲去世，必须回家守孝三年。

闲居的几年中，李商隐在乡间农耕，写诗作文，还仿效陶渊明，写了一些田园诗歌。

等李商隐守孝回来，李党也快要被牛党赶下台了。不久后，支持牛党的唐宣宗登基，牛党开始掌权。这时，李商隐被牛党视为叛徒，没有人愿意重用他。

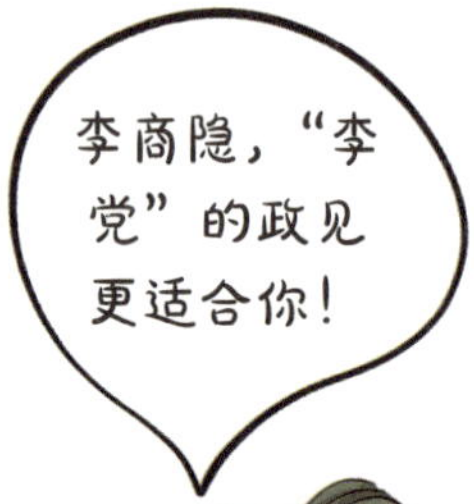

无所依傍

李商隐后来的人生，在颠沛流离中度过。他先跟着“李党”成员桂管观察使郑亚远赴桂林，后来工作因郑亚被贬而终止。

据说，困境之中的李商隐曾写信给已经进入国家权力中枢的令狐绹，但令狐绹完全不理会他。随后，武宁军节度使卢弘正邀请李商隐担任自己的幕僚，但不久后卢弘正病逝，李商隐再度无所依傍。

851 年，李商隐深爱的妻子王晏媄病逝，李商隐痛不欲生，写下“此情可待成追忆，只是当时已惘然”等凄美诗句，令人潸然泪下。

归乡闲居

851 年秋天，西川节度使柳仲郢请李商隐去四川任职。李商隐随即入川。几年后，柳仲郢被召回京师，内调为兵部侍郎，充盐铁转运使，他为李商隐安排了一个待遇较丰厚的职务：盐铁推官，算是对这位诗人最后的照拂。从 847 年开始的十年间，李商隐除了短暂地担任过太学博士外，其余时间都是担任幕僚一类的工作。

不久，李商隐自觉人生快要走到终点，辞官到荥阳闲居。858 年，郁郁不得志的李商隐为后世留下许多名句后，在荥阳病故。

大师的超时空直播间

当年我路过乐游原，这里是大唐长安城内地势最高的地方。我站在乐游原上远眺长安，不由得有了忧国忧民的感慨。皇帝英明豁达，很有才华，任用李德裕为宰相，一度大有作为。可惜的是，最近朝廷中一批小人得志，皇帝被迷惑了，我大唐虽然强大，只可惜，就像天边的夕阳一样……

向晚意不适，驱车登古原。
夕阳无限好，只是近黄昏。

——《乐游原》

金元之际文学家
元好问

诗人们都喜欢李商隐的诗,认为他写得太好了,遗憾的是没有人能像郑玄为孔子经典做注释那样研究一下。

明末清初诗人
吴乔

作为后辈，我发表一下看法吧，李白、杜甫之后，能别开生面、自成一家的人，只有李商隐一个了。

清代文学家
纪昀

说个有趣的事，李商隐最懒了，连诗的题目都懒得起，写个《无题》来糊弄人。有时干脆用诗的前两个字来做题目，比如《锦瑟》《碧城》《碧瓦》之类的。

清代文学家
叶燮

我研究了一下，宋朝诗人写七言绝句，学杜甫的人十之六七，学李商隐的人十之三四。

传世经典精读

夜雨寄北[1]

君问归期未有期，巴山夜雨涨秋池[2]。

何当[3]共剪西窗烛[4]，却话[5]巴山夜雨时。

注释

① 寄北：将诗寄给北方亲友。诗人当时住在巴蜀，亲友在长安，所以是“寄北”。

② 秋池：秋天的池塘。

③ 何当：什么时候能够。

④ 剪西窗烛：剪烛，剪去烧焦的烛芯，使灯光更加明亮。这里形容深夜秉烛长谈。

⑤ 却话：回头说，追述的意思。

译文

您问我什么时候能回家，可回去的日期还定不下来。此时巴山地区夜雨绵绵，池子里的水已快满了。什么时候我们能一起坐在西窗下共剪烛花，一起怀念今晚巴山下雨的情形。

作品赏析

这首诗是李商隐在巴蜀（现在四川、重庆一带）任职时所作。一般认为这是怀念妻子王晏媄的作品，也有人认为是写给长安友人的，创作时间在王晏媄去世之后。

无题二首·其一

昨夜星辰昨夜风，画楼①西畔桂堂②东。

身无彩凤双飞翼，心有灵犀③一点通。

隔座送钩④春酒暖，分曹射覆⑤蜡灯红。

嗟余听鼓应官⑥去，走马兰台类转蓬⑦。

注释

① 画楼：形容彩绘华丽的高楼。

② 桂堂：形容华丽的厅堂。

③ 灵犀：原本指犀牛角中心的髓质像条白线一样贯通上下，这里借喻心灵相通。

④ 隔座送钩：古时候的一种游戏。

⑤ 射覆：把东西放在遮盖物下让别人猜，后来借指猜谜。

⑥ 听鼓应官：到官府上班工作。古代官府卯时击鼓上班，午时击鼓下班。

⑦ 转蓬：像蓬草一样飞转。

译文

昨夜星光灿烂，凉风习习；我们的酒筵设在画楼的西畔、桂堂的东面。

身上虽然没有彩凤的翅膀，无法比翼齐飞；但我们心中却如灵犀般息息相通。

隔着座位玩游戏、饮青酒多么温暖；分组猜谜乐融融，烛光泛红。

感叹我听到鼓声要去上班工作，骑马赶去秘书台，就像飞转的蓬草。

作品赏析

这首诗大约是李商隐任秘书省校书郎时期创作的。这首诗语言十分巧妙，气氛烘托到位。大多认为这是首恋情诗、怀念诗，也有人认为是形容君臣合作的诗。

锦　　瑟[①]

锦瑟无端五十弦[②]，一弦一柱思华年。

庄生晓梦迷蝴蝶，望帝春心托杜鹃。

沧海月明珠有泪，蓝田[③]日暖玉生烟。

此情可待成追忆，只是当时已惘然。

注释

① 锦瑟：装饰华美的瑟。瑟，古代的一种拨弦乐器。

② 无端五十弦：无缘无故有五十根弦。这里引用了《史记》中记载的典故，传说古时候擅长鼓瑟的素女演奏五十弦的瑟，太过悲伤，太帝就把瑟破为二十五弦。

③ 蓝田：古代山名，盛产玉石。

译文

装饰华丽的瑟无缘无故竟然有五十根弦，每一弦、每一柱都令人追忆青春年华。

庄周在睡梦中化为蝴蝶，望帝托身杜鹃倾吐自己对春天的心意。

明月照在沧海中，鲛人泣泪成珠，蓝田山上阳光温暖，看到玉石上生出青烟。

此情此景为什么要现在才追忆，只因为当时的我心中一片茫然。

作品赏析

《锦瑟》这首诗，写于李商隐晚年，大多认为是写给爱人的，从“此情可待成追忆，只是当时已惘然”这两句来看，作者是感叹没有珍惜与爱人相处的时光。也有人认为这首诗在影射当时朝政或感伤人生际遇。

杜牧

咏史怀古的绝句才子

籍贯：京兆万年（今陕西西安）

名号：字牧之，号樊川居士

生卒年：803—853 年

评价：后人称杜牧为“小杜”，又与李商隐并称“小李杜”

代表作：《过华清宫绝句三首》《清明》《山行》《赤壁》《泊秦淮》《江南春》《寄扬州韩绰判官》《秋夕》等

诗歌之美

风格：诗风自成一家，风貌独特，语句优美爽朗，既有雄姿英发之词，又能情致婉约。

影响：晚唐诗歌成就的杰出代表，对诗歌立意、改善诗风起到了重要作用。

跨越时光读大师

名门世家

杜牧出身豪门，他与诗圣杜甫都是西晋名臣杜预的后人。杜牧的曾祖父杜希望，是手握重兵的一方诸侯；祖父杜佑，曾任大唐帝国宰相；父亲杜从郁，官至正六品太子司议郎。杜牧在《冬至日寄小侄阿宜诗》中曾描写过自己的家庭："旧第开朱门，长安城中央。第中无一物，万卷书满堂。家集二百编，上下驰皇王。"既显示了自己的门第，又表现出家里的读书传统。

这样优秀的家庭影响之下，杜牧几乎是全才。他不仅会写诗，政治才华也十分出众，甚至还有高超的军事才能。

文武全才

二十多岁的杜牧已经有了博通经史的名声，他尤其喜欢研究政论军事，写出了著名的长篇五言古诗《感怀诗》和《阿房宫赋》，并因此声名鹊起。《阿房宫赋》指出了秦朝灭亡的教训，《感怀诗》则紧贴时事，表达出对当时唐朝藩镇问题的看法。

当时的宰相李德裕与杜牧家有交情。某次藩镇军阀刘稹谋反，杜牧向李德裕献计献策，竟连需要的士兵人数都筹划好了。李德裕很欣赏杜牧的才华，采用他的计谋，大获全胜。

828 年，二十六岁的杜牧进士及第。进士及第后，杜牧当年就通过了官员选拔考试。这段时间内，他创作了《赤壁》《江南春·绝句》等名作。

官场曲折

大约在 833 年，杜牧阴差阳错地跟了一位叫牛僧孺的上司。这人是“牛李党争”的“牛党”一号人物，而杜牧曾出谋划策的李德裕，则是“李党”的一号人物。这种复杂的人事关系，可以预知杜牧的为官机遇和人生之路将会充满波折。

但此时的杜牧没想这么多，随后几年，他四处游览，活得十分潇洒，写下了著名的《张好好诗》。在牛僧孺手下任职期间，他还创作了含有“隔江犹唱后庭花”这样名句的《泊秦淮》。

治理有方

842 年，时任宰相李德裕开始排挤杜牧，将其赶出朝廷中枢，外放为黄州刺史。

黄州在当时被认为是“鄙陋州郡”的下等州，年富力强的杜牧担任这个职务，实际上是被贬了。然而，杜牧与其他人不同，他出身名门，见过很多官场起伏，对这些不是特别在意。

虽然被贬了官，但杜牧并没有因此灰心丧气，反而发挥自己的聪明才智，把黄州这样一个落后地区治理得井井有条，受到百姓称赞。

请求外放

后来，杜牧调任池州刺史。闲暇时间，他从未放弃诗文的研读和写作。

某年清明节，杜牧触景生情，写下了那首千古传诵的《清明》一诗，其中的“清明时节雨纷纷，路上行人欲断魂”成为千古名句。

经历过几年外放岁月后，“牛党”的重要人物、宰相周墀帮助杜牧重回京师，担任从六品的员外郎。但是，杜牧认识到自己不可能有被重用的希望，于是第二年请求外放到地方上任职。

杜牧觉得杭州这一带不错，便连上三个奏折，恳请朝廷批准自己到这里任职，朝廷终于答应任命他为湖州刺史。

逍遥的“杜樊川”

杜牧并没有在湖州刺史任上多久。一年后，他又被调回京师，担任正五品的中书舍人。

此后又经历了几次调转，杜牧已经没有心思参与残酷的政治斗争。他重新修整了祖上留下的樊川别墅，经常在那里约上好友饮酒作诗，过上了逍遥闲适的生活，后人也因此称他为“杜樊川”。

自写墓志铭

杜牧的一生具有传奇色彩，史书评价他“刚直有奇节”。杜牧晚年生病，做了一个梦，梦中写道“皎皎白驹”，又写道“过隙也”。白驹过隙出自《庄子》，意思是白色的骏马飞快地越过缝隙，比喻时间过得很快、光阴易逝。过了不久，家中蒸饭的时候炊具破裂，杜牧十分感慨，预感到自己大限将至。他坦然给自己写了一篇墓志铭，文字简短朴实。此后，杜牧在家里整理自己的作品，把那些不满意的文章都烧掉了。《新唐书》为他列传，称赞他的诗“情致豪迈”，当时的人称赞他为“小杜”，以区别于杜甫。

大师的超时空直播间

赤壁这次真没有白来！站在赤矶山上，满眼都是历史的痕迹！三国时期，周瑜、刘备联军在此一举击溃曹操数十万大军，三国鼎立的局面最终形成。身处这古战场遗迹，心中波涛澎湃。赤壁之战，运气站在了东吴一边。要是没有那场东风，结果难料啊！

折戟沉沙铁未销，自将磨洗认前朝。
东风不与周郎便，铜雀春深锁二乔。

——《赤壁》

唐代诗人
李商隐

能够刻意把春天和离别写得感伤的人，人间只有小杜同学吧。

宋代文学家
刘克庄

不得不说，杜牧诗作当中经常显露出浑厚的气势，以弥补当时文人平铺直叙的不足。

明代文学家
胡震亨

杜牧这人出身名门，才华横溢，筹划事情颇有章法，这是宰相的素质啊，可惜可惜。

清代文学家
赵翼

自中唐以后，诗作讲求音节和谐，风调圆美。杜牧特创了豪迈一派，以求矫正这个弊端。

清代文学家
刘熙载

杜牧的诗“雄姿英发”。细细阅读他的诗，发现人如其诗，个性张扬，就像鹤舞长空，俊朗飘逸。

唐诗的典型流派

山水田园诗

主要题材是山水田园风光、闲适归隐的生活状态，具有诗情画意，别有一番自然和生活情趣。

王维，字摩诘
代表作：《山居秋暝》《送元二使安西》《九月九日忆山东兄弟》《相思》

空山新雨后，
天气晚来秋。
——《山居秋暝》

孟浩然，字浩然
代表作：《过故人庄》《宿建德江》

绿树村边合，
青山郭外斜。
——《过故人庄》

边塞诗

主要题材是边塞的环境和戎马生活，表现将士们为国征战、思念家乡的情绪，情绪或激昂，或悲壮，或哀怨。

王昌龄，字少伯
代表作：《出塞》《从军行七首》《长信宫词》《闺怨》

秦时明月汉时关，
万里长征人未还。
——《出塞》

岑参
代表作：《逢入京使》《走马川行奉送封大夫出师西征》《行军九日思长安故园》

忽如一夜春风来，
千树万树梨花开。
——《白雪歌送武判官归京》

高适，字达夫
代表作：《燕歌行》《蓟门行五首》《塞上》《塞下曲》《蓟中作》

莫愁前路无知己，
天下谁人不识君？
——《别董大》

王之涣，字季凌（或季淩、季陵）
代表作：《送别》《凉州词》《九日送别》

羌笛何须怨杨柳，
春风不度玉门关。
——《凉州词》

新乐府诗

主要题材是咏写时事，发扬汉乐府的现实主义精神，关注时政、人情，语言通俗。

白居易，字乐天

代表作：《长恨歌》《琵琶行》《卖炭翁》《赋得古原草送别》《钱塘湖春行》《暮江吟》《题岳阳楼》《观刈麦》《大林寺桃花》

卖炭得钱何所营？
身上衣裳口中食。
可怜身上衣正单，
心忧炭贱愿天寒。
——《卖炭翁》

元稹，字微之

代表作：《田家词》《织妇词》《采珠行》《连昌宫词》《行宫》《遣悲怀三首》

六十年来兵簇簇，
月月食粮车辘辘。
——《田家词》

韩孟诗派

注重诗人内心的情感抒发，追求诗歌的立意奇崛、文字推敲，同时大胆创新，诗中常融合叙述、议论。

韩愈，字退之

代表作：《芍药》《春雪》《游太平公主山庄》《晚春》《梨花下赠刘师命》

天街小雨润如酥，
草色遥看近却无。
——《早春呈水部张十八员外》

孟郊，字东野

代表作：《劝学》《登科后》《溪寒》《古怨别》《苦寒吟》

谁言寸草心，
报得三春晖。
——《游子吟》

贾岛，字阆仙，一作浪仙

代表作：《病蝉》《题李凝幽居》

只在此山中，
云深不知处。
——《寻隐者不遇》

李贺，字长吉

代表作：《神弦曲》《雁门太守行》《金铜仙人辞汉歌》

黑云压城城欲摧，
甲光向日金鳞开。
——《雁门太守行》

传世经典精读

清　明[1]

清明时节雨纷纷，路上行人欲断魂。

借问[2]酒家何处有？牧童遥指杏花村[3]。

注释

① 清明：我国二十四节气之一。

② 借问：请问。

③ 杏花村：原指杏花深处的村庄，位于安徽省池州市贵池区秀山门外。

译文

清明时节细雨纷纷落下，路上的行人个个失魂落魄。

向当地人询问哪里可以买酒消愁，牧童远远指向了杏花村。

作品赏析

此诗大约创作于唐会昌六年（846 年），杜牧担任池州刺史时期。杜牧当时虽是一方大员，但仕途并不如意。在清明时节，郁郁不得志的他有感而发，创作了这篇脍炙人口的诗作。

江　南　春

千里莺啼[①]绿映红，水村山郭[②]酒旗风。

南朝[③]四百八十寺[④]，多少楼台烟雨中。

注释

① 莺啼：黄莺的啼叫声，引申为鸟鸣。

② 郭：城镇。

③ 南朝：先后建都于建康（今江苏南京）的宋、齐、梁、陈等四个朝代的总称。

④ 四百八十寺：形容寺院很多，而非准确数字。南朝尚佛，盖了很多寺庙。

译文

江南广阔的大地上莺啼燕语，绿树红花相互映衬，水边小村、山边小镇处处都飘动着酒旗。

南朝时期遗留下的许多古寺，多少楼台都笼罩在烟雨之中。

作品赏析

这首被后世学者赞叹不已的写景诗，完美地刻画出江南的优美风景。来到江南的杜牧，望着风雨中的古寺，写出了一篇借古讽今的诗作。杜牧借咏史怀古的作品，向统治阶级提出了委婉的劝诫。

山　　行①

远上②寒山③石径④斜，白云生⑤处有人家。

停车坐⑥爱枫林晚⑦，霜叶⑧红于二月花。

注释

① 山行：在山中行走。

② 远上：登上远处的。

③ 寒山：深秋的山。

④ 石径：用石子铺成的小路。

⑤ 生：这个字有的版本写成“深”。

⑥ 坐：因为的意思。

⑦ 枫林晚：傍晚时分的枫树林。

⑧ 霜叶：枫树的叶子被霜打之后变成了红色。

译文

深秋走上远处高山那弯曲的石头小路，在白云升起的地方隐约有几户人家。

停下马车，是因为喜爱深秋傍晚枫林的景色，霜后的枫叶比二月春花更红艳。

作品赏析

这首诗的具体创作时间众说纷纭，难以确定，可能是杜牧在有一年的秋天登山郊游，一时心生感慨，便创作了这首诗。

宋之后

新的诗风

宋代是中国诗歌史上另一个高潮期，宋代诗歌的成就虽不如唐诗，但依然对后世影响很大。

北宋前期，诗歌创作依然沿袭唐诗的风格，主要流派有以王禹偁为代表的白居易体，魏野、林逋为代表的晚唐体，以及杨亿、刘筠、钱惟演为代表的西昆体。欧阳修登上历史舞台后，对诗风进行了改革。大约在11世纪后半叶，王安石、苏轼成为北宋诗坛领袖，将宋诗的发展推向了第一个高峰期。王安石的《泊船瓜洲》、苏轼的《题西林壁》都是我国诗歌的经典。北宋时期，以黄庭坚为代表的“江西诗派”影响也很大。

南宋前半叶，诗歌发展迎来了又一个高峰期。这个时代的主旋律是抗敌、北伐，这也成为诗人们创作的重大主题，涌现了大量的爱国诗。陆游就是其中的佼佼者，被称为“中兴诗人”。南宋末年文天祥的《正气歌》，则是宋诗最后的荣光。此外，杨万里的“诚斋体”、范成大的田园诗、朱熹的理学诗，都在文学史上占有一席之地。

宋代以后，诗歌发展逐渐走向下坡路。

元朝的诗歌成就不大，自诗歌演变而来的元曲大行其道。

明代初期，诗歌一度复兴，出现了刘基、高启等诗人。明代中后期的诗歌大多是歌功颂德、复古、仿古等风格的作品，成就不高。

清代则迎来一个虚假“中兴”的时代，虽然作品数量众多，但绝大多数品位一般，清代具有代表性的诗人只有纪昀、袁枚、龚自珍等寥寥数人。

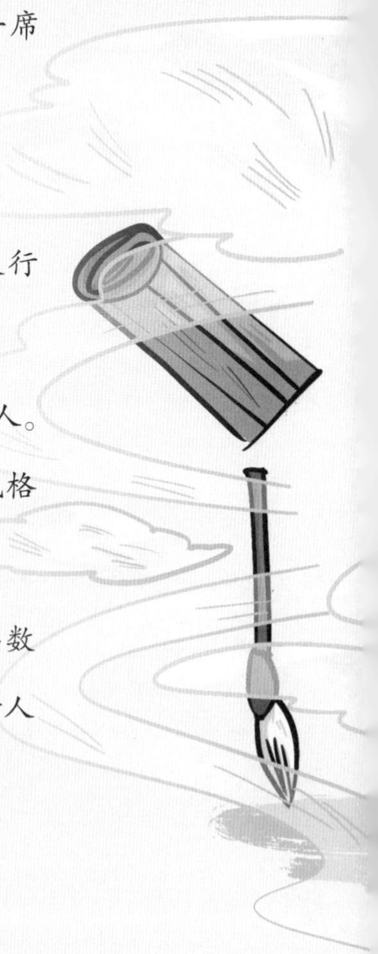

陆游

振作诗风的爱国诗人

籍贯：越州山阴（今浙江绍兴）

名号：字务观，号放翁

生卒年：1125—1210 年

评价：与尤袤、杨万里、范成大并称“中兴四大家”

代表作：《游山西村》《示儿》《冬夜读书示子聿》《十一月四日风雨大作二首》《书愤》《秋夜将晓出篱门迎凉有感二首》《临安春雨初霁》等

诗歌之美

风格：语言平实，章法严谨，诗文时而奔放、时而悲凉。

影响：饱含爱国热情和忧国忧民的情怀，对后世影响深远。

跨越时光读大师

雄心壮志

陆游出身名门望族。他的祖父陆佃，是王安石的弟子；父亲陆宰，是一位爱国官员。陆游出生那年，金兵南下侵犯北宋，并于第二年攻破宋都城汴京，北宋由此灭亡。这就是“靖康之耻”。

陆宰带着年幼的陆游，举家前往南方。陆宰是一位纯粹的主战派官员，陆游从小深受父亲熏陶，对偏安的南宋政府心存不满，从小便立下了救国救民的雄心壮志。

深受赏识

陆游聪慧过人，从小除了苦读诗书外，还一直研究兵书，学习剑术，自称“学剑四十年”“上马能击贼”。

1153 年，二十八岁的陆游前往南宋都城临安参加科举考试，并取得了第一名的成绩。但是当时奸臣秦桧当道，陆游一直没有被任用。

幸运的是，没过多久，秦桧得病死了，陆游有了做官的机会。他被调入京师后，深受宋高宗赏识，很多建议都被采纳。

李白一样的人物

1162年，宋高宗去世，宋孝宗赵昚（shèn）即位。继位之初，孝宗曾问手下，当今天下有没有李白一样的人物？有人回答，陆游就是这样的人物。孝宗立即任命陆游为枢密院编修官，并赐进士出身。

但是，志大才疏的孝宗和陆游的君臣关系并不融洽。一次陆游递交了一本叫作《代乞分兵取山东札子》的奏折，孝宗由于整日醉心玩乐之中，没有理会。后来，陆游犯颜直谏，直接询问皇帝耽搁政务的事情。孝宗很恼火，将陆游贬为镇江府通判。

反对议和

1163年，宋孝宗任命张浚为都督主持北伐，结果兵败。南宋被迫与金国议和。陆游挺身而出，反对议和，但人微言轻，未被采纳。

第二年，陆游又干了一件触怒皇帝的事——他去找枢密使张焘投诉掌权的龙大渊、曾觌（dí）两人广结私党，迷惑朝廷。曾觌与龙大渊是宋孝宗的亲信，在孝宗还未登基时就跟随身边。张焘接到陆游的投诉之后，迅速奏报朝廷，孝宗听后大怒，又将陆游贬为建康府通判。

就算被贬官，陆游依旧坚持北伐的理念，这让一心求和的孝宗越来越不满，终于免了陆游的官，让他赋闲在家。

军旅生涯

1169年，南宋和金之间的关系越来越紧张，朝廷想起了赋闲在家的陆游，任命他为夔州通判。上任途中，陆游写了《入蜀记》这篇作品。两年后，陆游终于等来了一个好消息：朝廷调他前往宋金前线听命。

这个时期，主战派大将虞允文担任右丞相，主战派开始在朝廷有一席之地。大臣王炎委托陆游草拟一个北伐的战略计划，陆游拟定了出兵北伐的计划书——《平戎策》。

狂放之名

军旅经历对陆游来说弥足珍贵，他真正进入到抗金前线的军队，参与战略拟定、战事指挥，与士兵们共同生活，一起操练，甚至还有击杀老虎的记录。只是，这段军旅生涯极其短暂。几个月后，朝廷高层否决了《平戎策》，王炎奉召回京，陆游只能黯然神伤地离开军营。

陆游后来去了四川、严州等地，曾与著名诗人范成大交往甚密，写出了《蜀州大阅》等作品。这期间，陆游的名气越来越大。但是，主和派大臣对陆游的排挤从未停止，他们说陆游“颓放”“狂放”。为反击这些攻讦，陆游干脆自号“放翁”。

送别辛弃疾

在朝廷主和派的攻讦之下，孝宗将陆游外派到了严州。在严州这段时期内，陆游整理了自己的旧作，取名为《剑南诗稿》。

1189 年，宋光宗赵惇登基，陆游认为北伐的机会来了，于是连连上疏，请求出兵恢复中原，结果再次遭到主和派围攻，最终被削职罢官。

1203 年，著名爱国词人辛弃疾前来拜访陆游。南宋两位文学大家终于聚首，进行了深入的交流。陆游对这位文武双全的后辈寄予厚望。辛弃疾目睹了陆游生活环境的简陋，心中不忍，想为陆游构建新住处，被陆游婉言谢绝。后来，辛弃疾奉召入朝协助韩侂胄打理北伐事宜，陆游特地作诗为他送别。

念念不忘北伐

1206 年，韩侂胄正式出兵北伐。陆游听说消息后，大喜过望。但是由于内奸作乱，北伐最后以失败结束。辛弃疾也于北伐失败前夕病死。

1207 年，南宋投降派史弥远派人暗杀了韩侂胄，与金国和谈，北伐彻底失败。陆游听到消息后，老泪纵横。他在《春晚即事》中写道："渔村樵市过残春，八十三年老病身。残虏游魂苗渴雨，杜门忧国复忧民。"

1210 年 1 月 26 日，忧思成疾的陆游与世长辞，享年八十五岁。临终之际，他念念不忘恢复中原，所留下的绝笔诗《示儿》，成为中华民族文学史上的不朽丰碑。

大师的超时空直播间

天寒地冻，寒风呼啸。老夫最喜欢在这种氛围下读书。小儿陆子聿，今年已经二十一岁，读书还不如我这个老人家用功。因此我决定给他上一课。读书一定要勤奋，年轻时苦读，才能为今后学问大成打下基础，还要与实践相结合，读万卷书，行万里路，这样才能获得真正的知识。在此也和天下读书人共勉。

古人学问无遗力，少壮工夫老始成。
纸上得来终觉浅，绝知此事要躬行。
——《冬夜读书示子聿》

宋代文学家
杨万里

陆兄的诗就像十足真金一样，价值非凡。

放翁，老笔尤健，在当今推为第一流。

宋代学者
朱熹

宋代诗人
叶绍翁

陆游性格慷慨，行侠仗义，团结五湖四海的兄弟，助力收复河山。他写的诗歌，经常含有光复山河的意思。

陆游的诗词纤丽处像秦观，雄慨的地方好像苏轼。

明代文学家
杨慎

清代文学家
赵翼

宋诗以苏轼、陆游两强争雄，后人都被苏东坡的名气所震慑，觉得苏胜于陆。其实，陆游的诗词饱含爱国热情，要比苏轼好。

传世经典精读

示　儿①

死去元②知万事空，但悲不见九州③同。

王师④北定中原日，家祭无忘告乃翁⑤。

注释

①示儿：写给儿子们看。

②元：通“原”，原本，本来。

③九州：指代全国。

④王师：南宋朝廷的军队。

⑤乃翁：你们的父亲，此处指陆游自己。

译文

我原本知道人死后什么事都和我无关了，只是悲哀自己没能亲眼看到国家统一。将来朝廷军队收复中原失地的时候，你们祭祀先人时不要忘记把这好消息告诉我。

作品赏析

《示儿》是陆游的绝笔诗，写于1210年。这时候，再次经历了北伐失败的陆游已经八十五岁。处于弥留之际的陆游为儿子们留下了这首诗，念念不忘推动北伐大业，表现了作者忠贞纯粹的爱国之情。

秋夜将晓①出篱门②迎凉③有感·其二

三万里河④东入海，五千仞⑤岳⑥上摩天。

遗民⑦泪尽胡尘⑧里，南望⑨王师又一年。

注释

① 将晓：拂晓时分，天将要亮。

② 篱门：用树枝或竹子编的篱笆门。

③ 迎凉：出门感到一阵凉爽。

④ 三万里河：形容黄河很长。三万里是虚数，形容很长。河，这里指黄河。

⑤ 五千仞：虚数，形容很高。仞，古代长度单位。

⑥ 岳：指华山。

⑦ 遗民：这里指在金朝统治区生活、依然怀念宋朝的人民。

⑧ 胡尘：这里指金政权。

⑨ 南望：向南方望去。

译文

长长的黄河向东流入大海，高高的华山向上耸入云霄。

中原人民在金朝的政权下眼泪已流干，一年又一年地盼望南宋的军队收复中原。

作品赏析

《秋夜将晓出篱门迎凉有感》是一组诗，本诗是其中之一。绍熙三年（1192 年）秋，隐居故乡的陆游壮志不改，依然期盼南宋军队能北伐收复沦陷六十多年的中原地区。时值初秋，但天气依然闷热，陆游清晨出门感觉一阵凉爽，心有所感，提笔写下这组诗。

游山西村

莫笑农家腊酒浑，丰年留客足鸡豚①。
山重水复疑无路，柳暗花明又一村。
箫鼓追随春社②近，衣冠简朴古风存。
从今若许闲乘月，拄杖无时③夜叩门。

注释

① 足鸡豚：备足鸡肉、猪肉。豚，猪肉。

② 春社：古代祈求丰收的节日。社，指土地神。

③ 无时：随时。

译文

不要嫌弃农家腊月里自酿的酒浑浊，人们在丰收的年景里拿出丰富的菜肴来待客。
山峰和水流交替出现，正担心无路可走，柳绿花艳，眼前忽然又出现一个村庄。
吹箫打鼓庆祝春社的日子已经临近，村民们衣冠简朴，依然保持着古人的风度。
今后如果还能乘着月色闲游，一定拄着拐杖随时来敲农家大门。

作品赏析

这首诗创作于宋孝宗乾道三年（1167 年）初春，陆游因支持抗金将帅张浚北伐，受到主和投降派排挤，被罢免了官职。陆游回到家乡，心情十分复杂，既有被免职的愤懑，也有对国家的忧虑。故乡使他的情绪受到抚慰，在农村生活中感受到新的希望。

龚自珍

批判现实，呼唤革新

籍贯：浙江仁和（今杭州）

名号：字璱人，号定盦

生卒年：1792—1841 年

评价：诗词的风格奇绝瑰丽，被称为“龚派”

代表作：《己亥杂诗》《漫感》《咏史》《夜坐二首》《远志》《秋心三首》等

诗歌之美

风格：诗歌主张“更法”“改图”，饱含忧国忧民、向往革新的爱国热情。

影响：诗歌作品直指当时尖锐的社会矛盾，极具历史和现实意义，对后来的思想界学者有很大影响。

跨越时光读大师

家学渊源，饱受熏陶

龚自珍出身官宦世家，家中文化氛围浓厚。他的祖父龚禔身是著名诗人；父亲龚丽正也很有才华，于嘉庆元年考中进士，在朝中担任内阁中书，后任徽州知府、安庆知府等职。尤其值得一提的是龚自珍的母亲段驯，她出自书香门第，是著名学者段玉裁之女，幼时便饱读诗书，文学功底深厚，作诗、书法均不在话下，是当时的一大才女。

生活在这样的家庭中，龚自珍从小便饱受文学的熏陶。在他四岁时，母亲段驯便教他诗文，为其开蒙。段驯对龚自珍的影响很大，龚自珍后来在《三别好诗》的序中提到对近代诗人的评价，他偏爱吴伟业、方舟和宋大樽三人，因为“三者皆于慈母帐外灯前诵之，吴诗出口授，故尤缠绵于心”。

才华横溢，少年意气

年少的龚自珍博览群书，涉猎广泛，从经史古籍到文字学著作，从目录学到金石学，他都进行过系统的学习，形成了极广的知识面和深厚的文化积淀。

据记载，龚自珍从 15 岁时开始创作。很多诗作都是批判社会黑暗，抒发少年意气，饱含真情实感的佳作。可惜的是，如今大多数作品都已失传。

独立思考，结识知己

龚自珍年轻时就表现出独立思考的品质，经常写文表露自己对时局的看法。他的诗作视角独特、一针见血，外祖父段玉裁曾感慨：“如今见到我的外孙是如此的有才，我死而无憾啊！”

1819年，龚自珍会试落榜后，在京师认识了魏源。二人一见如故，志同道合。几年后，二人再次会试落榜，面对此种不得志的境遇，两人创作了不少感时伤世之作。龚自珍更是为此写下了振聋发聩的热血诗篇，矛头直指清廷的腐败无能和黑暗的人才选拔制度，期盼朝廷选拔真正的人才。

学而不倦，创作丰富

1820年开始，龚自珍先后担任内阁中书、国史馆校对等官职，这让他得以有机会阅读内阁丰富的典籍和档案。他学而不倦，不断拓宽自己的知识面，还参加了《大清一统志》的编修，写出了很多见解深刻的文章。

龚自珍擅长各种风格的诗歌，不仅有感时伤世、激昂愤懑之作，也不乏浪漫主义的诗篇。1820年，龚自珍在太湖、洞庭二山游玩，经学家宋翔凤陪同游览。龚自珍写了多首赠诗，用直抒胸臆甚至略带夸张的诗句，表达了与宋翔凤的友谊，如：“万人丛中一握手，使我衣袖三年香。”

呼吁改革，不受重用

龚自珍的诗文风格不顺应科举的死板要求，科考之路很不顺利。1823 年，龚自珍在第四次会试中失败，作诗《夜坐》《漫感》等，尽管心中愤懑，但依旧鼓励世人积极乐观，进行抗争。

1825 年，因母亲逝世，龚自珍离官，寓居昆山，他目睹了当地官僚腐败的统治和权贵间的明争暗斗，而知识分子们却纷纷只求自保，于是便作《咏史》以表其心中的愤慨。道光中叶后，社会危机更加深重，龚自珍大力创作诗文，批判社会现实，力求变法改革，开文人界"慷慨论天下事"之风气。

1829 年，龚自珍参加殿试，在策论中谈论了自己改革社会的政治理想。他曾经在诗中回忆殿试的情景："何敢自矜医国手，药方只贩古时丹。"龚自珍把自己比作北宋的政治家王安石，提出了改革的建议，自称是贩卖古时的丹药。不过，这次殿试只取得了三甲第十九名的成绩，考官的理由居然是"楷法不中程"，书法写得不好。龚自珍停留在内阁中书的官职，没有被朝廷重用。

批判现实，多次戒诗

龚自珍的诗多是批判现实的题材，不被当时的社会环境认可，经常受到权贵们的排挤与打击。他曾几次打算戒掉自己诗歌写作的爱好，但面对黑暗的现实，又多次破戒。

早在 1820 年的秋天，龚自珍就曾经戒诗。第二年的夏天，他参加选取军机章京的考试未果，破戒写了《小游仙词》十五首，其中写道："丹房不是漫相容，百劫修成忍辱功。"这是他百折不挠的心态的写照。

1827 年秋，龚自珍有感于庸俗、腐朽的社会现状，又有了戒诗的想法。他曾在一首诗中表明了自己的想法："戒诗昔有诗，庚辰诗语繁。第一欲言者，古来难明言。"可见，龚自珍并非不喜欢作诗，而是"难明言"的无奈之举。

己亥感悟，情满竹筐

1839年，鸦片战争的前一年，清政府的腐朽统治让48岁的龚自珍失望透顶。龚自珍辞官南归故里，后来又北上迎接家眷。在南北往返的途中，他目睹了生活在水深火热中的百姓，看到了统治者和权贵们的丑恶嘴脸，不禁触景生情，即兴写作。

龚自珍根据所见，依照所想，一有感悟就用鸡毛记在账簿纸上，其中有不少是深情激昂的诗文。他把这些诗文都投进竹筐里，共“得纸团三百十五枚，盖作诗三百十五首也”（《与吴虹生书》），这就是著名的《己亥杂诗》。

热血晚年，肝胆相照

龚自珍与林则徐、魏源都是至交好友，1839年他曾写文支持林则徐禁绝鸦片。晚年的龚自珍在书院教书，他去扬州看望魏源，两人相约，谁后去世，就替先去世的人编定文集。

1841年夏末，龚自珍写信准备辞去教职，参加反抗外国侵略者的战斗。但不料同年八月，龚自珍突患暴疾，卒于丹阳。

魏源闻讯，痛哭了一场后，亲自为龚自珍写了挽联：“天下谓奇人，骂座每闻惊世论；文坛摧异帜，剪窗犹忆切磋时。”次年，龚自珍的儿子将父亲的作品，悉数交给魏源。魏源遵好友生前之约，精心编撰了文集，并撰写序言。

大师的超时空直播间

清廷之腐败，令人无奈啊！我又能如何？不如辞官南归。一想到这黑暗的现实，一想到要与志同道合的好友们分别，我心中的愁绪便无法排解。我那愁思就像是水面上的波纹，朝着西斜的落日，远远荡开。归乡途中，抬手鞭马，我拿马鞭朝东一挥，就感觉此刻仿佛已身处天涯。那从树上飘落的朵朵红花，并不是无情啊！它们落到地上，化作泥土，去培育来年更美的春花。

浩荡离愁白日斜，吟鞭东指即天涯。
落红不是无情物，化作春泥更护花。
——《己亥杂诗·其五》

清代诗人
朱鹤年

龚自珍先生就和灌夫、江敩一般，真是个性豪放、不拘礼节的大丈夫。

自珍可谓是天下的奇才，是文坛上独树一帜的大旗，更是我的知己，真怀念和他在一起的时光啊！

清代思想家
魏源

近代学者
王文濡

那部有三百十五篇的《己亥杂诗》，可谓包罗万象，五花八门，可以当作历史读物、人物传记去读。

对于晚清思想的解放，龚自珍着实是立了大功；今文学派的开拓，也确实是创始于他。

近代文学家
梁启超

传世经典精读

漫　感

绝域[1]从军计惘然[2]，东南[3]幽恨满词笺[4]。

一箫一剑平生意，负[5]尽狂名十五年[6]。

注释

① 绝域：隔绝的地区，说明其遥远。这里指我国边疆。

② 惘然：不得志的样子。

③ 东南：这里指我国东南沿海一带。

④ 词笺（jiān）：写作诗词的纸，可指代“诗词”。笺，古代小幅而质高的纸。

⑤ 负：辜负。

⑥ 十五年：诗人在十八岁时，与著名的“狂士”王昙结为忘年交，至此正好十五年。

译文

想要到边疆从军报国却壮志难酬，只能将对东南的忧虑化作无数诗篇。

作诗显志和杀敌报国是平生的愿望，可十五年过去了，我竟辜负了“狂士”的声名。

作品赏析

此诗作于 1823 年，诗人第四次参加会试落榜，接连的失败让诗人感到壮志难酬。同时，清政府统治下的中国内忧外患，诗人借诗句抒发心中的幽愤和报国热情，希望朝廷能够选拔真正的人才，自己也能受到重用，大展宏图、建功立业。

己亥杂诗·其一二五

九州①生气②恃③风雷，万马齐喑④究可哀。

我劝天公⑤重抖擞⑥，不拘一格降人材。

注释

① 九州：泛指整个中国。

② 生气：生机勃勃的景象。

③ 恃（shì）：依靠，通过。

④ 万马齐喑：所有的马沉默无声，比喻社会毫无生气。喑（yīn），沉寂，不发声。

⑤ 天公：上天，造物主。

⑥ 抖擞（sǒu）：振奋，振作。

译文

只有依靠雷打风吹这般激荡的巨大力量，才能让中国大地重现一派生机的景象。然而政局黑暗，社会毫无生气，连群马都一声不发，终究是一种悲哀啊。

我奉劝上天重新振奋精神，不要拘泥于一定之规，才能降下更多的人才啊。

作品赏析

本诗是作者 1839 年路过镇江时写作的名篇。这首诗中，诗人对死气沉沉、毫无生机的社会景象，深感哀痛，热切地盼望那能够劈开黑暗、带来生机与活力的社会变革的到来。本诗对当时的社会可谓一声惊雷，它唤醒了更多的爱国义士，引人深省。

作文故事素材索引

【宏伟志向】

【学而不倦】

【爱国爱民】

【性情风度】

作文佳句素材索引

【自然美景】

【品德修养】

主人不相识，偶坐为林泉。——贺知章 /060

纸上得来终觉浅，绝知此事要躬行。——陆游 /134

箫鼓追随春社近，衣冠简朴古风存。——陆游 /138

【远大志向】

路曼曼其修远兮，吾将上下而求索。——屈原 /020

亦余心之所善兮，虽九死其犹未悔。——屈原 /024

天生我材必有用，千金散尽还复来。——李白 /078

【感慨怀念】

少壮不努力，老大徒伤悲。——乐府 /036

野火烧不尽，春风吹又生。——白居易 /100

夕阳无限好，只是近黄昏。——李商隐 /110

何当共剪西窗烛，却话巴山夜雨时。——李商隐 /112

此情可待成追忆，只是当时已惘然。——李商隐 /114

跨越时空的大语文

词大有来头

刘光成　等　编著

中信出版集团 | 北京

图书在版编目（CIP）数据

跨越时空的大语文：全6册 / 刘光成等编著. -- 北京：中信出版社, 2024.3
ISBN 978-7-5217-5049-2

Ⅰ.①跨… Ⅱ.①刘… Ⅲ.①语文课－中小学－教学参考资料 Ⅳ.①G634.303

中国版本图书馆CIP数据核字（2022）第241671号

跨越时空的大语文（全6册）

编　　著：刘光成　等
本册撰稿：李娟
出版发行：中信出版集团股份有限公司
（北京市朝阳区东三环北路27号嘉铭中心　邮编　100020）
承 印 者：北京盛通印刷股份有限公司

开　　本：787mm × 1092mm　1/16　　印　　张：47　　字　　数：950千字
版　　次：2024年3月第1版　　印　　次：2024年3月第1次印刷
书　　号：ISBN 978-7-5217-5049-2
定　　价：158.00元（全6册）

目录

唐朝、五代

词的起源

词的起源时间，历来众说纷纭。据有的学者考证，词这种文体最早起源于南朝，唐朝时逐渐成熟。还有的学者认为，词起源于唐朝。

唐代与五代的词，被称为“曲子词”，与乐府诗有着渊源和传承关系。词起初流行于民间，大都以反映爱情之类的题材为主，所以人们普遍认为早期的词登不上大雅之堂。这时期的词不被正统文人所看重，地位远远比不上诗歌，被视为诗余小令。

中唐之后，词的发展出现了突破。一些著名诗人如白居易、刘禹锡等人开始注重汲取民歌艺术长处，融入词的创作，写出了一些风格朴素自然、生活气息浓厚的作品。不过，中晚唐时期的唐词有一个比较严重的问题——格调不高，崇尚描写风花雪月。以秾艳而闻名的温庭筠和晚唐五代时期的“花间词派”，就是这种风格的代表。

温庭筠、韦庄等是唐词的代表性人物。特别是温庭筠，他是中国文学史上第一个致力于“倚声填词”的文学家，为后世留下了七十多首词。温庭筠的词华美精工，风格绮丽婉约，但题材狭窄，以描写闺阁为主。可以说，是他把词的发展带向了秾艳的词风。

晚唐五代时期，“花间词派”崛起。其内容多是描写旅愁闺怨、合欢离恨等。五代晚期词的代表人物大多出自南唐，比如冯延巳、李璟、李煜等。其中李煜（南唐后主）在国破家亡后所创作的词，题材广泛，含义深沉，对后世词坛影响深远。

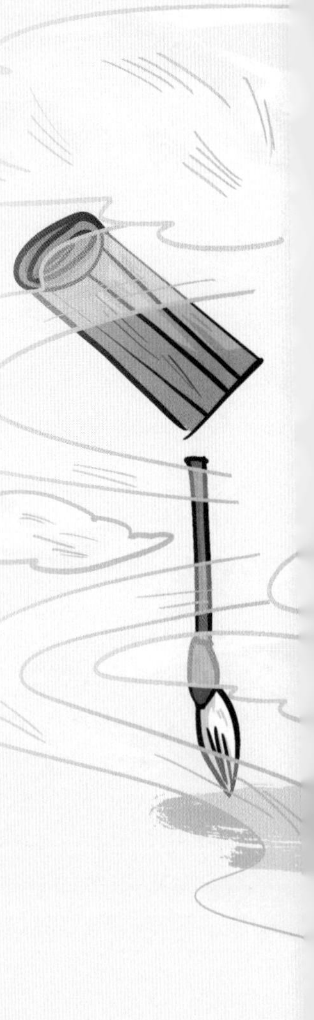

温庭筠

花间词派的鼻祖

籍贯：太原祁（今山西祁县）

名号：原名岐，字飞卿

生卒年：约 801—866 年

称号：词与韦庄齐名，并称“温韦”

词韵之美

词坛地位：被誉为花间词的鼻祖，也是文学史上致力于写词的第一人，影响了五代、宋人的诸多词人。是流传后世作品最多的唐代词人。

代表作品：《菩萨蛮 · 小山重叠金明灭》《望江南 · 梳洗罢》《梦江南 · 千万恨》等。

跨越时光读大师

父亲去世，生活悲苦

约801年，温庭筠出生在太原，本名温岐，他的祖上是唐太宗时期的宰相温彦博。可惜到了温庭筠这一代，家庭早已没落。

大约八岁时，温庭筠的父亲去世，这让他的生活更加悲苦不堪。四年后，父亲的好友刑部尚书段文昌向温家伸出了援手。段文昌将温庭筠带在身边，让他与自己的儿子段成式一同读书，相当于收养了他。

世交友谊

温庭筠从小就很聪明，悟性极高，擅长鼓瑟吹笛，加上段文昌对他很严格，也带着他增加了很多见识。几年间，段文昌先后调任到不同地方做官，温庭筠跟着他到过不少地方。这些都为他后来擅长“倚声填词”打下了良好的基础，同时也让年纪轻轻的他以“诗词兼工、才思敏捷”而有了名声。

段文昌之子段成式与温庭筠年龄相仿，关系一直很好，后来又结为亲家，被传为佳话。温庭筠写的诗、词很有名，段成式则善于创作诗、小说，名气不亚于温庭筠，二人经常有诗文往来唱和。

链接小知识

花间词派

花间词派是中国古代词学流派之一，正式形成于晚唐五代时期。后蜀赵崇祚编了词集《花间集》，其中收录了从唐末到五代时期的温庭筠、韦庄等十八人的代表词作，共计五百首词，编为十卷。花间词派由此得名。

花间词只有小令和中调，词风比较类似，内容主要是旅愁闺怨、悲欢离合等。温庭筠被认为是花间词派的开创性人物。一般认为，花间词是最早的婉约词，在词的发展史上，花间词有独特的奠基作用。

寻找贵人相助

当时的读书人要想走上仕途，除了要依靠自己的才华外，还需要有贵人相助。温庭筠开始用心结交权贵，他的才华很快打动了太子李永和宰相裴度。但温庭筠的运气太差了，还没等到推荐，李永和裴度二人就相继离世。

虽然在追求仕途的路上饱受打击，但温庭筠结交上层人士的目标不曾改变。他一边努力参加科举考试，一边将自己的作品推荐给当时的权贵，其中就包括当时朝廷中李党的代表人物李德裕，以及当时的名人杜牧。在此期间，温庭筠还结识了一些官宦子弟，如当时权臣令狐绹的儿子令狐滈（hào）。

同时，他的作品开始追求艳丽的辞藻，其中有不少描写男女相思的诗词，这些在当时不为正统所喜欢。种种原因之下，他的名声开始变得不好，在科举考试中也屡屡落第。

考场趣事

不过，温庭筠有一个令人啼笑皆非的本领——他自己虽然科举不顺，屡试不第，但却能帮助他人考中进士。后来，他干脆把替人考试或给人写文章作为了一个谋生手段。

据说考试时，考官会给每个考生发三根大蜡烛。当三根蜡烛烧完的时候，考生要作完八韵的诗赋，这除了要求考生有非常扎实的文学功底之外，还特别考验考生的心理素质。很多人都不能完成。但这对才华横溢的温庭筠来说不是难事。他应试时，不用打草稿，一气呵成。据说他一叉手就能成一韵，叉八次手即吟成一首，所以人们给了他一个外号叫“温八叉”。

这种替人考试的行为虽然不应该，但却可以从中看出温庭筠的才华。

顶级捉刀人

虽然科举不顺，但温庭筠的才华在当时已经得到了极大的认可。温庭筠曾被宰相令狐绹看中。当时唐宣宗非常喜欢曲词《菩萨蛮》，温庭筠就为令狐绹代笔了一首《菩萨蛮·小山重叠金明灭》进献给唐宣宗，唐宣宗看后很喜欢，其中的“小山重叠金明灭”等现在已成为千古名句。

皇帝也得罪

温庭筠一生都没考中进士，也没有做过什么官，一直郁郁不得志，于866年去世。这可能与他管不住自己的嘴巴、经常得罪人有关。

令狐绹不想让别人知道温庭筠给自己代写的事情，可温庭筠沉不住气，很快便把这事给泄露出去了，让令狐绹很难堪。除此之外，温庭筠还经常在令狐绹面前自负，提醒令狐绹要多读书。这些都让令狐绹心里不爽，逐渐疏远温庭筠。

温庭筠也得罪过唐宣宗。唐宣宗曾经身穿便装，微服私访，在一个小旅馆里与温庭筠相遇了。温庭筠不认识宣宗，问他："你是长史、司马之类的大官吗？"宣宗说："不是。"温庭筠接着又问："那你是参军、簿尉之类的官员吧？"宣宗自视很高，却被温庭筠认成普通官员，宣宗对此非常生气，从此不再理会他了。

花间鼻祖

温庭筠的坎坷人生与其璀璨才华形成了鲜明的对比。在他之前，词坛创作大多是无病呻吟、格调不高的"民间词"，温庭筠则大大提升了词的艺术性，使其向"文人词"迈进。温庭筠被誉为"花间鼻祖"，是"花间词派"的重要代表人物。在众多唐代词人当中，温庭筠的词作数量最多，影响最大，后世包括李煜、欧阳修、李清照等人都把其视为偶像人物。

大师的超时空直播间

洛阳真是一个伤心地（好像其他地方也是）。春天快要结束了，杨花柳絮漫天飞舞，似乎有不少远行的人。流不尽的河水，唱不完送别的悲歌啊。马儿，我们走吧，不要再伤怀，不要再回头。

洛阳愁绝。杨柳花飘雪。
终日行人恣攀折。桥下水流呜咽。
上马争劝离觞。南浦莺声断肠。
愁杀平原年少，回首挥泪千行。
——《清平乐·洛阳愁绝》

唐代诗人 纪唐夫：温庭筠才华横溢，可惜却一生坎坷。

宋代词人 黄昇：温庭筠的词非常华丽，应该是《花间集》中的第一名。

明末清初学者 王士祯：我觉得温庭筠是《花间》鼻祖。

清代学者 薛雪：温飞卿，就是晚唐的李白。李商隐在某些地方都比不上他。

近代学者 王国维：“画屏金鹧鸪”，这就是温飞卿写的，他的词品就是这样妙啊！

什么是词

什么是词？

词最早被称为“曲词”或者“曲子词”，是一种由诗歌演变而来的抒情文体。从形式上看，词是一种配合音乐来歌唱的乐府诗体。

词的别称

- 近体乐府
- 长短句
- 曲子词
- 曲词
- 乐章
- 琴趣
- 诗余

音乐类型

- 令
- 引
- 慢
- 三台
- 序子
- 法曲
- 大曲
- 缠令
- 诸宫调

词的分类

小令

小令一般字数控制在五十八字以内。

一曲新词酒一杯，去年天气旧亭台。夕阳西下几时回？

无可奈何花落去，似曾相识燕归来。小园香径独徘徊。

——晏殊《浣溪沙·一曲新词酒一杯》

西塞山前白鹭飞，桃花流水鳜鱼肥。

青箬笠，绿蓑衣，斜风细雨不须归。

——张志和《渔歌子·西塞山前白鹭飞》

中调

中调一般要比小令长，但不会超过九十字。

滚滚长江东逝水，浪花淘尽英雄。是非成败转头空。青山依旧在，几度夕阳红。

白发渔樵江渚上，惯看秋月春风。一壶浊酒喜相逢。古今多少事，都付笑谈中。

——杨慎《临江仙·滚滚长江东逝水》

天接云涛连晓雾，星河欲转千帆舞。仿佛梦魂归帝所。闻天语，殷勤问我归何处。

我报路长嗟日暮，学诗谩有惊人句。九万里风鹏正举。风休住，蓬舟吹取三山去！

——李清照《渔家傲·天接云涛连晓雾》

长调

长调指比较长的词，字数要超过九十一个字。

怒发冲冠，凭栏处、潇潇雨歇。抬望眼、仰天长啸，壮怀激烈。三十功名尘与土，八千里路云和月。莫等闲、白了少年头，空悲切。

靖康耻，犹未雪。臣子恨，何时灭。驾长车踏破，贺兰山缺。壮志饥餐胡虏肉，笑谈渴饮匈奴血。待从头、收拾旧山河，朝天阙。

——岳飞《满江红·写怀》

传世经典精读

望江南[1]

梳洗罢，独[2]倚望江楼[3]。
过尽千帆皆不是，
斜晖[4]脉脉[5]水悠悠。
肠断白蘋（pín）洲。

注释

① 望江南：词牌名，又名“梦江南”“忆江南”。

② 独：独自，单独。

③ 望江楼：古代楼名。

④ 斜晖：指日落前的阳光。晖，阳光。

⑤ 脉脉：比喻相视含情的样子。

译文

梳妆打扮之后，独自倚栏在望江楼上远望。多艘帆船经过，都没有我所盼望的人，夕阳脉脉含情，流水悠悠。思念的柔肠萦绕在那片长满水草的小洲上。

作品赏析

这是一首闺怨词，表达古代女性哀怨之情。全词借一位在望江楼上望眼欲穿盼望爱人归来却没有如愿的女性之口，仅仅用了二十七个字，就将一股哀怨愁苦的情绪立体地表现出来，可谓小令中的精品。

菩萨蛮①

小山②重叠金明灭③。
鬓云欲度香腮雪。
懒起画蛾眉④，
弄妆梳洗迟。

照花前后镜。
花面交相映。
新帖绣⑤罗襦（rú）⑥，
双双金鹧鸪（zhègū）⑦。

注释

① 菩萨蛮：词牌名。

② 小山：指小山眉这种梳妆方式，此处形容弯弯的眉毛。也有人认为是指屏风上的图案，因为屏风有可以折叠的，就像小山重叠一样。

③ 金明灭：女子头上佩戴的首饰隐约闪烁的样子。也有人认为这句是形容阳光照射在屏风上金光闪闪的样子。

④ 蛾眉：古代形容女子的眉毛细长弯曲就像蚕蛾的触须，所以称为蛾眉。

⑤ 帖绣：帖，通“贴”。贴绣指的是中国古代艺术品苏绣中的一种工艺。

⑥ 罗襦：古代指丝绸短上衣。襦，短上衣。

⑦ 金鹧鸪：唐朝时的衣饰，有时用金线绣好花样，然后绣贴在衣服上，就是所谓“贴金”。鹧鸪，一种鸟。这里的“金鹧鸪”，指贴绣上去的鹧鸪图。

译文

那女子弯弯的小山眉重叠，头上首饰的光芒隐约闪烁。云朵一般松软的长发仿佛要遮盖那清香雪白的脸庞。懒懒的无心去描画弯弯的眉，迟了好久才梳妆打扮。

对照镜子插花时，看了前镜又看后镜，镜中如花的脸庞与鲜花交相辉映。身穿崭新的丝绸短衣，那衣服上绣着的鹧鸪成双成对。

作品赏析

此首词大概创作于 850—859 年之间。据史料记载，唐宣宗非常喜欢词曲《菩萨蛮》，于是温庭筠就为宰相令狐绹代笔创作了这首词呈给宣宗。这首词描写了一位女子早起梳妆打扮的场面，温庭筠用华丽的辞藻将这位女子的容貌、服饰、体态完美地呈现出来，仿佛一幅展开的唐代仕女图。

李煜

南唐词派的杰出代表

籍贯：徐州（今属江苏）

名号：原名从嘉，字重光，号钟隐，后世称李后主

生卒年：937—978 年

称号：被称为“词帝”

词韵之美

词坛地位：改变了唐和五代时期词的单一内容，拓展了词的题材和意境，进一步提升了词的艺术性。

代表作品：《虞美人 · 春花秋月何时了》《浪淘沙 · 帘外雨潺潺》《乌夜啼 · 林花谢了春红》《相见欢 · 无言独上西楼》等。

跨越时光读大师

相貌非凡的皇子

李煜，生于937年七夕这天，原名叫李从嘉，是五代十国时期南唐最后一任皇帝。

李煜从小就喜欢读书，多才多艺。史书记载李煜容貌出众，额头很大，有着象征圣人气相的“骈齿（龅牙）”，眼睛里有两个瞳孔（重瞳）。这种相貌非常了不起，传说历史上长着“骈齿”的人有周武王和孔子等；生有“重瞳”的人也很了不得，比如上古时代的舜帝、春秋五霸之一的晋文公重耳、西楚霸王项羽等。

游玩避祸

由于出身皇室，年轻时的李煜身处争夺皇位的旋涡中。最初，南唐的太子是李煜的哥哥李弘冀。李弘冀对李煜这个文采出众、容貌奇异的弟弟十分猜忌，经常借故打压。为了避祸，李煜将自己的号改为“钟隐”“莲峰居士”等带有佛教避世意义的称号，整日游山玩水，笃信佛教，搞文学创作，一心做一个风度翩翩的才子。

李煜曾写了两首《渔父》给兄长李弘冀——“浪花有意千重雪，桃花无言一队春。一壶酒，一竿身，快活如侬有几人。”“一棹春风一叶舟，一纶茧缕一轻钩。花满渚，酒满瓯，万顷波中得自由。”这两首词表达了李煜隐逸遁世，无意争夺帝位的意思。

可惜人算不如天算，皇帝的位置最终还是落到了李煜的头上。959年，兄长李弘冀因病离开人世。本不愿做皇帝的李煜登上南唐帝位。

链接小知识

南唐词派

中国历史上，南唐虽是小国，但文风鼎盛，尤其是词的创作氛围十分浓厚，形成了南唐词派。

南唐词派的主要代表人物是南唐二主（中主李璟、后主李煜）和冯延巳。博学多才的冯延巳在花间派风格的基础上，对词的创作风格进行了创新，留下了很多名句，比如《谒金门·风乍起》中“风乍起，吹皱一池春水”。南唐二主李璟和李煜则是中国文学史上不多的父子文豪皇帝。

南唐词派与花间派并没有直接的承传关系，却在主要题材（爱情、相思、闺怨）上有相似之处。南唐词人的文化修养较高，眼界较宽广，词作格调比较高。

登上帝位

依照南唐皇室的传统，当皇帝后要改名字，所以他弃用了原来的“李从嘉”一名，改名为李煜，中国诗词史上鼎鼎有名的“李后主”，登上了历史舞台。

李煜登位初期，生活淫糜奢侈。他自幼生长在深宫之中，当皇帝后耽于声色，词风十分瑰丽，词作内容大多反映宫廷生活和男欢女爱，风格旖旎柔媚，深受花间派影响，但李煜在词作的人物、场景等方面独出心裁，把花间词派的艺术造诣推上了新的台阶。

日渐颓废

当时的南唐已经处于岌岌可危的状态。国境的北边，是如日中天的北宋王朝。雄才大略的宋太祖赵匡胤曾直截了当地对李煜的使臣说："卧榻之侧，岂容他人鼾睡"，明确告诉李煜，他容不得南唐这种割据势力的存在。

眼看大势已去，李煜也意识到再无回天之力，便萌生了一种自暴自弃的心理。如《蝶恋花》一词，"一片芳心千万绪，人间没个安排处"，流露了李煜这一时期的内心情感。南唐内外交困，日渐衰微。

客居他乡

975 年，宋军大举南下，攻破南唐都城金陵，李煜兵败投降。第二年，李煜被俘，被押送到北宋汴京，宋太祖将其封为违命侯。这时，作为亡国之君，客居他乡，李煜悲伤失意，经常为那些南唐旧宫人写词。

这一时期，李煜的词风发生了翻天覆地的变化，步入了艺术创作的巅峰期。他写的词凄婉悱恻，充满了悔恨交加的感情，非常具有艺术感染力。名作《相见欢 · 林花谢了春红》即创作于这个时期，词中"胭脂泪，相留醉，几时重。自是人生长恨水长东"，既表现了对前尘往事的追忆之情，又体现了国破家亡的刻骨之痛。李煜被俘后的作品，直抒胸臆，很多艺术手法已经突破了花间派的束缚，对后来的豪放派词产生了很大影响。

悲惨谢世

978年的七夕，李煜迎来了自己四十二岁的生日。据说，这一天李煜作了那首著名的《虞美人·春花秋月何时了》。他让手下宫女演唱这首词。消息传到了皇帝宋太宗耳中，宋太宗听到其中“故国不堪回首月明中”以及“问君能有几多愁，恰似一江春水向东流”等词句后大怒，认为李煜怀念故国，对自己不满，于是命人将李煜毒死。

一代才子，就此谢世。可怜的李煜，生于七夕，又死于七夕。

千古词帝

李煜是继温庭筠后词坛上的著名代表人物。在他的代表作品中，“豪宕”的《玉楼春·晚妆初了明肌雪》、“濡染大笔”的《乌夜啼·昨夜风兼雨》、“雄奇幽怨，乃兼二雄”的《浪淘沙·帘外雨潺潺》、“自然奔放”的《虞美人·春花秋月何时了》，都是难得的佳作。李煜被誉为“千古词帝”，在晚唐五代词坛中独树一帜。

大师的超时空直播间

今夜月夜怡人，朕决定在宫中举办一场大型宫廷歌舞酒宴。身为南唐皇帝，富有四海，宫中当然瑰丽堂皇。朕宫中墙壁上的装饰品是嵌有金线的红丝罗帐，窗格上镶嵌的是绿宝石。宴会一开，嫔妃宫女罗列，歌舞演员鱼贯而出，一派歌舞升平。

晚妆初了明肌雪，春殿嫔娥鱼贯列。
笙箫吹断水云间，重按《霓裳》歌遍彻。
临风谁更飘香屑。醉拍阑干情未切。
归时休放烛花红，待踏马蹄清夜月。
——《玉楼春·晚妆初了明肌雪》

五代宋初文学家
徐铉

吴王（李煜的封号）酷好文辞，述作很多，游乐闲暇都会写出作品，著有三十卷文集，百篇杂说，研究文章很有成果，可以说是天纵多能了。

宋代诗人
陆游

南唐人民在李煜手下过了很长一段太平日子。但是他荒废政事，虽然爱民，但不是个能保住江山的好皇帝。

清代词人
沈雄

后主在治国等方面一般，但在写词方面是个当之无愧的王者。

清代学者
郭麐(lín)

作个才子真绝代，可怜薄命作君王。

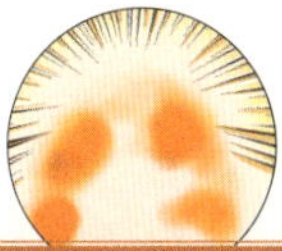

近代学者
王国维

一个优秀的词人，不能失掉赤子之心。所以生于深宫之中，长于宫女之手，是后主当皇帝的短处，也是其当词人的长处。

爱文艺的皇帝们

最有文才的皇帝 | 曹丕

曹丕（187—226 年），字子桓，沛国谯县（现在的安徽省亳州市）人，曹魏开国皇帝，三国时期政治家、文学家。曹丕与父亲曹操、弟弟曹植并称为“三曹”，是当时文坛的标志性人物。

曹丕文采出众，在诗、赋方面都有很大的成就，他最擅长写五言诗，同时还创作了中国历史上现存最早的七言诗作品，其代表性作品就是我国最早的文艺理论批评专著——《典论》。

最懂音乐的皇帝 | 李隆基

音乐可以陶冶人的情操，历史上醉心音乐的皇帝比比皆是，其中最有知名度的，要数唐玄宗李隆基了。

唐玄宗李隆基（685—762 年），唐朝在位时间最久的皇帝。他执政前期，政治清明，经济繁荣，社会稳定，大唐进入了巅峰期——开元盛世。执政后期，他沉迷酒色，宠信小人，导致“安史之乱”爆发，大唐从此巅峰不再。

据史书记载，李隆基的音乐造诣极高，据说他能够熟练演奏琵琶、羯鼓等许多乐器，还创作出《霓裳羽衣曲》《秋风高》等百余首水准极高的乐曲，被后世尊为戏曲班子的祖师爷——梨园祖师。

千古词帝｜李煜

南唐后主李煜（937—978 年）是中国历史上著名的词人皇帝，在文学方面的造诣很高。李煜将花间词派的风格推到极致，代表作《浪淘沙·帘外雨潺潺》《虞美人·春花秋月何时了》等作品，都是中国词坛的千古名作。

可惜的是，李煜最终成了亡国之君。宋军南下后，李煜出降，被送往北宋居住。据野史记载，四十二岁生日这天，李煜因为写了一首《虞美人·春花秋月何时了》表达对故国的思念，惹怒了宋太宗而被赐死。

书画双绝｜赵佶

要论书法和绘画水平，宋徽宗赵佶绝对是历史上的顶尖人才。赵佶生于 1082 年，卒于 1135 年，号宣和主人，是宋朝第八位皇帝。

宋徽宗是位标准的文艺才子，他的书法造诣极高，独创出著名的“瘦金体”。绘画方面，宋徽宗被认为是唯一能真正称得上“画家”的皇帝。宋徽宗还利用自己的皇帝身份大力推广绘画，成立了国家级的“翰林书画院”。

这样一位多才多艺的皇帝，治国成绩却一塌糊涂。靖康二年（1127 年）三月，金兵攻破宋都，宋徽宗与宋钦宗赵桓被金人俘虏，1135 年客死他乡。

传世经典精读

相见欢

无言独上西楼，月如钩。

寂寞梧桐深院锁清秋①。

剪不断，理还乱，是离愁。

别是一般②滋味在心头。

注释

① 锁清秋：被秋色所笼罩。锁，笼罩。

② 别是一般：有的版本写成“别是一番”。别是，有的版本写成“别有”。

译文

默默无语独自登上西楼，抬头看到天上如钩一般的冷月。那寂寞的梧桐树被凄凉的秋色笼罩在幽深的庭院之中。

剪也剪不断的，越理却越乱的，就是我那远离故国的离愁。又是一种痛苦滋味涌上心头。

作品赏析

《相见欢》是李煜后期作品中的代表作。975年，宋灭南唐，李煜投降后，被送往汴京囚居，过起了忍辱负重的囚徒生活，这首词创作于这个时期。词中充满了亡国之痛和离国之思，借冷月梧桐与凄凉的秋色来衬托自己沉郁哀婉的心情，感人至深。

虞美人①

春花秋月何时了，
往事知多少？
小楼昨夜又东风，
故国②不堪回首月明中！

雕栏玉砌③应犹在，
只是朱颜④改。
问君⑤能有几多愁？
恰似一江春水向东流。

注释

① 虞美人：词牌名。

② 故国：李煜是南唐最后一位皇帝。这里的“故国”指南唐的故都金陵（今南京）。

③ 雕栏玉砌：即雕花的栏杆和用玉石砌成的台阶，这里指南唐华丽的宫殿。

④ 朱颜：原意是红颜，年轻的容颜，泛指美人。

⑤ 君：此处是作者的自称。

译文

春花和秋月的更替什么时候才能了结，伤心的往事有多少？昨天夜里小楼又有东风吹过，忍不住在明月的照耀下想起南唐金陵的时光。

南唐宫殿那些雕花栏杆、玉石台阶应该还都在吧，只不过物是人非。要问我的愁有多少，就像一江春水向东流。

作品赏析

这首《虞美人》应该是南唐后主李煜的绝命之词，史学家认为它作于北宋太宗太平兴国三年（978 年）李煜的四十二岁生日。当时，李煜已经被羁押在汴京近三年。在自己的生日宴上，李煜想起南唐故国，悲从中来，创作了这首词，并命令乐伎演唱。不过，这首传世经典，却为李煜带来了杀身之祸。

北宋

词的巅峰

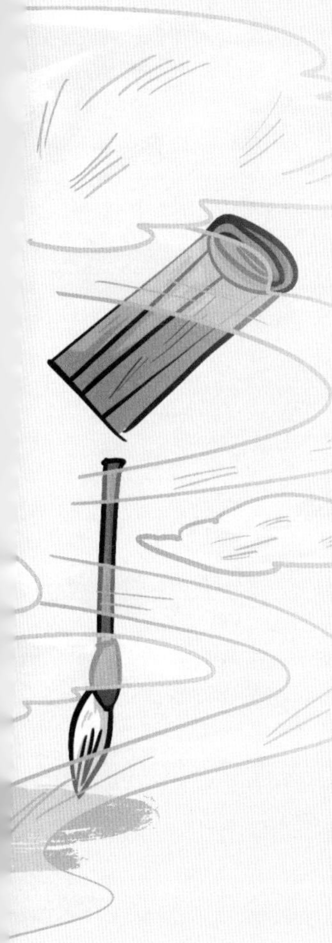

北宋时期，词的发展突飞猛进，步入巅峰期。这个时期，词甚至超越了诗歌，成为宋代最主要的文学形式。

宋词仍然是以描写爱情与相思为主，题材集中在离愁别绪、风花雪月等方面。它也是中国文学发展史上第一个专门抒写相思之情的文体。北宋初期，晏殊、张先、晏几道、欧阳修等人继承了五代花间派的特点，完成了宋词由唐入宋的过渡。

后来，柳永、苏轼等人在形式与内容上对词进行了新的开拓，秦观、赵令畤、贺铸等人对宋词进行了新的艺术创造，使得宋词出现了多种风格竞相发展的繁荣局面。此时的宋词，婉约派占据主流，北宋时期的词人多数都是婉约派。其中创作慢词的柳永将词彻底大众化，是宋词史上第一位革新家。苏轼成就更高，他是个文学方面的全才，是在诗、词、散文、辞赋等领域都有很高成就的大文豪。《文豪大有来头》一册对苏轼进行了详细介绍。苏轼提高了词的文学地位，引领了宋词的发展方向。

另外一位著名词人周邦彦博采众家之长，对宋词进行了一系列改进，促进了词体的成熟。

与南宋豪放派的风格不同，北宋的词坛主流依然秉持“诗言志词言情”的观点。即便被后人推尊为豪放派词开山祖师的苏轼，其作品中也有为数不少的词，仍属于“言情”这种风格。

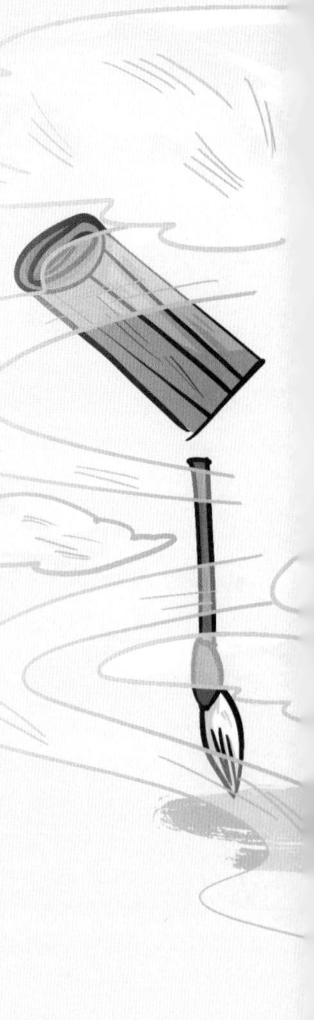

晏殊

婉约派小令大家

籍贯：抚州临川（今江西抚州）

名号：字同叔，谥元献，世称晏元献

生卒年：991—1055 年

称号：与欧阳修并称“晏欧”

词韵之美

词坛地位：婉约派小令代表词人，语言风格婉丽，是宋词开始走向雅化的重要代表，被后世尊称为“北宋倚声家初祖”。

代表作品：《浣溪沙 · 一曲新词酒一杯》《蝶恋花 · 槛菊愁烟兰泣露》《破阵子 · 春景》等。

跨越时光读大师

天生才子

晏殊出生于江西抚州临川，七岁就能写文章，属于标准的神童。十四岁时，晏殊来到京城应试，与一千多位进士共同参加殿试。拿到考题后，晏殊发觉自己从前做过，于是主动要求考官更换题目。皇帝宋真宗对他的诚实品格非常赞叹，于是命主考官为他换题。等晏殊交卷后，宋真宗看着他的文章发出阵阵赞叹声，赐他同进士出身。

据《宋史》记载，当时的宰相是名相寇准，他见皇帝想重用晏殊，就提醒说："晏殊是江东人。"原来，晏殊出身的江东地区，以前是后主李煜治下的南唐，与大宋属于敌对关系。寇准本意是暗示皇帝不可重用晏殊。皇帝却反驳说："引领了大唐开元盛世的名相张九龄不也是江东人氏吗？"最终还是提拔了晏殊。巧合的是，晏殊的写作风格也确实受到了李煜婉丽词风的影响。

非凡的魅力

晏殊文采出众，尤其擅长作词。他出身江东地区，吸收了南唐花间词派，以及著名词人冯延巳的创作风格，开创了北宋婉约派词风。同时，他还与欧阳修一起开创了"江西一派"。作为一位名士重臣，晏殊在词史中起了承先启后的作用，以自己的影响力带动了宋词的繁荣发展。

宋真宗十分欣赏晏殊的文采。中进士后，晏殊的父母先后去世，按照惯例要在家中守孝三年。可是晏殊的两次孝期都没有守满，皇帝便接连下令提前将其召回朝廷任职，这在注重礼仪的封建王朝是十分罕见的。

链接小知识

小令

小令是古代词调的体式之一，指那些篇幅短小、节奏明快的词，最早可以追溯到隋朝时期。

小令的篇幅较短，通常都在五十八字以内。比如《十六字令》《如梦令》等。需要指出的是，有些词虽然题目中有“令”字，但并不都是小令，比如《百字令》，实际上全文字数超过了百字。

晏殊是小令创作的早期代表人物。如今流传下130余首词，全部都是小令。

诚实的品质

晏殊入朝的时候，正逢天下太平，士大夫们几乎每天都在饭馆酒楼里面饮宴游玩。晏殊却在家里讲学读书。皇帝听说后，点名表扬了晏殊。不料晏殊诚实地告诉皇帝说：“不是臣不喜欢饮宴游乐，不过是家里贫穷没钱出去罢了。”皇帝更加欣赏他的诚实品质。

懂教育的诗词大家

晏殊在教育方面也有很大的成就。自五代十国开始，天下战乱频发，全国的学校基本上都停办了。晏殊大力扶持应天府书院，请当时在家守孝的范仲淹出山，收徒讲学，教书育人。《宋史》记载，自从五代以来，重新兴办教育是从晏殊开始的。

晏殊在文坛地位斐然，他提拔起来的学者更是不可胜数。屡屡落第的欧阳修，正是在晏殊的慧眼识珠下，方才中了进士。另外，宋代名士范仲淹、王安石、韩琦等人，都曾得到晏殊的提携。教书育人的同时，晏殊也注重诗词创作。晏殊的词作内容大多为春花秋月、朋友聚会、男女相思等，没有摆脱花间词派风格。但晏殊在词作中开创了自己的独特风格，融入个人的人生感悟，很有“清新之辞、娴雅之气”。有人认为晏殊是由“伶工之词”向“士大夫之词”的重要过渡者。

当朝伯乐

晏殊的仕途可谓一片辉煌。在宋真宗时期，他担任了翰林学士一职，是皇帝的心腹参谋。宋仁宗亲政以后，西北的李元昊建立西夏政权，屡屡入侵宋朝边境。晏殊审时度势，为宋仁宗出谋划策，终于稳住了局面。1042 年三月，晏殊正式登上宰相宝座。在古代历史长河中，知名学者成为当朝宰辅的例子寥寥无几，晏殊是其中成功的一位。

晏殊选才目光十分精准，所提拔的欧阳修、范仲淹、王安石、韩琦等人，都在中国历史上留下了不朽的功绩。据说，文彦博、王珪、苏颂三位北宋宰相，也曾在晏殊门下担任幕客。

活到老学到老

晏殊担任宰相时，还兼任枢密使一职，他的女婿富弼则担任枢密副使，这意味着全国的军队都掌管在这对翁婿手中。为了避嫌，晏殊申请辞去枢密使职务，但宋仁宗没有允许。由此可见，晏殊深受宋仁宗的信赖。

虽然身处高位，但晏殊一直保持着清廉、简朴的作风。另外，晏殊还是“活到老学到老”的典范。即便到了晚年，他还保持着勤奋读书的习惯。据说，晏殊到了晚年，宋仁宗依旧让他为自己讲课。

小令大家

晏殊是中国历史上著名的词人，尤其擅长小令，他的词作内容虽然有些局限，但风格含蓄婉丽，意境清新。后世文学评论家认为，晏殊是宋词重要的奠基人，称之为“北宋倚声家初祖”。

近代学者王国维曾在《人间词话》中提到“古今之成大事业、大学问者”必经过的三种境界，晏殊的“昨夜西风凋碧树。独上高楼，望尽天涯路”就属于其中的“第一境界”。

大师的超时空直播间

皇祐二年（1050 年）秋，老夫以观文殿学士的身份出任永兴军节度使。即将远行，与汴京的亲朋好友分别的时候，离情别绪涌上心头。老夫这一生，可谓荡气回肠，无论官场还是词坛，都曾刻下深深的烙印。如今年老却要远走他乡，伤感最是离别时。

别来音信千里，恨此情难寄。
碧纱秋月，梧桐夜雨，几回无寐。
楼高目断，天遥云黯，只堪憔悴。
念兰堂红烛，心长焰短，向人垂泪。
——《撼庭秋·别来音信千里》

晏殊这小子将来必成大器，可惜老夫我怕是看不到这小子当宰相的时候了。

宋代散文家、诗人
曾致尧

晏老师有三大优点：第一是勤学，活到老学到老；第二是勤政，宽待百姓；第三是严于治家，从不以权谋私。

宋代文学家
欧阳修

我宋朝天子当年任用晏殊等人来讲学，都是名儒大贤，普天之下最顶尖的人才，可以说是“人尽其才”。

宋代名臣
刘挚

晏殊的文章赡丽，应用不穷，特别擅长写诗，娴雅而有情思。他从书生开始，一步一个脚印，最后当上宰相，最难得的是他还乐此不疲地提拔人才，是当时的佼佼者。

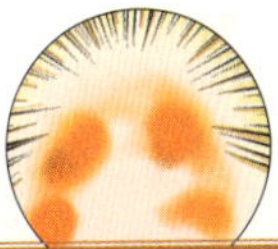

《宋史》作者
脱脱、阿鲁图等

传世经典精读

浣溪沙[1]

一曲新词酒一杯，
去年天气旧亭台。
夕阳西下几时回？
无可奈何花落去，
似曾相识燕归来。
小园香径[2]独徘徊。

注释

① 浣溪沙：词牌名。沙，也作“纱”。

② 小园香径：指充满了花草芳香的小径。径，小路。

译文

填了一曲新词，倒上一杯美酒，和去年同样的天气，又是同样的亭台楼阁。西下的夕阳什么时候才能回来？

无可奈何地看着花儿纷纷凋落，似曾相识的燕子飞了回来。我独自徘徊在充满花草芳香的小路上。

作品赏析

这首词悼惜落花，表达了作者对时光易逝、难以倒流的伤感。其中“无可奈何花落去，似曾相识燕归来”这两个对偶句，浑然天成，妙手偶得，是流传千古的名句。

蝶恋花①

槛（jiàn）②菊愁烟兰泣露，
罗幕③轻寒，燕子双飞去。
明月不谙（ān）④离恨苦，
斜光到晓穿朱户⑤。

昨夜西风凋碧树。
独上高楼，望尽天涯路。
欲寄彩笺⑥兼⑦尺素⑧，
山长水阔知何处！

注释

① 蝶恋花：词牌名，也叫“凤栖梧”“鹊踏枝”等。

② 槛：古代房基上面围着的木栏杆。

③ 罗幕：丝罗做成的帷幕，通常是富贵人家才有的。

④ 不谙：不了解，不熟悉。谙，了解、熟悉的意思。

⑤ 朱户：古代大户人家的门都是朱红色的，此处泛指大户人家。

⑥ 彩笺：指彩色的信笺。

⑦ 兼：有的版本写作“无”。

⑧ 尺素：指书信。

译文

清晨，栏杆外的菊花笼罩着一层愁惨的烟雾，兰花上沾染着哭泣的露水。丝罗做成的帷幕间透出缕缕轻寒，燕子成对飞了出去。明月不了解离别的痛苦，斜斜的月光破晓时还穿入朱户。

昨天夜里西风惨烈，将绿树吹得凋零。独自登上高楼，几乎望尽了那些消失在天涯的道路。想给爱人寄一封书信，但是高山连绵，江水宽阔，不知道爱人在何处。

作品赏析

在众多婉约派伤离怀远的作品中，晏殊的这首《蝶恋花》颇负盛名。上半阕用菊花、兰花、罗幕、燕子、明月、朱户等景物来烘托感情，对应了“愁”“泣”“寒”“去”“苦”“穿”等。这首词不仅具有情致深婉的特点，末句“山长水阔”又将全词的境界拉升，超越了一般的婉约派词作。

柳永

走向大众的才子

籍贯：崇安（今福建武夷山）

名号：原名三变，字景庄，后改名永，字耆（qí）卿

生卒年：约987—约1053年

称号：词自成一派，世称“屯田蹊径”“柳氏家法”

词韵之美

词坛地位：作品流传很广，有“凡有井水处，皆能歌柳词”一说。开拓了词的内容，大量创作慢词，对宋词的发展有很大贡献。

代表作品：《雨霖铃 · 寒蝉凄切》《蝶恋花 · 伫倚危楼风细细》《望海潮 · 东南形胜》《甘草子 · 秋暮》《定风波 · 自春来》等。

跨越时光读大师

才华横溢

柳永出身于官宦世家，他的祖父和父亲都是读书人。柳永小时候便开始学习诗词，显示出异于常人的才华。幼年时期，柳永创作了一篇名为《劝学文》的文章，阐述了学习的重要性，一时间传为美谈。

柳永的少年时代，宋词还未成型，唐诗的主体地位依然不可动摇。柳永早期的主要精力也放在了诗歌上面。一次，少年柳永读到一首不知出处的词作《眉峰碧》，当即便为这种新的文体所倾倒，念念不忘，将它题写在自己家的墙壁上，日夜对着墙壁琢磨。后来，柳永尝试写了一篇词——《巫山一段云·六六真游洞》，以此来歌颂老家武夷山的风景，这是柳永第一次尝试作词。

从此，柳永将主要精力投入词的创作中，一位引领两宋词坛风云的大家就此走上历史舞台。

声名鹊起

1002 年，柳永原本计划去汴京参加科举考试，但到了“人间天堂”杭州之后，被当地的繁华和湖光山色所吸引，滞留在杭州很长一段时间，整日沉醉于灯红酒绿的生活之中。其间，孙何担任杭州地方长官。这位孙何是著名的北宋状元郎，平日排场很大，门禁森严。柳永拿着自己创作的《望海潮·东南形胜》一词前往拜见，获得了孙何的极力赞叹。其中“东南形胜，三吴都会，钱塘自古繁华。烟柳画桥，风帘翠幕，参差十万人家”几句，很有王勃《滕王阁序》的风范。此词流传开来后，柳永声名大噪。

链接小知识

慢词

慢词通常指按照曲调舒缓的慢曲所填写的词，与小令一样，都是宋词最常用的体式。

慢词的名称最早起源于“慢曲子”，主要相对于“急曲子”而言。古代的词大多是根据乐曲所填的歌词，其中所说的慢与急，就是按照宋词的伴奏乐曲节奏缓急来区别的。

北宋初年的词作格式主要是以晏殊为代表人物的小令。柳永横空出世之后，慢词才在文坛流行开来。

坎坷科举路

1008年，声名鹊起的柳永决定去参加科举考试。他离开杭州，前往宋朝都城汴京。此时的汴京，商贾云集，富饶繁华，柳永写了很多作品，“列华灯、千门万户。遍九陌、罗绮香风微度”“香径里、绝缨掷果无数”等，淋漓尽致地描述了帝都的承平气象。

第二年，科举考试开始。柳永抱着“状元郎舍我其谁”的心态，步入考场。不料考试却出了岔子。当时在位的皇帝宋真宗对民间浮华奢靡的文风不满，下令严厉谴责。皇帝的命令传到主考官耳中，于是一场针对“浮华奢靡文风”的打击在科举考试中轰轰烈烈地展开。柳永就是这种文风的集大成者，这次正好撞到枪口上，不出所料地落榜了。

科考上的失败，让柳永心中愤懑不平，他专门写了一首词《鹤冲天·黄金榜上》，以发泄对科举的不满。词中认为诗词创作与当官相比也不差多少（才子词人，自是白衣卿相），最后感叹“忍把浮名，换了浅斟低唱”，表明要把功名抛下，以写文章来成就人生。

屡战屡败

其实，柳永虽然因为落榜发牢骚，却依然有为国出力的抱负。不久后，柳永创作了《如鱼水 · 帝里疏散》，其中有“富贵岂由人，时会高志须酬”的词句。

为国效力的理想是美好的，但现实是残酷的。之后的柳永，在科举考试上屡战屡败。1015 年，他第二次落榜。三年后，柳永第三次落榜。

1022 年，不欣赏柳永文风的宋真宗去世，柳永再次打起精神准备参加考试。两年后，柳永经历了第四次落榜的沉重打击。他一怒之下，离开京师。离京前，他创作了脍炙人口的作品《雨霖铃 · 寒蝉凄切》。

大众词人

这时的柳永已经年近四十，他逐渐熄灭了做官的心思。他离开京师，四处游历，以填词为生。其间，柳永的创作方向逐渐转为“大众化”“通俗化”，即变“雅”为“俗”。他的词将市民阶层的男女之情描写得声情并茂，为那些民间女子们诉说心中的苦闷幽怨，因此大受欢迎。

在歌女们的资助下，柳永足迹遍布大江南北，写出了很多羁旅行役的作品，比如《八声甘州 · 对潇潇暮雨洒江天》，其中“渐霜风凄紧，关河冷落，残照当楼”等句，情景交融，传诵千古。

词人谢幕

1034 年，宋仁宗亲政，朝廷举办科举，对落榜的文士采取了优待政策。柳永赶回京师参加考试，终于考中了进士，开始步入官场。

但是，柳永与温庭筠相似，经常描写下层人民的日常生活及男女之情，不为正统的文人所喜，因此柳永的官职一直不高。柳永在担任余杭县令等职务时政绩斐然，深受民众喜爱，但却一直得不到升迁。

后来，柳永做到屯田员外郎一职后，干脆辞官不做，恢复了平民的身份，所以后世称他“柳屯田”。

约 1053 年，晚景凄凉的柳永去世了，一代词人就此谢幕。史书没有为柳永立传，如今柳永的记录很多都来自野史。据说，晚年的柳永生活窘困，就连后事都是在歌女们的资助下才草草办完。

宋词革新者

柳永作为宋词的革新者，虽然在生前仕途不顺，生活不如意，但对后世文学的影响极大。他一改五代宋初奢靡华丽的语言风格，大胆将口语、俚语写入宋词，雅俗并陈，铺叙结合，自成一家。柳永还是宋代创建词调最多的词人，也是后进词人心目中的偶像级人物。宋词发展巅峰期涌现出的大师级人物苏轼、黄庭坚、秦观、周邦彦等，无不受到柳永词的影响。

大师的超时空直播间

当年我前往京师参加科举考试，本以为状元郎手到擒来，却惨遭落榜。听说皇帝也不喜欢我，所以干脆浪迹天涯，做一名填词的白衣卿相，过逍遥快活的生活。只不过，我如今年近五十，在外漂泊久了，也会想念家乡啊！

不忍登高临远，望故乡渺邈，归思难收。
叹年来踪迹，何事苦淹留。
想佳人、妆楼颙望，误几回、天际识归舟。
争知我、倚阑干处，正恁凝愁。

——《八声甘州·对潇潇暮雨洒江天》

宋代词人
黄裳

柳永的作品，能够把繁华丰饶的强宋风貌刻画得淋漓尽致，就像杜甫的诗歌一般，典雅文华，无所不有。

世人都说柳永的作品俗，我不这样认为，如“渐霜风凄紧，关河冷落，残照当楼”，这是盛唐才子的气质啊。

宋代文学家
晁补之

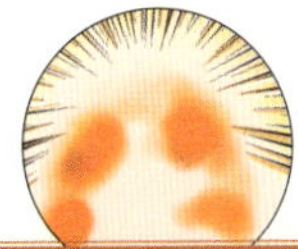

宋代词人
叶梦得

我以前在地方上做官的时候，曾听见一个从西夏回来的人说：“凡有井水处，皆能歌柳词。”你看，柳永都红到什么程度了。

我算不上喜欢柳永，但《八声甘州·对潇潇暮雨洒江天》和苏轼的《水调歌头·明月几时有》都是千古名篇。

近代学者
王国维

传世经典精读

蝶恋花（节选）

拟把疏狂图一醉，
对酒当歌，
强（qiǎng）乐①还无味。
衣带渐宽终不悔，
为伊消得②人憔悴。

注释

① 强乐：勉强欢笑，强作欢颜。强，勉强的意思。

② 消得：值得的意思。

译文

本打算放纵不羁，喝得大醉。对酒当歌，强颜欢笑，反而觉得毫无趣味。日渐消瘦也不觉得后悔，为了恋人我情愿变得憔悴。

作品赏析

这是一首怀念恋人的作品，大概创作于宋真宗咸平五年（1002年）之后。那时柳永正过着颠沛流离的生活，某次他忽然怀念恋人，心有所感而作此词。这首词采用了“曲径通幽”的表现方式，表达了自己旅途中的落魄感受和对恋人的缠绵情思，寓情于景，真挚自然，是宋词中的佳作。

雨霖铃①

寒蝉凄切，对长亭晚，骤雨初歇。
都门②帐饮③无绪④，留恋处、兰舟⑤催发。
执手相看泪眼，竟无语凝噎（yē）。
念去去⑥、千里烟波，暮霭（ǎi）沉沉楚天阔。

多情自古伤离别，更那（nǎ）堪、冷落清秋节！
今宵酒醒何处？
杨柳岸、晓风残月。
此去经年⑦，应是良辰好景虚设。
便纵有千种风情，更与何人说？

注释

① 雨霖铃：词牌名，也有版本写作“雨淋铃”。相传这是唐玄宗当年入蜀时在雨天听到铃声而想起已故的杨贵妃，所以写了此曲。这个词牌曲调自身就十分哀伤。

② 都门：国都的大门。这里指北宋的都城汴京。

③ 帐饮：指在郊外设帐饮酒为朋友饯行。

④ 无绪：没有什么情绪。

⑤ 兰舟：传说鲁班曾用木兰树作为材料来造船，后用“兰舟”作为船的美称。

⑥ 去去：重复“去”字，表示路途遥远。

⑦ 经年：年复一年的意思。

译文

秋后的蝉叫得凄凉而急促，傍晚时分面对长亭，一阵急雨刚刚停歇。在汴京的城外设帐为朋友饯行，却没有开怀畅饮的心情，正依依不舍时，船夫已催促赶快出发。握着手，满眼泪花彼此相望，直到最后也哽咽着说不出话。想到目的地是遥远的南方，千里迢迢，烟波迷茫，那夜雾沉沉的楚国天空一望无际。

多情的人自古以来最伤心的就是离别，更何况又遇到这凄冷的秋季！谁知道我今夜酒醒后身在何处？怕是只有在杨柳岸边，面对清冷的晨风和黎明的残月了。这一去，年复一年不能相见，就算看见春花秋月、良辰美景，也如同虚设。纵然有千万种情意，又能向谁去诉说呢？

作品赏析

这首《雨霖铃》是柳永从汴京南下的时候，与一位恋人告别写的作品。词中充满了依依不舍及孤独寂寞的情感，脍炙人口，流传千古。

周邦彦

词家之冠，格律派开创者

籍贯：钱塘（今浙江杭州）

名号：字美成，号清真居士

生卒年：1056—1121 年

称号：被誉为“词家之冠”“词中老杜”

词韵之美

词坛地位：作品格律严谨、语言典雅，在婉约派词人中被视为“正宗”，对后人产生了深远的影响。学者评价他“负一代词名”。

代表作品：代表作品：《兰陵王·柳》《瑞龙吟·章台路》《满庭芳·夏日溧水无想山作》等。

跨越时光读大师

酷爱读书的青年

周邦彦出生于文学氛围浓厚的钱塘地区。与少年成名的其他词人不同，周邦彦年少时由于言行粗俗、不注重自身修养等原因，不被家乡的学者们看重。但是，他自小酷爱读书，读了很多名家典籍，为自己的文学生涯打下了良好的基础。

周邦彦十九岁开始外出游历，后来前往宋朝京师开封，在太学读书。开封繁荣鼎盛，民风奢靡，士子多纵情声色。周邦彦也是其中一员，写过《少年游》《一落索》《凤来朝》《望江南》一类的艳词。

他文采出众，还精通音律，后人常把他与三国时代的风流人物周瑜相提并论。

支持王安石变法

当时，皇帝宋神宗重用王安石进行变法，朝廷分为支持改革的新党与反对改革的旧党两派，争斗不已。周邦彦对王安石的新政表示赞成，写了一篇文章《汴都赋》进呈给宋神宗。周邦彦的《汴都赋》不是一篇简单的文章。这篇文章长达七千字，在文字简洁的古代可算是“万言书”了。周邦彦模仿汉代名作《两都赋》《二京赋》，用两位虚构的人物“发微子”和“衍流先生”的对话，将宋代都城汴京的繁华景象精致细腻地描绘出来，其间还夹杂着对皇帝宋神宗的歌功颂德，以及对王安石新政的极力赞扬。

宋神宗看后十分赞叹，将不到三十岁的周邦彦召到政事堂，任命他为太学正，周邦彦从此名动天下。

链接小知识

格律派

格律派又称骚雅词派，作品内容大多以咏物和抒情为主，对词的格律要求很高，音调和谐，结构严密，遣词造句典雅巧丽。

格律派词人多才多艺，他们本身就精通音律，有着很强的创作能力。周邦彦被认为是“格律词派”的代表词人之一，他的作品长期被尊为“正宗”。除了开派祖师周邦彦之外，格律派代表人物还有姜夔、吴文英、张炎、王沂孙等。

沉下心创作

周邦彦的仕途十分坎坷。虽然有皇帝的赏识，但当时朝廷中新旧两党相互争斗，周邦彦深陷其中，他的官职五年都没有升迁。

在此期间，周邦彦沉下心进行文学创作，写出了很多脍炙人口的作品，《苏幕遮·燎沉香》就创作于这个时期。

在太学的后期，周邦彦创作了很多怀乡词。

贬出京城

周邦彦的仕途后来并不顺利，这很大程度是因为其赞成王安石变法的缘故。支持变法的宋神宗去世后，旧党上台，被视为新党的周邦彦被贬出京城，先后前往庐州和溧水任职。

任职期间，周邦彦深受百姓爱戴，他的事迹，直到南宋时期还被当地百姓所称颂。

投身诗词

处理政务之余，周邦彦投身诗词之中，写了很多诗词作品。他的一生虽然在政治舞台上作为不大，但浮浮沉沉和颠沛流离的经历，让他的作品中充满了羁旅行役的漂泊感与沧桑感。比如《满庭芳·夏日溧水无想山作》中“歌筵畔，先安簟（diàn）枕，容我醉时眠”这几句，看似沾染了唐代诗人的颓唐感，却也别有一番潇洒风味。

专业词曲创作者

据《宋史》记载，周邦彦非常喜欢音乐，还能自己作曲。他将汉乐府的长短句发扬光大，流传于世。

周邦彦的乐府独步天下，上到学士、贵人，下到小市民和歌女，都对他的词赞不绝口。据说当时的歌女如果能够演唱周邦彦的作品，便会身价倍增。直到两百多年后的南宋末年，还有歌女在演唱周邦彦的作品。

宋哲宗、宋徽宗等皇帝都将周邦彦当成是一位有才华的艺术家。他们给周邦彦安排的职位，大多与歌舞或文学艺术有关。宋徽宗时，周邦彦一度提举大晟府，专门负责谱制词曲，供奉朝廷。

周邦彦依靠自己在音乐方面的才华，在审订词调方面精雕细琢，创造了《六丑》等新词牌，促进了宋词的发展。

词中老杜

周邦彦的作品格律严谨，音调优美，被认为开了格律词派的先河，南宋以后的姜夔、张炎等深受他的影响。周邦彦的成就主要在于博采婉约派诸家所长，扬长避短，力争在艺术形式、创作技巧方面进行突破。周邦彦的词作题材虽然没有摆脱男女恋情、羁旅行役等传统的束缚，但语言典雅，描写细腻生动，艺术技巧很高，被认为是北宋词坛的集大成者，近代学者王国维称其为“词中老杜”。

大师的超时空直播间

元祐八年（1093 年），历经七年煎熬的我终于当上了溧水知县。这对一般人来说或许是个不错的职务，但对于满腔抱负的我来说，无疑是令人沮丧的境遇。我就跟当年被贬的白居易一样，借酒浇愁，放下一切，大醉不醒！

年年。如社燕，飘流瀚海，来寄修椽。
且莫思身外，长近尊前。
憔悴江南倦客，不堪听、急管繁弦。
歌筵畔，先安簟枕，容我醉时眠。
——《满庭芳·夏日溧水无想山作》

宋代学者
沈义父

周邦彦最可贵的是下字运意，皆有法度，我认为其文冠绝一时。

周邦彦老师的才华独步大宋，上到达官贵人，下至普通百姓，无人不喜爱。

宋代诗人
陈郁

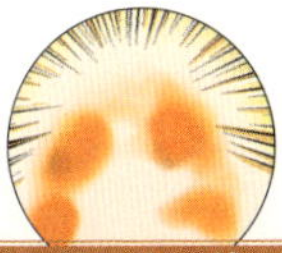

明代文学家
王世贞

我以前觉得周邦彦不能写出动人的情话和大雅的文字，但读到“唤起两眸清炯炯，泪花落枕红绵冷”，彻底拜服。

周邦彦老师真是词家之正宗。

清代学者
戈载

近代学者
王国维

要是拿宋词和唐诗相比，词中的杜甫，非周邦彦先生不可。

传世经典精读

西河[①]（节选）

酒旗戏鼓[②]甚处[③]市。
想依稀、王谢邻里。
燕子不知何世。
向寻常、巷陌人家，
相对如说兴亡，斜阳里。

注释

① 西河：词牌名。又名“西河慢”“西湖”。

② 戏鼓：戏馆，演戏的场所。

③ 甚处：何处的意思。

译文

那些挂着酒旗的酒楼、戏馆如今在哪里？依稀猜想那些遗迹里巷，大概曾是东晋贵族王、谢两家的旧庭院。燕子不知道今为何世，飞入寻常百姓人家，它们相对叽叽喳喳，好像在夕阳的余晖里诉说这古都兴衰。

作品赏析

这是周邦彦晚年创作的作品。当时正值北宋末年，宋王室昏庸愚蠢，国内危机四伏。周邦彦本准备去南京（今河南商丘）任职，但因战乱被迫前往杭州、扬州避难。在路上，周邦彦目睹了战乱对社会生活的巨大破坏，于是根据刘禹锡《石头城》和《乌衣巷》两首诗的寓意，创作了这首怀古词。

苏幕遮①

燎（liáo）②沉香，消溽（rù）暑③。

乌雀呼晴，侵晓窥檐语。

叶上初阳干宿雨，

水面清圆④，

一一风荷举。

故乡遥，何日去？

家住吴门⑤，久作长安旅。

五月渔郎相忆否？

小楫（jí）⑥轻舟，梦入芙蓉浦⑦。

注释

① 苏幕遮：词牌名。

② 燎：用小火来烧炙。

③ 溽暑：夏天那种闷热潮湿的热气。溽，形容潮湿。

④ 清圆：清润圆正的意思。

⑤ 吴门：古代吴地的县城也被称为吴门，在今天的江苏苏州，由于周邦彦是钱塘人，所以这里泛指吴越钱塘一带。

⑥ 楫：一种划船用具，类似今天的短桨。

⑦ 芙蓉浦：芙蓉，荷花的别称。浦，水湾、河流。芙蓉浦原指长着荷花的水边，这里指的是杭州西湖。

译文

细焚一段沉香，来消除这夏日闷热潮湿的暑气。

鸟雀在窗外欢声鸣叫呼唤着晴天，天快亮时它们东张西望，在屋檐下“对话”。

荷叶上那昨夜下的雨滴被初升的太阳晒干了，水面上的荷花清正圆润，每一片荷叶都在晨风中挺出水面。

那遥远的故乡，我什么时候才能回去啊？

我家本在吴越一带，如今长时间居住在京城。

又到五月，故乡的渔夫还记得我吗？

在梦中，我划着一叶小舟，再次来到杭州西湖的荷花塘。

作品赏析

此首词创作于宋神宗元丰六年（1083 年）到宋哲宗元祐元年（1086 年）之间，当时周邦彦正在京师求学和做官，正处于人生上升阶段。这首词通过对小鸟、阳光、荷花的描写，体现了作者久居他乡的思乡之情。

秦观

婉约感伤词的新境界

籍贯：高邮（今属江苏）

名号：字少游，又字太虚，号淮海居士，别号邗（hán）沟居士

生卒年：1049—1100 年

称号：与黄庭坚、晁补之、张耒（lěi）合称“苏门四学士”

词韵之美

词坛地位：作品婉约感伤，风格含蓄，感情真挚，有独特审美。被后世视为宋词婉约派的重要代表词人。

代表作品：《鹊桥仙 · 纤云弄巧》《如梦令 · 春景》《浣溪沙 · 漠漠轻寒上小楼》《千秋岁 · 水边沙外》等。

跨越时光读大师

聪明少年

秦观出生于一个江南大户。他小时候聪颖俊秀，博览群书，拥有远大的志向。传说，他看一遍文章就能背诵，写文章的时候，非常有激情。

1068 年，北宋发生了一场大水灾，哀鸿遍野。青年秦观目睹灾民惨状，创作了《浮山堰赋》《郭子仪单骑见虏赋》等文学作品。其中《浮山堰赋》中有“螳螂怒臂以当车兮，精卫衔石而填海”等句，充分展现了秦观的文采。

全才青年

秦观志向高远，他不但刻苦攻读诗书，还积极学习军事理论，前文提到的《郭子仪单骑见虏赋》，就是一篇赞扬唐代名将郭子仪单骑闯关解回纥之围壮举的文章。同时，史书记载秦观苦读《孙子》十三篇，创作了一系列诸如《将帅》《奇兵》《辩士》等用兵的文章，填补了前代兵家的缺略。青年时期的秦观，心忧天下，还创作了《蚕书》这样的农桑学著作。这篇不满千字的文章，记录了中国古代的养蚕资料和技术，为后世留下了重要的参考文献。可见，秦观简直就是一个全才。

这时候，秦观的词作充满了生活气息，代表作《行香子 · 树绕村庄》中有“小园几许，收尽春光。有桃花红，李花白，菜花黄”的句子，以近乎白描的手法描述了一幅乡间美景，与当时社会那些多愁善感的词作风格迥异。

链接小知识

婉约派

婉约派是中国宋词的一种流派。婉约一词最早见于先秦古籍《国语·吴语》的“故婉约其辞”，意思大概是“婉转含蓄”。

宋词婉约派的内容主要侧重于多愁善感的儿女风情，结构缜密精细，音律婉转悠扬，语言雅致清丽，透露出一种柔婉之美。

宋词婉约派的代表人物有柳永、晏殊、晏几道、欧阳修、秦观、贺铸、周邦彦、李清照等。

结识苏轼

三十岁左右，秦观参加了两次科举考试，接连落第。其间，秦观的词风发生了变化，有点偏向多愁善感。在《梦扬州·晚云收》一词中，他以“江南远，人何处，鹧鸪啼破春愁”几句来表达离愁。在《满庭芳·山抹微云》一词中，他以“伤情处，高城望断，灯火已黄昏”来表达自己的迷茫与伤感之情。

1078 年，苏轼来到徐州任职，秦观听说消息后，连忙拜托亲友介绍，前往拜见。他写了一首诗《别子瞻》，有两句为：“我独不愿万户侯，惟愿一识苏徐州。”

当时的苏轼，被认为是文坛偶像，秦观对他十分崇拜，宁可不要做官也要认识苏轼。苏轼对这位后辈也十分欣赏，邀请秦观写了一篇《黄楼赋》。看完，苏轼大喜，称赞秦观有屈原、宋玉那样的才华。

一举登第

在秦观的一生中，苏轼可算是他的贵人。苏轼毫不掩饰对秦观的欣赏，曾写信给当时大宋如日中天的宰相王安石，积极帮助这位才子出人头地。看过秦观的作品后，王安石也很欣赏秦观，认为他的作品清新隽永，风格像前代文学家鲍照和谢灵运。三十六岁那年，秦观第三次参加科举考试。这次他不负厚望，一举登第。在苏轼的推荐下，秦观当上了太学博士，并经常能够得到皇上赏赐的砚墨等物品。秦观则以门生的身份拜苏轼为老师，成为“苏门四学士”之一。其间，秦观在词作《虞美人·碧桃天上栽和露》当中借“碧桃”的高洁来表达自己的追求，那句“轻寒细雨情何限，不道春难管”成为后世流传的名句。

陷入党争

当时朝廷中新旧两党斗得水深火热，秦观也未能幸免。他被认为是旧党一派，处处受到打压。郁郁不得志的秦观慢慢变得灰心丧气，想过一种隐居的生活。宋哲宗亲政后，新党得势，苏轼与秦观等人都被贬出京城。秦观作了一首《江城子·西城杨柳弄春柔》，其中有“便做春江都是泪，流不尽，许多愁”的牢骚话。

从此，秦观也踏上了颠沛流离的贬谪之路。最初，秦观被贬到杭州。后来，御史刘拯告秦观在编写史书的时候诋毁宋神宗。于是还未到任的秦观又被贬到处州担任征收酒税的小官。失意的秦观写下了“飘零疏酒盏，离别宽衣带”等词句。

屡遭打击

1098 年秋，秦观被贬到贬谪生涯的最后一站——雷州，这在当时是荒蛮之地。秦观在这里度过了人生的最后三年。根据史料记载，秦观当时的处境非常艰难，被地方官监视居住。苦闷的他创作了一首《踏莎行 · 郴州旅舍》作品，其中有两句是："砌成此恨无重数。郴江幸自绕郴山，为谁流下潇湘去。"

后来，流放海南的恩师苏轼收到了朝廷大赦的命令，返回京师。回京途中，他经过雷州，与秦观相见，师生二人唏嘘不已。苏轼读了秦观的作品，十分痛惜，但也只能勉励弟子坚持，等待赦免的那一天。

苏轼离开之后，秦观自觉时日无多，于是为自己写下了绝笔作——《自作挽词》。其中"无人设薄奠，谁与饭黄缁？亦无挽歌者，空有挽歌辞"几句，将一个风烛残年、无人送终的老年人形象，刻画得淋漓尽致。

1100 年，宋徽宗即位，大赦那些被贬的罪臣，秦观也在赦免名单内，要去新的职务上任。当他走到藤州（今广西藤县）的时候，游览当地的名胜光华亭，不幸去世。

俊逸精妙

在诸多北宋婉约派词人当中，秦观在的感伤词创作尤其突出，有着极高的艺术成就。秦观出身平民，一生郁郁不得志，写出的作品婉约凄美，引发了广大寒门学子的共鸣。秦观善于用独特的审美境界、凄凉的自然风光来抒发自己的感情，情韵兼胜，典雅精致。在语法结构方面，秦观深受柳永影响，创作了如《望海潮 · 洛阳怀古》等大量层次分明的慢词，被誉为"俊逸精妙"。

大师的超时空直播间

在旅舍收到了好友黄庭坚的信，心中感慨万千。不久前我因小人陷害刚被贬为杭州通判，没几天又被贬为监处州酒税，然后又被他们罗织罪名贬谪到郴州这里。现在竟连郴州也待不下去了，要贬我去横州。请黄庭坚转告老师东坡先生，即便被贬谪，被打击，我依然是老师的学生，一定站在老师这边。

驿寄梅花，鱼传尺素。
砌成此恨无重数。
郴江幸自绕郴山，为谁流下潇湘去。
——《踏莎行·郴州旅舍》

宋代文学家 苏轼

唉！大赦的命令终于到达了，可秦观却不幸死于赴任途中，实在是可悲啊！

宋代诗人 陈师道

北宋文学家中，韩愈以文为诗，苏轼以诗为词。如今最好的词人，只有秦观和黄庭坚了，唐朝那些人也比不上他们。

宋代诗人 王直方

苏轼曾经把自己所作的小词给两个朋友看，问与秦少游比怎么样，二人回答：“少游的诗似小词，先生您的小词似诗。”

宋代词人 张炎

其实，秦少游的作品十分淡雅，咀嚼起来毫无渣滓感，久了才能品出味道。

金元之际文学家 元好问

秦观的诗都是写女人的，我称其为“女郎诗”。

传世经典精读

如梦令

莺嘴啄花红溜，
燕尾点波绿皱。
指冷玉笙[1]寒，
吹彻小梅[2]春透。
依旧，依旧，
人与绿杨俱瘦。

注释

① 玉笙：古代珍贵的管乐器。

② 小梅：一首乐曲的名称。

译文

黄莺嘴里衔过的花十分红润，燕子尾巴点过的水波泛起绿色的涟漪。

发冷的手指中玉笙冰凉，却用《小梅花》的曲子吹出了春意盎然。

一直吹，一直吹，人和绿杨都变得消损清秀。

作品赏析

这首词是描写一个旅人目睹春景，触景生情，思念他人。

前两句直接写出了春天莺歌燕舞、花红水绿的美好景象。第三、四句却发生了转折，借用了南唐李璟《山花子》“小楼吹彻玉笙寒”的意境。最后一句“依旧，依旧，人与绿杨俱瘦”，既有“为伊消得人憔悴”相似的感伤之情，也与后世李清照“试问卷帘人，却道海棠依旧。知否，知否？应是绿肥红瘦”相呼应。

鹊桥仙[①]

纤云[②]弄巧[③]，飞星[④]传恨，
银汉[⑤]迢迢[⑥]暗度[⑦]。
金风玉露[⑧]一相逢，
便胜却人间无数。

柔情似水，佳期如梦，
忍顾[⑨]鹊桥归路。
两情若是久长时，
又岂在朝朝暮暮[⑩]？

注释

① 鹊桥仙：词牌名，也叫“鹊桥仙令”“金风玉露相逢曲”。

② 纤云：形容轻盈的云彩。

③ 弄巧：指云朵在空中变化成各种巧妙的形状。

④ 飞星：流星。这里指牵牛、织女二星。

⑤ 银汉：指银河。

⑥ 迢迢：形容遥远的样子。

⑦ 暗度：悄悄渡过。

⑧ 金风玉露：指秋风和白露。

⑨ 忍顾：怎么忍心回头看。

⑩ 朝朝暮暮：指在一起朝夕相聚。

译文

轻盈的云彩在天空中幻化出各种巧妙的形状，天上的流星传递着相思的怨恨，悄悄渡过遥远的银河。牛郎和织女在被秋风和白露萦绕的七夕相会，胜过尘世间无数的夫妻和爱人。

柔情像流水般绵绵不断，下次重逢的日期就像梦影一般缥缈虚幻，分别的时候怎么忍心去看那回去的鹊桥路。只要两个人的爱情至死不渝，又何必贪求时刻在一起卿卿我我呢。

作品赏析

这首词用牛郎和织女七夕相会的故事，说明人世间真正的爱情绝不会因时间和空间的距离而变淡。大多数诗词表达的是牛郎、织女聚少离多的伤感情绪，作者却立意独特，赞美爱情的坚贞、真挚，不落俗套。

南宋

主题的突破

南宋时期，宋词发展迎来巅峰期。靖康之难后，大批词人南下。南宋前半期的主旋律是抗金、北伐，这也成为宋词创作的重大主题，涌现出大量的爱国词人。前有李纲、赵鼎、岳飞等代表词人，后有陆游、辛弃疾这样的宋词大家。

南宋时期，婉约派风格已经有所改变，不再是风花雪月的吟咏，也加入了国破流离的内容，最具有代表性的词人是第一才女李清照。

在这一时期，豪放派后来居上，慢慢成为词坛主流，陆游、辛弃疾就是其中的佼佼者。陆游将宋词发展推向一个新的高潮，而辛弃疾的出现，则标志着词史已经进入它的巅峰时期。

此外，南宋时期的著名词人还有范成大、杨万里、姜夔、吴文英等人。

南宋末年，元军铁蹄南下，刘克庄、吴潜、陈人杰等人继承了豪放派风格，以词为武器，讽刺统治阶层，呼吁大家挺身救国。南宋灭亡后，以文天祥为代表的词人，创作了很多怀念宋朝的作品，也成为宋词最后的荣光。

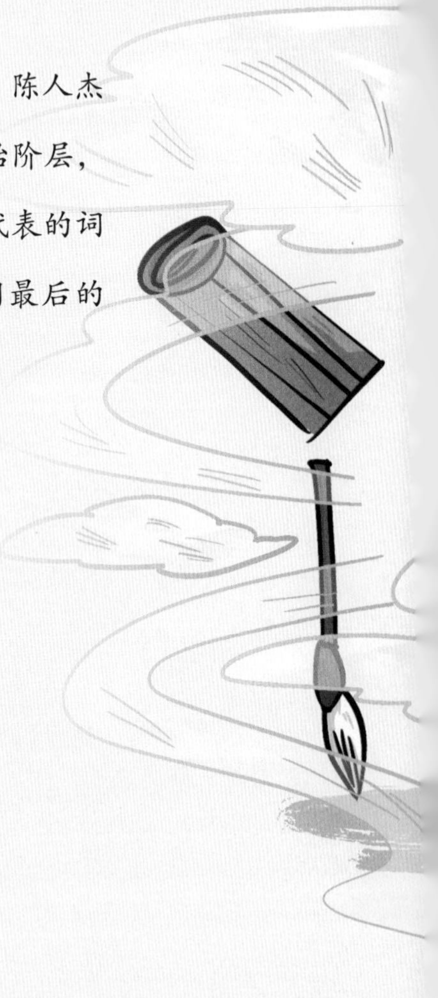

李清照

千古第一才女

籍贯：齐州章丘（今山东济南市章丘区西北）

名号：号易安居士

生卒年：1084—约 1155 年

称号：千古第一才女

词韵之美

词坛地位：中国古代文学史上地位最高的女性文学家，宋词婉约派的代表人物，提倡词“别是一家”之说。

代表作品：《一剪梅 · 红藕香残玉簟秋》《声声慢 · 寻寻觅觅》等。

跨越时光读大师

书香世家

李清照出身于书香世家。她的父亲李格非进士出身，是苏轼的学生。据史书记载，李格非家中藏书很多，文章写得很好，尤其擅长作词。李清照的母亲也是一位知书达理的优秀女性。

李清照自小在这种浓郁的文学氛围中耳濡目染，很快便显示出超人的才华。聪慧绝伦的她，少年时代便以善于诗词的名声为大众所知。有人评价她写诗词的功力，已经超越了一些才华过人的前辈。苏轼的著名弟子晁补之对李清照尤为青睐，经常四处宣扬李清照的才华。在当时的文学圈，年幼的李清照已经小有名气了。这时的李清照已经能够写出《如梦令·常记溪亭日暮》这样的出色作品了："常记溪亭日暮，沉醉不知归路。兴尽晚回舟，误入藕花深处。争渡，争渡，惊起一滩鸥鹭。"

灵感迸发

少女时期，李清照跟随父亲在北宋都城汴京生活。那时正是北宋王朝最后的荣光，同时也是汴京城最繁华的时期。这种环境下，李清照灵感迸发，创作了很多诗词作品。其中，被后世传为美谈的著名词作《如梦令·昨夜雨疏风骤》，就创作于这个时期。这篇作品一问世，人们纷纷传阅，无不击节叫好。

链接小知识

《词论》与“别是一家”

在李清照横空出世之前，词一直都是诗的附庸。苏轼提出“以诗为词”，提倡用写诗的态度来写词，引发了广泛争议。李清照约于1108年前后创作的《词论》一文，是中国文学史上最早的一篇论词专文。李清照在文章中追溯了词的发展过程，叙述了对词的看法见解，通过对一些词坛大师的批评意见，维护了词的艺术体性和传统风格。其中，李清照提出“乃知词别是一家，知之者少”的表述，即词“别是一家”理论，将词的历史地位拔高到与诗相当的新高度。

才女配才子

1101年，十八岁的李清照嫁给了二十一岁的太学生赵明诚。这位赵明诚很有来头，他的父亲赵挺之是吏部侍郎，属于正三品大员。在太学读书的赵明诚也是前途无量的有才青年。李清照的父亲当时担任礼部员外郎一职，同样是朝廷的高级官员。才女配才子，两人的婚姻可谓天作之合。

成婚后，李清照和丈夫除了诗词方面的共同爱好，二人还都特别喜欢收藏。史书记载，他们四处收集古书、碑文、文物，家中的藏品十分丰富。

这个时期的李清照，词作当中洋溢着一种积极向上的情绪，比如《渔家傲·雪里已知春信至》《庆清朝慢·禁幄低张》等作品，大多是以花自喻，抒发人生志向。

风云突变

然而，这种幸福美好的日子并没有持续多久。李清照的父亲和公公先后在朝堂争斗中失利，李清照夫妇也受到波及。二人经历了一段聚聚散散的时光，返回了青州老家。这次被贬，却使两人过了一段无忧无虑的生活。李清照协助丈夫，开始创作中国古代金石目录和研究专著——《金石录》。这期间，李清照也没有放弃文学创作，写出了《蝶恋花 · 晚止昌乐馆寄姊妹》等作品。

1127 年，靖康之难爆发。金人攻破汴京，掳走宋徽宗和宋钦宗父子。这时的李清照差不多四十四岁，开始步入命运多舛的后半生。赵明诚重新回南宋任职，李清照只能跟随他南下。这时，南宋朝廷建立，统治阶级秉承投降求和政策，偏安一隅。李清照对此十分鄙视，写出了许多作品，比如《临江仙 · 庭院深深深几许》等，讽刺南宋朝廷不思进取、一味言和的局面，体现了其忧国忧民的一面。

从此，李清照的诗词风格，由早年的清丽、明快，演变为凄凉、沉重。

家庭破碎

赵明诚担任江宁知府的时候，遭遇了手下官员发动的叛乱，他并没有积极抵抗，而是弃城逃跑，因此被免去职务。李清照对丈夫的行为十分不满，路过楚霸王自刎的乌江地区时，她有感而发，写下了《夏日绝句》这首诗，以凭吊项羽的名义，讽刺了南宋朝廷的偏安与丈夫的软弱之举。后来，赵明诚又被朝廷启用，单独前往上任。临走前他叮嘱妻子，如果遭遇乱兵，要先丢弃行李，然后是衣物，最后是古董，那些珍贵的文物要贴身收藏，要李清照与其共存亡。

但是，赵明诚在上任途中便得病去世了。虽然对丈夫临阵脱逃有些不满，但赵明诚毕竟是李清照扶持半生的伴侣，二人相依为命多年。李清照闻讯后，悲痛欲绝，大病一场。

凄凉的晚景

李清照的晚年是在颠沛流离中度过的。她谨记丈夫的嘱托，尽力保护收藏的文物，一心想献给朝廷。但适逢乱世，一个弱女子根本无法护文物周全，被抢、被盗、被骗、遗失等各种不幸的情况时有发生。等到了晚年，李清照身边的藏品已经所剩无几了。在这种情况下，李清照心情苦闷，在《渔家傲·天接云涛连晓雾》中以梦中海天迷茫的景象，以及与天帝的问答，表现了对社会的不满与失望。

在晚年的时光里，李清照创作了很多文学作品，比如《武陵春·春晚》一词，词中感叹自己漂泊无依的悲惨身世以及国破家亡的愁苦之情。

千古第一才女

李清照被认为是中国历史上最有才华的女性文学家，也被认为是宋词婉约派的代表性人物。李清照的词作清丽多变，语新意隽，有着独特的个人风格。以“靖康之难”为分界点，前期风格绮丽，充满生活气息，内容以闺中情趣、悠闲生活为主；后期风格凄凉，充满感伤情调，内容多为叹息身世遭遇。在艺术手法方面，李清照善用白描手法，强调创新的同时注重协律，崇尚典雅。后期她创作的某些感时咏史作品，慷慨激昂，有着明显的豪放派风格。

大师的超时空直播间

今日好友陆德夫来访，夫君把他最近创作的五十首词给他品读，他看后说："里面有三句绝佳：莫道不销魂？帘卷西风，人比黄花瘦。"我吃了一惊，那不是我前几天写给出差的夫君的吗？这才反应过来，原来夫君是想与我比试才学，把我的词夹进去请朋友"盲评"。哈哈哈，看着夫君尴尬的脸色，我心中笑开了花。

东篱把酒黄昏后，有暗香盈袖。
莫道不销魂？帘卷西风，人比黄花瘦。
——《醉花阴·薄雾浓云愁永昼》

李清照少女时代就显现出惊人的才华，就算在士大夫中也不多得。要论本朝的女性，当推她文采第一。

宋代文学家
王灼

只是李清照的结局有点悲惨了，可惜可惜。

宋代文学家
朱彧

李清照的诗词很好，我也会学习模仿一下这位济南老乡的写法。

宋代词人
辛弃疾

宋代这些词人中，李清照算是第一流的，足以与秦观、黄庭坚争锋。就连当时的男性词人，也没有几个比得上李清照。

明代文学家
杨慎

李清照的《念奴娇·春情》本是闺怨词，却不为主题束缚，不为本意所苦，舒卷自如。

明末清初文学家
毛先舒

巾帼不让须眉的女才子

一人白首 卓文君

西汉时期的卓文君是著名的才女，她聪慧美丽，擅长诗文、音乐。卓文君与大才子司马相如一见钟情，不顾家庭反对，毅然嫁给当时十分落魄的司马相如，二人一起做卖酒的生意，维持家计。文君在垆前卖酒，司马相如洗涤酒器，成就了一段佳话，这就是“当垆卖酒”典故的由来。卓文君曾经创作了著名的诗歌《白头吟》，其中“愿得一心人，白头不相离”流传千古，被后人津津乐道。

史学大家 班昭

东汉时期才女班昭博学多才，是第一位女历史学家。班昭的父亲班彪、兄长班固、班超都是中国历史上鼎鼎有名的人物。班昭经常入宫教授皇后、妃嫔们读书，宫中尊其为“曹大家”。班昭哥哥班固编写《汉书》，未完成便去世了。博学多才的班昭整理了遗稿，还补写了《汉书》八表。此外，班昭精通儒家经典、天文、数学，擅长写汉赋。主要作品有《东征赋》《女诫》等。

文姬归汉 蔡琰

东汉末年的才女蔡琰，字昭姬、文姬，人称蔡文姬。蔡琰是东汉大文学家蔡邕的女儿，擅长诗赋音律，精通天文数理。当时社会动荡，蔡琰被匈奴人掳走，过着颠沛流离的生活。后来，曹操用重金把蔡琰赎回中原，并将其嫁给董祀。历史上人们把“文姬归汉”传为美谈。蔡琰还写下了《悲愤诗》二首和《胡笳十八拍》等传世佳作，《悲愤诗》被誉为中国诗歌史上第一首由文人创作的自传体长篇五言叙事诗。

咏絮之才 谢道韫

东晋才女谢道韫是名臣谢安的侄女、著名书法家王羲之的儿媳。《晋书》为其立传，称她“风韵高迈”“神情散朗，有林下风气”。谢道韫自小才学过人，谢安曾经问子侄漫天飞雪怎样比喻，谢道韫以一句“未若柳絮因风起”来回答，从此“咏絮之才”变成女子博学多才的代称。谢道韫诗文俱佳，有《登山》（又名《泰山吟》）《拟嵇中散咏松诗》《论语赞》等传世。

巾帼宰相 上官婉儿

唐代才女上官婉儿，有着“巾帼宰相”的名声。上官婉儿聪达敏识，十四岁便因为聪慧和文采为武则天重用，在大唐政坛、文坛都有显要地位。上官婉儿曾建议扩大书馆，增设学士，并多次代朝廷主持诗会，品评天下诗文。上官婉儿的诗作有“绝丽”的评价，《全唐诗》收录了她的三十二首诗作，其中最著名的就是其抒怀之作《彩书怨》。

词坛大家 李清照

李清照是宋代著名女词人，出身于书香门第，年少时便展露出惊人的创作才华。李清照前期的词作内容多描写悠闲生活，婉约清丽。靖康之难后，北宋灭亡，李清照被迫南下，尝尽颠沛流离之苦，作品风格发生了变化，内容多以悲叹身世为主，情调感伤。李清照被誉为“词家一大宗”，一生留下诸多佳作，如《一剪梅·红藕香残玉簟秋》《声声慢·寻寻觅觅》等。

传世经典精读

渔家傲①

天接云涛连晓雾，

星河②欲转千帆舞。

仿佛梦魂归帝所③，

闻天语④，

殷勤问我归何处。

我报路长嗟（jiē）日暮，

学诗谩有⑤惊人句。

九万里风鹏⑥正举。

风休住，

蓬舟⑦吹取三山⑧去！

注释

① 渔家傲：词牌名。

② 星河：指银河。

③ 帝所：指天帝居住的地方。

④ 天语：天帝说出的话语。

⑤ 谩有：空有。

⑥ 鹏：中国神话传说中的大鸟。

⑦ 蓬舟：像蓬蒿被风吹动原地打转的船。

⑧ 三山：指渤海中的蓬莱、方丈、瀛洲三座仙山。据说这三座仙山上住着神仙。人们可以看到它们，可要是驾船去寻找，靠近时船就会像蓬蒿一样被吹走。

译文

水天相接，连着蒙蒙的晨雾。（躺在船上看）银河像要旋转的样子，许多船在其中飞舞漂流。在梦里，灵魂仿佛回到天庭，听到天帝发话，热情地问我要去哪里。

我回报天帝说，要去的地方路途漫长，又感叹时间不早了。学作诗，空有几个妙句被人称道。大鹏展翅翱翔在长空九万里。风别停息，将我乘坐的一叶轻舟，一直送往仙人居住的蓬莱三岛。

作品赏析

此首词创作于北宋灭亡李清照南渡之后。根据李清照《金石录后序》记载，宋高宗建炎四年（1130 年）春天，李清照曾坐船在海上航行。这首词中提到大海、乘船及海上景色，极有可能与这段生活经历有关。

这首词记录了李清照在海上做过的一个梦。借这个梦，李清照发出生不逢时的感慨，将梦想与现实、神话与生活完美结合在一起，表达了对美好生活的向往。

如梦令①

昨夜雨疏风骤②，浓睡③不消残酒。

试问卷帘人④，却道海棠依旧。

知否，知否？应是绿肥红瘦⑤。

注释

① 如梦令：词牌名，又名“忆仙姿”“宴桃源”。

② 疏：指稀疏。骤：又急又猛。

③ 浓睡：指酣睡。

④ 卷帘人：这里指侍女。

⑤ 绿肥红瘦：绿色的叶子茂盛，红色的花朵凋零。

译文

昨天夜里雨点稀疏，风却又急又猛，沉沉酣睡却不能消尽残存的酒力。试着询问卷帘子的侍女，却说庭园里海棠花依然和往常一样。可知道，可知道，这个时节应该是绿叶茂盛，红花凋零。

作品赏析

这首《如梦令》属于李清照的早期作品，大概作于宋哲宗元符三年（1100 年）前后。从结构上看，这首词属于小令，短短三十余字，李清照借风雨交加和海棠依旧的场景描写，表达了“惜花伤春”的感慨之情。其中有生动的景物描写，有人物描写，甚至还穿插有对话，不愧是“天下称之”的不朽名篇。

辛弃疾

豪放派爱国词人

籍贯：历城（今山东济南）

名号：字幼安，号稼轩

生卒年：1140—1207 年

称号：与苏轼合称“苏辛”

词韵之美

词坛地位：作品风格多样，以豪放为主，作品中蕴含着热爱祖国、收复河山的信念，开拓了词的疆界，影响深远。

代表作品：《永遇乐·京口北固亭怀古》《破阵子·为陈同甫赋壮词以寄之》《南乡子·登京口北固亭有怀》等。

跨越时光读大师

乱世出生

辛弃疾出生时，北方中原已经沦陷于金人手中。辛弃疾的祖父辛赞在靖康之难后，没有随同宋朝皇室南渡，只好暂时在金国当了个小官。但辛赞身在曹营心在汉，辛弃疾出生后，爷爷经常带着他爬上高山，指点被金人占领的土地，告诫年幼的孙子将来要赶走金人收复河山。

辛弃疾从小便以收复中原为己任。少年时代，辛弃疾离家外出游历，两次前往宋金战场前线考察。在游历中，他亲眼见到金国统治者迫害汉人的行径，对金人统治下汉人所受的屈辱与痛苦，有了深刻的认识。

单骑闯营的猛将

辛弃疾文武双修，立下驱除金人、恢复中原、报仇雪恨的志向。他投奔山东地区的义军领袖耿京，参加抗金起义。1162 年，山东义军内部发生叛乱，部将张安国杀掉耿京，投降了金国。辛弃疾带了五十余士兵，以迅雷不及掩耳之势直奔几万人驻守的金国大营，将张安国捆绑起来带走。身后的金将追赶不及，只好收兵。辛弃疾将叛徒张安国送往南宋，斩首示众。朝廷任命辛弃疾担任江阴签判一职。这一年，辛弃疾二十三岁。其间，辛弃疾写了一首叫做《汉宫春·立春日》的词，表达对故国的怀念深情，以及对南宋君臣苟且偷生、不思进取的不满。

链接小知识

豪放派

豪放派，是宋词的一个重要流派。豪放派的词作特点是气势慷慨恢宏，风格激昂雄放，视野宽阔高远。创作手法方面，豪放派大多借鉴诗文的创作手法，用典较多，不受音律所限。

第一个使用“豪放”来品评词风的学者是苏轼，他也被视为第一位豪放派词人，其作品《念奴娇·赤壁怀古》，就是豪放派的经典之作。

靖康之难后，山河破碎，宋词创作内容大多与家国情怀有关，豪放派逐渐成为宋词主流，充斥着悲壮慷慨的高亢之调，代表人物有陆游、辛弃疾等。

一心收复河山

来到南宋之后，辛弃疾一心想收复河山，屡次向朝廷上书请战。宋孝宗继位后，一度也有恢复中原的计划。

辛弃疾写了很多文章进献给皇帝，其中包括《九议》《应问》《美芹十论》等名篇。在这些文章中，辛弃疾论述了敌我双方的优势和劣势，并根据地势和形势提出了一些战术设想，可以说是一份极为详细的北伐计划书。但朝中主和派以宋金刚刚签订合约为由反对，加上辛弃疾在这些文章中，言辞过于激烈，让皇帝有些不快，种种原因之下，他的意见并没有被采纳。

这时辛弃疾的词作当中，大多流露着无奈之情。在《青玉案·元夕》中，那句“众里寻他千百度，蓦然回首，那人却在，灯火阑珊处”，成为流传千古的名句。

西北望长安

辛弃疾出任滁州知州的时候，看到滁州在战火中严重损毁，百废待兴，于是放宽政策，减轻赋税，召回那些逃难流散的百姓，让他们休养生息。同时，辛弃疾时刻不忘北伐，他在滁州训练民兵，实施军队屯垦政策，并取得不菲的政绩。1176 年，辛弃疾对收复北方故土念念不忘，创作了著名的《菩萨蛮 · 书江西造口壁》，其中有名句："西北望长安，可怜无数山。青山遮不住，毕竟东流去。"

但是，南宋皇帝并不是识人善用的好皇帝。辛弃疾胸怀大志，文武兼修，朝廷却没有对他委以重任。在南宋朝廷中，一直是偏安一隅的主和派占据上风，身为主战派的辛弃疾不受重视。

解职归田

1180 年，年过四十的辛弃疾意识到这辈子估计是壮志难酬了。他在江西上饶的一片湖边修建了一座庄园，地势高的地方盖房子，地势低的地方种庄稼。他给这个地方起名"稼轩"，自称"稼轩居士"。

一年后，朝廷罢免了他的职务。从此以后，辛弃疾开始了隐居山林的生活。山林田园的恬静生活，乡村百姓的质朴品质，令辛弃疾创作灵感迸发，写出了大量反映乡村风光、民俗风情，遣兴抒怀的作品。

壮志未酬

1203年，主战派终于掌握了南宋朝局。宰相韩侂胄决意北伐，开始起用主战派人士。这时辛弃疾已经六十四岁了，但他得到朝廷征召的命令时，欣喜若狂，立即前往拜见皇帝，说出自己对北伐局势的判断，预测金国“必乱必亡”。

这一年，辛弃疾前往山阴拜访了年近八十的前辈陆游。两位境遇相同的主战派文人见面，唏嘘不已。纷纷感叹生不逢时，满腔抱负和满身本领，却无法在壮年时期带兵北伐，完成收复河山的大任。

后来，辛弃疾改任镇江知府，他登临北固亭向北远眺，将报国无门的失望之情，写进了《永遇乐·京口北固亭怀古》这篇词中，流传后世，成为传唱千古之作。

1207年秋，宰相韩侂胄主持的北伐军事行动接连遭遇失败，南宋朝廷一方面招募新兵，一方面起用辛弃疾担任军事指挥，命他赶往都城临安上任。可惜的是，诏令到达时，辛弃疾已病入膏肓，临死之前，辛弃疾还挂念着北伐大业，高呼:“杀贼！杀贼！”最终撒手人寰。

词中之龙

辛弃疾是南宋词坛豪放派的扛鼎者，他把满腔爱国热血融入词作当中，作品艺术风格慷慨激昂，发人深省。

豪放之余，辛弃疾的作品又能不拘一格，不乏细腻柔媚的地方（如《摸鱼儿·更能消几番风雨》），刚柔并济，被后人誉为“词中之龙”。

辛弃疾勤于创作，现存六百多首词作，名列两宋词人之首，以他为代表的爱国词人在南宋有很大影响。后世在国家、民族危难之时，总有仁人志士被辛弃疾的作品鼓舞。

大师的超时空直播间

奉旨出任镇江知府已有一段时间，镇江地势险要，是北伐的桥头堡。老夫平日事务繁忙，今天忙里偷闲，来治尘表亭闲逛。登亭远观，突然想起了治水的圣贤大禹。大禹当年不畏劳苦，疏浚河道，造福万民。今天老夫一心想收复河山，不知能不能像大禹那般成就功名呢？

红日又西沉，白浪长东去。
不是望金山，我自思量禹。
——《生查子·题京口郡治尘表亭》

宋代诗人
陆游

辛弃疾是我们这个时代的萧何、管仲啊！可惜大材小用了。

宋代学者
朱熹

辛弃疾不仅是一位词人，还是一位可带兵打仗的帅才。

宋代文学家
刘宰

辛弃疾是位命世之才，中流砥柱。

宋代诗人
谢枋得

辛弃疾先生是古往今来忠义第一人，精忠大义，不在张浚、岳飞之下。他不得重用，真是朝廷一大过，天地间一大冤，志士仁人们至悲至痛的事啊。

清康熙帝
玄烨

我看辛弃疾的故事，不能说南宋没有人才，只不过宋高宗不能驾驭罢了。如果辛弃疾的君主是周宣王、汉光武帝这样的明君，那他的成就哪止这样呢？

传世经典精读

破阵子[1]

醉里挑灯看剑，
梦回吹角连营。
八百里[2]分麾（huī）下炙（zhì）[3]，
五十弦[4]翻[5]塞外声。
沙场秋点兵。

马作[6]的（dí）卢[7]飞快，
弓如霹雳弦惊。
了却君王天下事，
赢得生前身后名。
可怜白发生！

注释

① 破阵子：词牌名。

② 八百里：指牛。《世说新语·汰侈》中记载王恺有一头叫八百里驳的宝牛。辛弃疾就用八百里来借指牛。这里泛指酒食。

③ 分麾下炙：将烤牛肉分赏给部下们。炙，古代指切碎的熟肉。

④ 五十弦：原指古瑟，此处泛指军中的乐器。

⑤ 翻：演奏的意思。

⑥ 作：像的意思。

⑦ 的卢：古代一种良马的名字。

译文

醉梦半睡半醒之际，挑亮油灯细细观看宝剑，梦中重回军营，听见号角声响成一片。把酒食分给部下享用，命乐器奏起塞外雄壮的军乐。秋天在战场上举行阅兵仪式。

战马像古代名马的卢一样飞快，离弦的弓箭像霹雳惊雷一样震耳欲聋。我本想完成北伐收复中原统一国家的大业，博得天下人称赞我身前死后的美名。可惜如今已成了白发人。

作品赏析

这首词应当作于作者失意隐居在江西上饶的时候。当时同为豪放派词人的陈亮来到稼轩庄园，与辛弃疾畅谈天下大事，辛弃疾写了这首词给他。该词是辛弃疾豪放派风格的顶尖作品。作者借梦中军营雄奇的意境，抒发了自己杀敌报国、恢复山河的伟大抱负。结尾一句则抒发了自己人到暮年却壮志未酬的悲愤心情。

南乡子①（节选）

何处望神州②？

满眼风光北固楼。

千古兴亡多少事？悠悠。

不尽长江滚滚流。

注释

① 南乡子：词牌名。

② 神州：这里指宋朝已经沦陷的中原地区。

译文

从哪里可以眺望沦陷的故土中原？满眼望去，只能看见北固楼附近的壮丽江山，千百年的盛衰兴亡其中经历了多少事？年代久远，像这长江水无穷无尽，奔流不还。

作品赏析

这首词大概创作于宋宁宗嘉泰四年（1204年）或开禧元年（1205年）前后，当时的辛弃疾正在镇江担任知府。镇江是南宋抗金前线的第二道屏障，辛弃疾来到镇江，总想做出一番事业，完成北伐大任。他登临京口北固亭时，想到当年统帅大军抵抗北方曹魏的三国英雄人物孙权，触景生情，写下了这首雄壮的词作。

元、明、清

灵活发展

元词虽然不像宋词一般辉煌，但也出现了不少名家和名篇佳作。

元词的发展以元朝统一全国为节点，分为两个阶段。

第一个阶段以元好问、陆文圭、张之翰、刘敏中等人为代表，作品中充斥着对亡国和战乱的控诉。第二阶段的代表词人有虞集、王旭等人，他们的作品基本上以表现日常生活乐趣或者表达隐居志向为主，成就不是很高。总体来看，元词的水平比起宋词，虽偶有佳作，但下滑趋势十分明显。

明词的发展一样不尽如人意，虽然明朝词坛也出现了一些词作名家，比如明朝初年的刘基、杨基、高启等人，明朝中期的杨慎、王世贞、汤显祖等人，都有一定的作品存世，但整体发展走向衰微。明末时期，农民起义频繁，外敌入侵，明词发展进入一个小高潮期，代表人物是陈子龙。

进入清朝，词这种文体出人意料地又活跃起来，这与清代诗歌发展缓慢也有一定关系。词的创作方式比较灵活，相比于诗更加轻松和贴近日常生活。清代主要的词人中，以纳兰性德最为有名。

纳兰性德

清代婉约词第一人

名号：原名纳兰成德，字容若，号楞伽山人

生卒年：1655—1685 年

称号：与曹贞吉、顾贞观并称“京华三绝”

词韵之美

词坛地位：作品以真性情为特征，清丽而婉约，在清朝词坛独树一帜，著名学者王国维称他为“北宋以来，一人而已”。

代表作品：《长相思·山一程》《采桑子·当时错》《临江仙·寒柳》《金缕曲·亡妇忌日有感》等。

跨越时光读大师

出身皇亲

纳兰性德出身于名门望族，父亲是康熙年间赫赫有名的权臣纳兰明珠。他的母亲，是英亲王阿济格的女儿。论辈分，纳兰性德应该算康熙皇帝的表弟。

纳兰性德原名纳兰成德，由于其中的“成”字与皇太子胤礽（yìnréng）的乳名“保成”冲突，所以改名为纳兰性德。纳兰性德小时候就显示出惊人的文化天赋，他过目不忘，出口成章。当时朝廷中知晓满文的大臣升迁极快，因此满族子弟大多以学习满文为主。纳兰性德则相反，他自小倾慕汉族文化，刻苦读书，文武兼修。

学业猛进

《清史稿》记载，纳兰性德十六岁那年中了进士（时间有争议），在国子监读书。当时的国子监祭酒徐文元主管教育，对他非常赏识，于是将他推荐给内阁学士徐乾学。徐乾学是康熙年间的著名学者，也是大儒顾炎武的外甥。在他的培养下，纳兰性德的学业突飞猛进。十八岁那年，纳兰性德参加顺天府乡试，高中举人。第二年参加会试中第，成为一名贡士。

会试之后便是殿试，纳兰性德不巧在这时生了一场病，错过了殿试。直到一年后，他参加了殿试补考，得中第二甲第七名，被康熙皇帝赐进士出身。

链接小知识

纳兰词与荷

纳兰性德的主要词作收录在《纳兰词》中，有348首，把他一生的作品意境、情感全面地展示在世人面前，是中国文学史上光彩照人的词作名著。纳兰性德善于写景状物，其中又以水、荷居多。

中国的传统文人，经常把志趣、感情寄托于优雅的“四君子”梅、竹、兰、菊，以及象征品格高雅的松柏、荷花等植物。清代著名文人郑板桥爱竹子，金农爱梅花，曹雪芹爱石，而纳兰性德则与北宋文学家周敦颐一样，十分钟爱荷，他们的文字也有清雅秀丽的特色。

真诚待人

纳兰性德的人生准则是真诚待人。他的妻子是两广总督卢兴祖的女儿卢氏，卢氏因为难产去世，悲痛欲绝的纳兰性德为她写了一首凄婉缠绵的悼亡词——《青衫湿·悼亡》，这首词成为其艺术创作中的一大高峰。

纳兰性德出身名门，但他所交往的朋友多是一些不得志的俊杰之士。在清朝初年，江南才子大多不受朝廷重视，很多都是平民百姓。纳兰性德不看重门第出身，经常仗义疏财，扶持友人。这个时期的纳兰性德，作品中出现了避世隐居的意思，词作《满江红·茅屋新成却赋》中就写道：“可学得、海鸥无事，闲飞闲宿。百感都随流水去，一身还被浮名束。”

编书作文

后来，在名师徐乾学的指导下，纳兰性德完成了一项壮举。他花费两年时间主持编纂了儒学汇编——《通志堂经解》。这本书收录了诸多宋、元两朝学者的儒家经学著作，然后进行修订增补，汇编成书。当时，康熙皇帝正在大力推广儒家文化，看到这本书，对纳兰性德更加喜爱和欣赏。同时，纳兰性德也借此书为今后的文学道路发展奠定了坚实的基础，完成了由学生向学士的身份转变。

此外，纳兰性德的兴趣十分广博，他将自己的见闻感悟编纂成《渌水亭杂识》一书，内容涵盖了天文地理、人文历史、音乐文学等五花八门的知识。《风流子·秋郊即事》是其早期词作中的代表，“算功名何许，此身博得，短衣射虎，沽酒西郊”，借描写秋天郊外景色，表达慷慨激烈的抒怀之情。

与《红楼梦》的渊源

《红楼梦》是中国古代四大名著之一，有学者认为，这本书与纳兰性德有很深的渊源，晚晴学者的私人笔记中甚至记载：乾隆皇帝读了《红楼梦》，说：“这是纳兰明珠家的事啊。”纳兰家族和曹雪芹的家族确实很有渊源。纳兰性德与曹雪芹的爷爷曹寅都是大内侍卫出身，两人关系不错。纳兰性德曾经写了一首叫《满江红·为曹子清题其先人所构楝亭，亭在金陵署中》的词，此外还有《曹司空手植楝树记》的文章，都是写给曹寅的。

英年早逝

1685年春，纳兰性德突然发病，康熙皇帝当时正在关外避暑，闻讯后派多批御医到纳兰府第诊治，还命人把他的病情变化及时上报，每日都要问两三次。可惜，纳兰性德一病不起，后来溘然长逝。

康熙皇帝十分震惊悲痛，派使者前去吊唁。纳兰性德生前曾奉命前去安抚民族地区，他死后第十天，那些民族地区的人前来进贡钱物，康熙皇帝在行宫拍着纳兰性德使用过的桌子，哭声连连，这份君臣之情让人感动。

以“真”取胜

纳兰性德善作咏物伤怀的作品，感情真挚，可谓性情中人。纳兰性德的词作“哀感顽艳”“婉丽凄清”，在清代词坛的地位斐然。他的词以“真”取胜，以自然的眼光观察世界，以自然的文字记录人生，词风与南唐后主李煜类似，“清新秀隽，自然超逸”。纳兰性德为后世留下了三百多首词，晚清词人况周颐在《蕙风词话》中将其称为“清代第一词手”。

纳兰性德写词学遍了南唐、北宋诸位作词大家的风格，其中最欣赏南唐后主李煜。纳兰性德的词风格清新秀隽，自然超逸，与李煜的风格很像。

大师的超时空直播间

康熙二十一年春，我扈从陛下东巡往长白山祭祀，路过龙潭山口，就在此地写了这篇文章。龙潭山口，经常传出悲壮的风声，好似金戈铁矛撞击的声音。这让我想起李白等古人，他们可以仗剑走天涯，随心所欲，我却被家族、官职所束缚，心中感叹，忍不住也心生向往。

风声雷动鸣金铁，阴沉潭底蛟龙窟。
蛟龙窟，兴亡满眼，旧时明月。
——《忆秦娥·龙潭口》

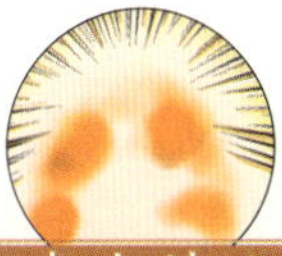

清代诗人
严绳孙

纳兰性德写的词，宋代诸名家也不敢拍胸脯说能超过他。

清代学者
徐乾学

我的弟子纳兰性德的《饮水词》《侧帽集》，写遍了乡村学校的墙壁，如今海内文士竞相模仿。

清代词人
顾贞观

纳兰性德天资超逸，超然物外，其创作的乐府小令，婉丽凄清，使读者哀伤不能自已，之后又转为喜悦。

清代词人
王鹏运

我朝只有纳兰公子，能跟北宋那些词人们一较高下。

近代文学家
梁启超

纳兰性德的词，直追南唐后主李煜。

传世经典精读

木兰花[1]

人生若只如初见，
何事秋风悲画扇[2]。
等闲变却故人心，
却道故人心易变。

骊（lí）山语罢清宵半[3]，
泪雨零铃终不怨[4]。
何如薄幸[5]锦衣郎[6]，
比翼连枝当日愿。

注释

① 木兰花：词牌名。

② 秋风悲画扇：是汉朝班婕妤被弃的典故。她被打入冷宫后，写了《怨歌行》，以秋扇闲置比喻自己。这句的意思是本应当相亲相爱，到最后却成了相离相弃。

③ 骊山语罢清宵半：这里出自唐玄宗与杨玉环的爱情典故。唐玄宗曾与杨玉环在骊山华清宫长生殿里发誓，愿世世都为夫妻。但后来安史之乱中，唐玄宗被迫在马嵬坡赐死杨玉环。

④ 泪雨零：一作“夜雨霖”。唐玄宗赐死杨玉环后，相传其途中在雨中听到铃声，思念杨贵妃，所以创作了《雨霖铃》曲，雨霖铃后来也成为一个词牌名。

⑤ 薄幸：薄情。

⑥ 锦衣郎：此处指唐玄宗。

译文

人生中如果只像与意中人刚相识的时候那般甜蜜，又为什么会出现汉朝班婕妤秋扇闲置那种相离相弃的情况呢？你轻易地就变了心，却胡说什么情人本来就容易变心。

当年唐玄宗与杨贵妃在骊山的美好月色中山盟海誓，最后唐玄宗却与杨玉环生死诀别，听到令人断肠的铃声也无怨无悔。你又怎能与薄幸的唐玄宗相比呢？起码他从前还与杨玉环许过“在天愿作比翼鸟，在地愿为连理枝”的誓言呢。

作品赏析

这首《木兰花》是纳兰性德模仿古代诗词创作的决绝词。词中以一位女子的口吻来责怪爱人的负心薄幸。整篇词用典准确，哀怨凄婉。根据清朝道光十二年（1832年）版本的《纳兰词》里记载，这首词是纳兰性德写给一位友人的。学者们通常认为，这位朋友应该是当时的另一位诗词大家顾贞观。

长相思①

山一程，

水一程，

身向榆（yú）关②那畔③行，

夜深千帐灯④。

风一更，

雪一更⑤，

聒（guō）碎乡心梦不成，

故园⑥无此声。

注释

① 长相思：词牌名。

② 榆关：指的是今天的山海关。

③ 那畔：山海关的另一边。

④ 千帐灯：康熙皇帝出巡时行营密密麻麻的灯火。

⑤ 风一更，雪一更：整夜都是风雪交加。更，古代计时单位，一夜分为五更，每更是两小时。

⑥ 故园：故乡，这里指的是北京。

译文

跋山涉水地走过了一程又一程，将士们向着山海关的另一边进发，夜已经深了，皇帝行营帐篷里透着密密麻麻的灯光。

外面整夜风雪交加，吵得思乡的将士们无法入睡，故乡北京可没有这么吵闹的风雪声。

作品赏析

这首词创作于康熙二十一年（1682 年）。康熙帝于此时平定了南方的三藩之乱，出山海关东巡，去奉天祖陵拜祭。纳兰性德作为御前侍卫随从康熙帝出关。路途中风雪凄迷，冰天雪地。这天气引发了词人对家乡的思念，于是提笔写下了这首词。

词的独特结构

词 = 词牌名 + 上阕 + 下阕

词牌的产生

- 既有的乐府诗题：乌夜啼、长相思
- 出自唐代的教坊乐曲：浪淘沙、西江月
- 用内容定名词牌：临江仙（原写水仙）、双双燕（原咏燕子）
- 来源于名诗名句：醉春风（李白《宫中行乐词八首》“丝管醉春风”）、看花回（刘禹锡《玄都观桃花》“无人不道看花回”）
- 化用典故和故事：解连环（《庄子》“连环可解也”）、塞翁吟（《淮南子》塞翁失马）
- 来源于词的内容：忆秦娥、占春芳
- 词人创新自制：柳永、姜夔等善于作曲的词人自制词牌
- 对原有词牌修改称呼：甘州令、浪淘沙慢
- 用词的字数命名：三字令、十六字令
- 综合多个词牌：江城梅花引
- 来源于人名：西施、虞美人
- 来源于地名：南浦、伊川令
- 来源于古代乐调：角招、四犯令

每首词都要有一个“词牌名”，不同词牌的字数、声韵、格式等都不同。

词的分段

词一般分为两段（也有特殊的情形存在），叫上下阕或上下片，也就是通常所说的“调有定格，句有阕。”

大多数词分为两段（上阕和下阕），称双调。

有的词只有一段（只有上阕），称为单调。

有的分三段或四段，称三叠或四叠。

双调：李煜《虞美人·春花秋月何时了》

春花秋月何时了，往事知多少？小楼昨夜又东风，故国不堪回首月明中！

雕栏玉砌应犹在，只是朱颜改。问君能有几多愁？恰似一江春水向东流。

单调：李清照《如梦令·昨夜雨疏风骤》

昨夜雨疏风骤，浓睡不消残酒。试问卷帘人，却道海棠依旧。知否，知否？应是绿肥红瘦。

三叠：周邦彦《兰陵王·柳》

柳阴直，烟里丝丝弄碧。隋堤上、曾见几番，拂水飘绵送行色。登临望故国，谁识、京华倦客？长亭路、年去岁来，应折柔条过千尺。

闲寻旧踪迹，又酒趁哀弦，灯照离席，梨花榆火催寒食。愁一箭风快，半篙波暖，回头迢递便数驿，望人在天北。

凄恻，恨堆积。渐别浦萦回，津堠岑寂，斜阳冉冉春无极。念月榭携手，露桥闻笛。沉思前事，似梦里、泪暗滴。

作文故事素材索引

【志向远大】

【才华横溢】

【苦难磨炼】

【提携后辈】

作文佳句素材索引

【胸怀抱负】

【思念情深】

问君能有几多愁？恰似一江春水向东流。 ——李煜 /025

明月不谙离恨苦，斜光到晓穿朱户。 ——晏殊 /037

昨夜西风凋碧树。独上高楼，望尽天涯路。 ——晏殊 /037

衣带渐宽终不悔，为伊消得人憔悴。 ——柳永 /046

今宵酒醒何处？杨柳岸、晓风残月。 ——柳永 /047

金风玉露一相逢，便胜却人间无数。 ——秦观 /067

两情若是久长时，又岂在朝朝暮暮？ ——秦观 /067

知否，知否？应是绿肥红瘦。 ——李清照 /082

人生若只如初见，何事秋风悲画扇。 ——纳兰性德 /102

跨越时空的大语文

散文大有来头

刘光成　等　编著

中信出版集团 | 北京

图书在版编目（CIP）数据

跨越时空的大语文：全6册 / 刘光成等编著. -- 北京：中信出版社, 2024.3
ISBN 978-7-5217-5049-2

Ⅰ.①跨… Ⅱ.①刘… Ⅲ.①语文课－中小学－教学参考资料 Ⅳ.①G634.303

中国版本图书馆CIP数据核字（2022）第241671号

跨越时空的大语文（全6册）

编　　著：刘光成　等
本册撰稿：赵洁
出版发行：中信出版集团股份有限公司
（北京市朝阳区东三环北路27号嘉铭中心　邮编　100020）
承 印 者：北京盛通印刷股份有限公司

开　　本：787mm × 1092mm　1/16　　印　　张：47　　字　　数：950千字
版　　次：2024年3月第1版　　印　　次：2024年3月第1次印刷
书　　号：ISBN 978-7-5217-5049-2
定　　价：158.00元（全6册）

目录

先秦

叙事散文与说理散文

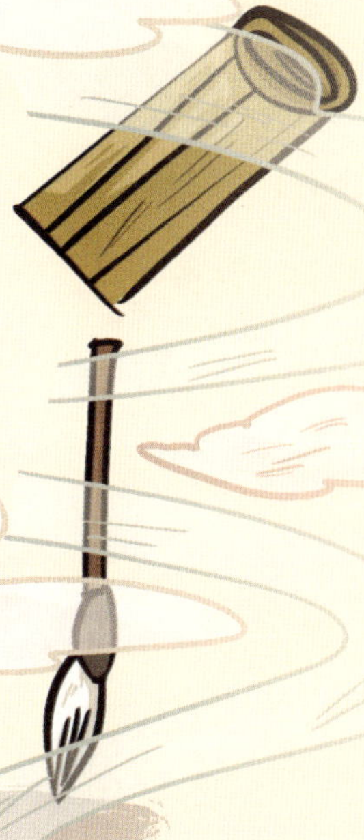

中国古代最早的散文可以追溯到殷商时代的甲骨卜辞。1899 年，晚清学者王懿荣意外从几千年前的龟甲和兽骨上发现了古代文字——甲骨文。经过当时的学者刘鹗搜寻研究一千多片甲骨，编成历史上的第一部甲骨文著录书《铁云藏龟》。甲骨文记载的多是商朝人占卜的内容，包括占卜日期、人名、占卜内容和结果、日后的应验情况等，这就是甲骨卜辞。甲骨卜辞是中国散文可追溯的最早源头。

商代甲骨卜辞的内容涉及殷商时代的战争、狩猎、畜牧、农耕、祭祀等情况，有些已经初具叙事要素，是先秦叙事散文的萌芽。甲骨卜辞中记录了一位名叫妇好的王后的事迹，涉及她生育子女、和丈夫商王武丁一起带兵打仗的内容，给我们展示了三千年前商朝社会的生活面貌。

西周以后的散文主要包括历史散文和诸子散文。

历史散文是以历史题材为主的叙事散文，其中，《春秋》记事已经比较系统，但文字简略；《左传》属于先秦散文中叙事水平较高的作品，它的出现标志着历史散文已经成熟起来；《国语》用生动的语言描写塑造了传神的人物形象；《战国策》的出现则标志先秦历史散文语言运用达到新水平。历史散文是优秀史籍作品的代表，这些散文大师同时也是史家的代表。

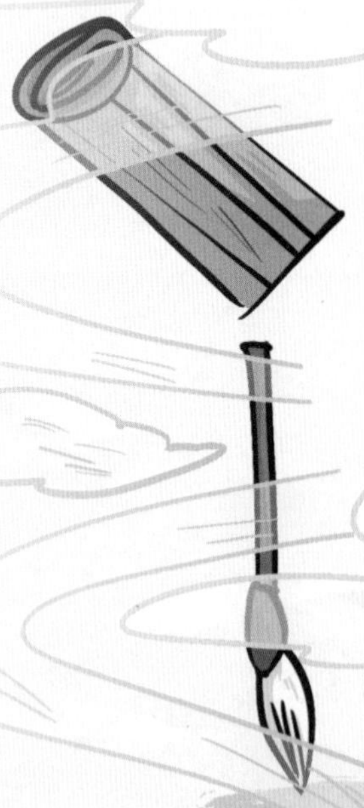

诸子散文以诸子百家的学说为主，比如《论语》《孟子》《庄子》《韩非子》等，其中有大量的说理散文。《文豪大有来头》一册中介绍了《论语》《庄子》，本册则介绍了典型的哲学思辨散文《列子》。其中，《列子》旧题为战国时期列御寇的著作，后人考证可能是晋代人的作品。《列子》反映了先秦时期的文献和事迹，本书中作为先秦散文来介绍。

《左传》

中国史学叙事的典范

作者：相传为春秋时期左丘明，今一般认为是战国时人所编

别名：《左氏春秋》《春秋左氏传》《春秋内传》《左氏》

时代：战国

分类：叙事散文

散文之美

作品魅力：儒家重要经典。

散文思想：秉承《春秋》中的儒家学说倾向，选取体现儒家思想仁政的史料，强调等级秩序和宗法伦理的道统，同时宣扬“以民为本”的思想。

文章特点：叙事全面、详细，语言生动形象，大大提高了文学可读性，对后世史书创作产生了重要影响。

跨越时光学经典

春秋时代的百科全书

《左传》又名《左氏春秋》，旧传是左丘明对《春秋》的批注解释，也是中国现存第一部较为完备的编年体史书。《左传》共计约十八万字，按照《春秋》中鲁国十二公的顺序，记载了东周时代二百六十多年间各诸侯国之间的政治、军事和外交等方面的史事。

《左传》中不但有周王室衰败、诸侯争霸的历史记载，还记录了当时道德规范、社会礼仪、规章制度、人文风俗等方面的情况，堪称反映春秋时代社会风貌的百科全书。

独特的叙事方式

《左传》最大的特点是其独特的叙事方式，能把事情的来龙去脉、错综复杂的国家关系写得十分详细；语言含蓄而准确，能够巧妙地运用文学手法；记叙辩论场面时或预先设好陷阱，或引经据典、旁征博引，或言词精炼、说理透彻。《左传》长于叙事，一向受到文学界的推崇，特别是对战争过程的描写，令人拍案叫绝。

链接小知识

《春秋》的出现，具有开创性意义，却因太过简洁的风格而令人头疼，人们很难理解文中深意。《春秋》的文字过于简单，内容十分零散，叙事时往往只言片语，几笔带过。解释《春秋》的主要著作有《左传》《公羊传》《穀梁传》，又称“春秋三传”，其中《左传》多用事实解释《春秋》，《公羊传》《穀梁传》多用义理解释春秋。《左传》记录的年代比《春秋》多，保存了很多重要史事，内容全面细致，包括诸侯国之间的战争、外交、婚丧等各个方面。

从此告别了流水账

在叙事方面，《左传》没有采用《春秋》那种流水账式的记史方法，选材时注重将事情讲得全面、详细，力求解答读者心中的谜团，这些大大提高了《左传》的文学性和可读性。在描写战争谋略方面，令人拍案叫绝。例如，《春秋》中记载：“十年春，王正月，公败齐师于长勺。”意思是说：庄公十年正月，鲁庄公在长勺地区击败齐国军队。简单地用一句话概括了一场大战。而在《左传》对应的篇目中，则写出了精彩的战前准备、曲折的战斗过程、完备的战后追击策略，语言生动形象，留下了“曹刿论战”的故事，读起来酣畅淋漓，一气呵成。

大师的超时空直播间

关于《左传》与《春秋》，传说鲁国的左丘明认为《春秋》写得太简单了，担心弟子们人人都有各种想法，把它理解岔了，失去了《春秋》原有的真意，所以把孔子的意思与当时的史实结合起来，写出《左氏春秋》。我司马迁把这种说法写进《史记》，供后人研究参考吧！

> 鲁君子左丘明惧弟子人人异端，各安其意，失其真，故因孔子史记具论其语，成《左氏春秋》。
>
> ——《史记》

汉代思想家
桓谭

《春秋》与《左氏春秋》就是经与传的关系，就像衣服的表里，相持而成。

汉代史学家
班固

周朝的王室已经衰微了，典籍残缺不全。孔子想记录古代圣人的功业，就和左丘明一起查看当时的历史记录，根据当时的事情和人道，成就有奖赏，失败有责罚，根据日月运行制定节气的时间，借诸侯朝见的情况端正礼乐。

晋代名将
杜预

我这个人非常喜欢读《左传》，我们这个时代，有个叫王济的有马癖，有个叫和峤的有钱癖，我则有《左传》癖。

唐代史学家
刘知几

《左氏》这本书，可能是史书中叙事最好的作品吧。

传世经典精读

《左传·隐公·隐公四年》(节选)

州吁未能和其民，厚①问定君于石子②。石子曰：“王觐③为可。”曰：“何以得觐？”曰：“陈桓公方有宠于王，陈、卫方睦，若朝④陈使请，必可得也。”厚从州吁如陈。石碏使告于陈曰：“卫国褊小，老夫耄⑤(mào)矣，无能为也。此二人者，实弑寡君，敢即图之。”陈人执之，而请莅于卫。九月，卫人使右宰丑⑥莅杀州吁于濮，石碏使其宰⑦獳羊肩莅杀石厚于陈。

君子曰：“石碏，纯臣也。恶州

吁而厚与[8]焉。‘大义灭亲’，其是之谓乎！”

注释

①厚：石厚，卫臣，是州吁的党羽。

②石子：石碏（què），石厚的父亲。

③王觐：朝见周天子。

④朝：当时诸侯相会亦可称朝，这里指朝见陈桓公。

⑤耄：八九十岁的人，这里指年老昏乱，是石碏自谦的说法。

⑥右宰丑：右宰是官名，丑是人名。

⑦宰：家臣之长。

⑧与：连及，一起。

译文

州吁无法安定国家的百姓，石厚向父亲石碏请教如何稳定州吁的国君地位。石碏说：“去朝见周天子就可以取得合法地位了。”石厚问：“如何去朝见呢？”石碏说：“眼下陈桓公很受周天子的宠幸，而陈国与卫国的关系也很和睦。如果去拜访陈桓公，请他向天子请求，定能达到目的。”石厚和州吁一起去了陈国。石碏暗中派人告诉陈国：“卫国地方狭小，我已经老了，年龄大了，无法做什么了。这两个人杀了我国国君，我请求你们乘此机会想办法除掉他们。”陈国人便抓了他们，请卫国派人来处置他们。九月，卫国派右宰丑到陈国的濮地杀了州吁，石碏又派他的家臣獳羊肩也去了陈国，杀了石厚。

君子说：“石碏是真正的忠臣，他憎恨州吁，连带也把石厚杀了。所谓‘大义灭亲’，说的就是这样的人吧！”

作品赏析

这段故事是成语“大义灭亲”的由来。卫国公子州吁杀害亲哥哥卫桓公自立为君。他与大臣石碏的儿子石厚狼狈为奸，操控政事。贤能的大臣石碏只得明哲保身，隐退乡里。由于州吁弑君登位，又喜欢打仗，不能安定百姓，卫国人都不服从他。石厚和州吁不得不请有威望的石碏出山相助。石碏假意为他们谋划，让石厚跟随州吁去找陈国国君陈桓公，帮他们得到朝见周天子的机会。就这样，石碏借陈国抓捕了州吁和石厚，为卫国锄奸。

散文作者简介

古代一般认为《左传》的作者是春秋末年鲁国的史官左丘明，近人认为是战国时期的人。

左丘明，生卒年不详，曾任鲁国太史，应当是负责讲诵历史、传说的史官。左丘明可能是复姓左丘，名明，或者单姓左，名丘明。左丘明与孔子应该是同时代的人，也可能在孔子之前。左丘明学识渊博，品德高尚。根据《论语》的记载，孔子说：“巧言、令色、足恭，左丘明耻之，丘亦耻之。匿怨而友其人，左丘明耻之，丘亦耻之。”孔子和司马迁都称赞左丘明为“君子”。

还相传左丘明是《国语》的作者，《史记》中写道：“左丘失明，厥有《国语》。”是说左丘明编写《国语》的时候已经双目失明了。

《列子》

说理散文的代表作

作者：相传是战国时期的郑国人列御寇，实际上可能是晋代人

别名：《冲虚真经》《冲虚至德真经》

时代：旧传是战国时期创作，今本《列子》八篇可能创作于晋代

分类：哲学散文

散文之美

作品魅力：道家经典作品之一，被称为“智慧之书”。

散文思想：学说近于庄子，崇尚逍遥自由，追求自然的境界。

文章特点：论据精妙，文笔优美，寓言故事浅显易懂，趣味盎然。

跨越时光学经典

全作剧透

今本《列子》八篇分别为《天瑞》《黄帝》《周穆王》《仲尼》《汤问》《力命》《杨朱》《说符》，其中多记哲理散文、寓言故事、神话故事、历史故事等。《列子》的文章内容丰富，主旨大致与老子、庄子的道家思想类似，也包含了逻辑问题的探讨等论题。

寓言说理

《列子》最大的特点是寓言故事众多。《纪昌学射》通过纪昌学习射箭的曲折过程，告诉我们学习需要勤奋，要研究高效的学习方法、探寻知识本源，不但要知道怎样学，还要知道为什么这样学；《薛谭学讴》告诉我们学无止境，学习不能半途而废、浅尝辄止；《愚公移山》告诉我们，要达到最终目标，必须克服困难、坚持不懈；《两小儿辩日》告诉我们，看事物的角度不同，得到的结论也就不同。

链接小知识

根据东汉班固著的《汉书·艺文志》记载，《列子》有八篇，作者是列御寇（列子），且列子生活时间在庄子之前。但根据后人研究，一般认为现在流传的《列子》成书年代在魏晋时期。古代书籍在流传的过程中，经常会有损失、增补的情况，出现不同的版本。也有学者研究认为，最早的《列子》可能始于先秦，但内容已经散佚了，今天传世的《列子》内容是魏晋人参考佚文多方增补、重新编订的。历代学者对《列子》研究、注疏很多，现存最早的《列子》注本是东晋学者张湛的《列子注》。

开创性意义

《列子》中记载了很多神话、寓言、传说等，大多以故事的形式来告诉世人微妙的哲理，这种散文的形式，在中国古代文学史上具有非常重要的地位，在中国早期的散文中具有开创性的意义。

除此之外，《列子》中还有大量养生知识，甚至还有古代气功的记载，这些对于研究中国古代传统文化有着非常重要的意义。

大师的超时空直播间

听说现在有些朋友不会写排比句，我就写几个关于驾车过程的句子，感觉效果还不错，大家共同学习。这几句的修辞手法是递进式排比。

得之于衔，应之于辔；得之于辔，应之于手；得之于手，应之于心。则不以目视，不以策驱；心闲体正，六辔不乱，而二十四蹄所投无差；回旋进退，莫不中节。

——《列子·汤问》

我感觉《列子》这本书，气势十分雄伟，文采非常奇特。

南朝梁文学理论家
刘勰

同感。《列子》里的故事简约而不简单，很多甚至比《庄子》里的要好。

宋代文学家
洪迈

其实，这两部书中的文章都光怪变幻，能使人骨惊神悚，是天下的奇作。

明代文学家
屠隆

同意！作为鬼怪类小说的集大成者，我认为，千古以来，奇文的最高水平就是《列子》与《庄子》这两部作品。

清代文学家
蒲松龄

我研究了一下，《列子》其实是《庄子》的引路者，书中内容的诡异程度，有时比《庄子》更甚。

清代文学家
刘熙载

传世经典精读

伯牙善鼓琴

伯牙善[1]鼓琴，钟子期善听。伯牙鼓琴，志[2]在登高山。钟子期曰："善哉！峨(é)峨[3]兮若泰山！"志在流水，钟子期曰："善哉！洋洋[4]兮若江河！"伯牙所念，钟子期必得[5]之。

伯牙游于泰山之阴，卒[6]逢暴雨，止于岩下；心悲，乃援琴而鼓之。初为霖(lín)雨[7]之操[8]，更造崩山之音。曲每奏，钟子期辄(zhé)穷其趣。伯牙乃舍琴而叹曰："善哉，善哉，子之听夫！志想像犹吾心也。吾于何逃[9]声哉？"

注释

①善：擅长；善于。

②志：志趣。

③峨峨：高耸的样子。

④洋洋：宽广的样子。

⑤得：领会。

⑥卒：同“猝”，突然。

⑦霖雨：连绵大雨。

⑧操：琴曲的一种。

⑨逃：隐藏。

译文

伯牙善于弹琴，钟子期善于聆听。伯牙弹琴，内心向往着登临高山。钟子期便说：“妙啊！巍峨雄壮如同泰山耸立！”伯牙内心向往着流水，钟子期便说：“妙啊！浩荡宽广如同江河奔流！”只要是伯牙心中所念，钟子期必定能够领会。

伯牙在泰山北麓游玩，突然遇上暴雨，就在岩石底下躲避；他心情不好，便取过琴来弹奏。起初弹奏了表现连绵大雨的曲子，接着奏出了山崩一般的声音。每奏一支乐曲，钟子期都能立刻领会其中的旨趣。伯牙于是放下琴，感叹道：“妙啊，妙啊，你的欣赏力！你的内心就和我的内心一样。我又怎么能在琴音中隐匿自己的心声呢？”

作品赏析

这篇文章讲述了伯牙与钟子期之间的故事。伯牙是春秋时期一位十分著名的琴师，钟子期是他的知音，能通过琴声听出伯牙心中所思。

这篇文章可以和语文课本中的《伯牙鼓琴》对比着欣赏，课本中的原文选自《吕氏春秋》，文章主旨是为了讨论治国务本的思想，结尾是子期去世，伯牙感慨知音已去，于是把琴摔破，不再弹琴。而在《列子》中，文章偏重于哲学思考，有一个令人深思的结尾：伯牙弹琴本是为了隐匿心事，有不能说、不愿说的心事可以寄托在琴声中，所以用了“逃声”一词。而子期善于倾听，偏偏猜透了伯牙的心事。伯牙的“舍琴而叹”，是被理解的惊讶和欣慰多一些，还是被看穿的不安多一些呢？这留给读者无尽的遐想，也许这就是《列子》散文的魅力所在。

散文作者简介

现在流传的《列子》作者不明，但列子确有其人。列子，又称列御寇，相传是战国时期郑国人。列子是介于老子与庄子之间，承前启后的道家代表人物，是中国古代著名的道学家、思想家、哲学家、文学家、教育家，被称为先秦“天下十豪”之一。

列子主张清静无为。他曾低调地在郑国隐居了四十年，以至于世人完全不知道有他这样一个人。他创立了列子学派，门下弟子众多。有次他去见邻居南郭子，就有四十名学生随行。

关于列子，有很多神奇的传说。据说列子修道多年，能够御风而行，逍遥自在。他在春天乘风游览八荒，到了哪里，哪里就一派生机。

秦汉、魏晋

传记散文、政论文高峰

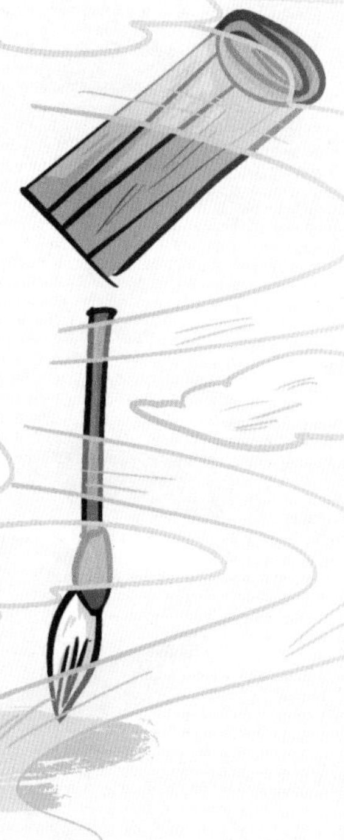

由于存续时间较短，再加上秦始皇的焚书坑儒，秦代没有太多散文存世。其后的两汉、魏晋时期，散文创作有了长足进步。

两汉散文以传记散文和政论文的成就最为突出。

这一时期的传记散文主要是历史叙事作品，发扬了先秦叙事散文的优良传统。特别是两汉时期，诞生了两部伟大的史学巨著——《史记》和《汉书》。司马迁的《史记》创立了纪传体史书的新样式，将传记散文推到了前所未有的高峰，后世的韩愈、柳宗元、欧阳修、三苏等散文名家受《史记》影响很大。班固创作的《汉书》文字严谨，叙事和描写人物平实而生动，艺术成就很高。

秦汉时期的政论文中，有不少名篇佳作，比如：贾谊的《过秦论》《治安策》，晁错的《论贵粟疏》，桓宽的《盐铁论》，王充的《论衡》，等等。其他类型的散文著作，还有刘安等的《淮南子》、刘向的《新序》等。

魏晋南北朝时期，社会处于长期动荡不安的局面，很多文学家借文学创作抒发自己的情感。诸葛亮的《出师表》、嵇康的《管蔡论》、王羲之的《兰亭集序》、陶渊明的《桃花源记》等，都是这一时期的散文名作。

《谏逐客书》

政论奏折，雄辩滔滔

作者：李斯

别名：《上秦王书》

时代：秦代

分类：政论文

出处：《史记·李斯列传》

散文之美

作品魅力：不可多得的政论文典范，古代著名奏折，被誉为“加速秦国一统六国进程的大成之作”。

散文思想：围绕秦王大一统的目标立论，说明用客卿强国政策的利害，劝说君王不应重物而轻人。

文章特点：逻辑严谨，寓意深刻，正反论证，旁征博引，雄辩滔滔。

跨越时光学经典

开门见山，直击要害

《谏逐客书》气势恢宏，事理分明，无论是摆事实还是讲道理，都有着强大的说服力。文章的开头，开门见山地提出了中心论点：“臣闻吏议逐客，窃以为过矣。”意思是：“我听说您听从官员的意见，要尽数驱逐客卿，我个人认为是错误的。”李斯在这里用了个小技巧，他把驱逐客卿的原因说成“吏议”，而没有牵扯嬴政，是给自己留了一条后路，不直说这是君主的失误，避免了触怒秦王的风险。

举事实，讲道理

接下来，李斯用具体事实，写出了秦国大胆任用客卿而使秦国走向兴旺发达的历史。文中先列举了春秋时期秦国任用了由余、百里奚、蹇叔、丕豹、公孙支五位人才，吞并了二十多个小国，称霸西戎的例子。接着列举了其他时代客卿强秦的实例：用商鞅变法，富国强兵，奠定了今天的强盛局面；重用张仪，破除了六国合纵抗秦的计谋，影响一直延续到如今；范雎肃清了秦王室的分裂势力，才有今天的大好局面。李斯认为，这些年来，为秦国富国强兵、开疆辟土的，都是外来的客卿，眼下为什么要把这些人赶走呢？

然后，李斯就条分缕析地说明客卿的价值。秦人喜爱的金银珠宝、时尚服饰、音乐美女等，很多都不是秦国自产的。既然外来的东西不好，为什么不统统丢弃，却单把人才给“逐”了？这并不是“跨海内、制诸侯之术”。

链接小知识

《谏逐客书》的创作背景十分有趣。战国后期，秦国日益强大，其余六国千方百计对抗秦国。韩国派了著名的水利工程师郑国前往秦国，游说秦王嬴政兴修水渠。嬴政任命郑国主持兴建郑国渠。郑国渠虽然将关中土地变成沃土，有利于秦国，但郑国最初来秦的真正目的是耗费秦国的人力物力，使其没有余力去攻打韩国。工程进行中，嬴政得知了这一计谋后非常生气，下令驱逐所有的客卿。本文作者李斯也在被驱逐之列，他在被逐的路途上写了《谏逐客书》呈给秦王嬴政。

正反论证

在文章的最后，李斯指出了“驱逐客卿”的严重危害。他认为国家强盛的基础在于博采众长、积少成多。地大了，产出的粮食就多了；国家大了，百姓就多了；军队强大了，士兵就更勇敢了。泰山不放弃一块土，所以成为高山；大海不嫌弃每条细流，所以成为深海；王者不拒绝每一个老百姓，所以能成就霸业。

大师的超时空直播间

当初我出身贫寒，辞去小吏的职务，前往齐国学习“帝王之术”。学成之后要找工作，思来想去，只有锐意进取的秦国是我建功立业的好地方。如今大王却听信小人之言，想把客卿都赶走，这不是让我失业吗？我不能坐以待毙，得想办法。

> 臣闻吏议逐客，窃以为过矣……客何负于秦哉！向使四君却客而不内，疏士而不用，是使国无富利之实而秦无强大之名也。
>
> ——《谏逐客书》

南朝梁文学理论家 刘勰：

李斯虽然触了秦王的逆鳞，但最终达到了目的，功劳全在这篇文章中了。

宋代文学家 李涂：

中间那部分反复议论，痛快！深得作文之法。

明代文学家 归有光：

写文章最高明的地方就是出人意表。比如《谏逐客书》，借人扬己，以小喻大。

明末清初文学批评家 金圣叹：

整篇文章要起调子便径直起，要往下进行就径直进行，要转折便径直转折，要衔接便径直衔接。这篇文章是后来无数笔法的老师啊。

清代学者 余诚：

这篇文章意最真挚，笔最曲折，语最委婉，而段落承接、词语字句，更是各具其妙。

传世经典精读

谏逐客书（节选）

臣闻地广者粟多，国大者人众，兵强则士勇。是以太山[1]不让土壤，故能成其大；河海不择[2]细流，故能就其深；王者不却众庶，故能明其德。是以地无四方，民无异国，四时充美，鬼神降福，此五帝[3]三王之所以无敌也。今乃弃黔（qián）首[4]以资敌国，却宾客以业[5]诸侯，使天下之士退而不敢西向，裹足不入秦，此所谓“藉寇兵而赍（jī）[6]盗粮”者也。

夫物不产于秦，可宝者多；士不产于秦，而愿忠者众。今逐客以资敌国，损民以益仇，内自虚而外树怨于诸侯，求国无危，不可得也。

注释

①太山：即泰山。

②择：同“释”，舍弃、抛弃。

③五帝：一般指黄帝、颛顼、帝喾、尧、舜五位上古帝王。

④黔首：平民用黑巾裹头，所以称百姓为黔首。

⑤业：使……成就功业，名词作动词用。

⑥赍：送，把东西送给别人。

译文

臣听说地域辽阔出产的粮食就多，国家大百姓人口就多，军队强大了士兵就更勇敢。泰山不拒绝小泥土，所以形成了高大的山；河海不拒绝小细流，所以成就了深广的海；帝王不拒绝众多的平民百姓，所以彰显了他的昭著功德。因此，地域不分东西南北，百姓不分异国他乡，一年四季都会充实美好，鬼神也来降恩赐福，这就是古代五帝三王无敌的原因啊。现在（秦国）却抛弃平民百姓以帮助敌国，驱逐外来宾客去为其他诸侯成就功业，让天下有识之士退却而不敢向西奔赴，裹足不前，不敢进入秦国，这就是所谓“借给敌人武器，送给盗贼粮食”啊。

有很多物品不是秦国出产的，但十分宝贵；也有很多贤士不是在秦国出生的，但愿意效忠秦国。如今秦国驱逐客卿，等于是资助了敌国，损失了自己的百姓，反而充实敌国，对内这就会造成实力空虚，对外则在诸侯国中惹来怨恨。在这种情况下，想让国家没有危难是不可能的。

作品赏析

文中李斯的处理非常高明。因为从内容上来说，本文是因为“逐客”而作，而逐客的原因是韩国人劝说秦王修筑一条灌溉渠，目的是消耗秦国的国力，使之不能用兵。秦王因此非常生气，才要“逐客”。如果就此事进行辩解，秦王很难听进去。而李斯避开这个起因不谈，尤其是最后这段内容，完全从秦国的利益着眼，只谈对秦国如何不利，这就使秦王比较容易接受。在当时李斯也属于被逐之人，但他在文中片言不提自己，只讲事实，这更加能打动人心，也可以紧紧抓住秦王的心，直击要害，让秦王顺理成章地接纳意见，收回逐客令，达到上书的目的。

散文作者简介

李斯（？—公元前208年），秦朝政治家、文学家，楚国上蔡（今河南上蔡西南）人。战国末年，李斯来到秦国，拜在吕不韦门下，后来被秦王嬴政赏识，嬴政任命他为客卿。秦国统一六国后，李斯被重用，担任丞相。

李斯参与制定的法律完善了秦朝的政治制度。他主张实行郡县制，加强中央集权，奠定了其后中国约两千年政治制度的基本格局。秦始皇死之后，李斯与宦官赵高合谋立秦始皇的少子胡亥为帝。后来，李斯因得罪赵高，被其杀害。

《过秦论》

一气呵成的政论文

作者：贾谊

时代：西汉

分类：政论文

出处：《新书》

散文之美

作品魅力：政论文优秀模板，点评历史类散文巅峰之作。

散文思想：见解深刻，总结秦朝过早衰亡的历史教训，作为汉朝建立制度、巩固统治的借鉴。

文章特点：大量采用排比式和铺陈式的句子，极富感染力，气势磅礴。

跨越时光学经典

直入主题，正反对比

《过秦论》上篇是分析强秦灭亡的原因，分析秦朝统治者的过失。开篇直入主题，写了秦朝强大的原因。贾谊从秦孝公开始写起，告诉世人秦朝能够统一六国的原因：独特的地理优势、商鞅变法、重用人才、采取了正确的战争策略，以及几世秦王前仆后继的苦心经营。文章使用了极富气势的排比句，同时运用了正反对比的手法，把秦国的优秀表现与其他六国的糟糕表现同时展现出来，形成了鲜明的对比。

反面分析

接下来贾谊将笔墨花在秦始皇嬴政的身上。秦始皇执政之后，继承前代六世秦王遗留下的功业，一统六国，登上了皇帝的宝座，建立了惊人的功业。但同时，他的统治日益残暴，以严酷的刑罚来奴役百姓，用焚书坑儒的方法来使百姓变得愚蠢，这些都为秦朝灭亡埋下伏笔。

链接小知识

公元前221年，秦王嬴政统一六国，建立了中国历史上第一个中央集权君主专制的统一王朝。嬴政自称始皇帝，寓意子孙后代永为皇帝。但是，秦朝滥用民力，仅存续十五年便灭亡了。西汉建立后，社会经济逐渐得到恢复和发展。到了汉文帝时期，国家呈现出许久不见的富裕景象。但是，危机也在暗暗蓄势。贾谊目睹了社会上豪门地主大量侵吞农民土地、疯狂压迫剥削百姓的情况，忧心忡忡。他有心推动改革，于是借助分析前代强秦灭亡的原因，创作了这篇借古喻今的文章，以警世人。

总结教训

本文最后总结了秦朝灭亡的教训。秦始皇去世之后，继位的胡亥和子婴都没能拯救大秦帝国。原因是什么呢？要知道，秦朝独特的地理位置并没有发生改变；陈涉也不是什么大人物，不过是个老百姓，远远比不上六国时期家喻户晓的名将或谋臣；农民起义军拿着树木做成的武器，远远比不上昔日六国士兵的装备，为什么能打败装备精良的秦朝正规军呢？贾谊认为，因为秦朝不施行仁政，而使天下的攻守形势发生了变化（“仁义不施而攻守之势异也”）。

大师的超时空直播间

我对穷人出身的陈涉很敬佩。陈涉是谁？不过是个穷人家的孩子。他拿破瓮做窗户，草绳做户枢，小时候卖气力吃饭，长大了不过是个戍边小卒，却有鸿鹄之志，敢带着大伙攻秦。二者对比，秦朝的官员不惭愧吗？

> 然陈涉瓮牖绳枢之子，氓隶之人，而迁徙之徒也……率疲弊之卒，将数百之众，转而攻秦；斩木为兵，揭竿为旗，天下云集响应……
>
> ——《过秦论》

唐代诗人
张九龄

一闻《过秦论》，载怀空杼轴。

《过秦论》这篇文章，前半段说六国的时候，只是反衬秦国的强大；后半段说秦国的时候，只是为了反衬陈涉等人的弱小。这种写法真是神来之笔。

明末清初文学批评家
金圣叹

现代文学家
鲁迅

西汉鸿文，沾溉后人，其泽甚远……

传世经典精读

过　秦　论（节选）

及至始皇，奋六世①之余烈，振长策而御②宇内，吞二周③而亡诸侯，履至尊④而制六合，执敲扑而鞭笞天下，威振⑤四海。南⑥取百越之地，以为桂林、象郡；百越之君，俯首系颈⑦，委命下吏⑧。乃使蒙恬北筑长城而守藩篱⑨，却匈奴七百余里；胡人不敢南下而牧马，士不敢弯弓而报怨。

注释

① 六世：秦始皇嬴政之前的六代秦国君主。

② 御：统治的意思。

③ 二周：战国时，诸侯国西周分裂出小国东周。东西周分治，史称“东西二周”。

④ 履至尊：登上至高无上的地位（这里指称帝）。

⑤ 振：震惊。

⑥ 南：向南的意思。

⑦ 俯首系颈：愿意顺从投降的意思。系颈，脖子上系着绳子，引申为投降。

⑧ 下吏：这里指狱官。

⑨ 藩篱：原指篱笆，此处比喻边疆上的守卫屏障。

译文

到秦始皇在位的时候，他发展前代六世秦王遗留下来的功业，以武力策略来统治各国，将东西二周和其他诸侯国统统消灭，登上皇帝的宝座统治天下，用严酷的刑罚来奴役天下的百姓，他的威风震慑全国。（秦始皇）向南攻取百越的土地，划为桂林郡和象郡；百越的君主，脖子上系着绳子俯首称臣，把自己的性命交给秦朝的狱官。秦始皇又命令蒙恬在北方修筑长城，建立守卫边境的壁垒，使匈奴退却了七百多里；胡人不敢来到南边放牧，勇士不敢拉弓射箭展开报仇行动。

作品赏析

这段文字描写的是秦王嬴政继位后励精图治、一统天下的盛况。短短几句话，把秦始皇的实力和野心描绘得淋漓尽致。这段文字中的“奋六世之余烈”，以及“御宇内”“履至尊”“制六合”等，充分体现了汉代“铺张扬厉”的文风。选文中连用了排比和对仗的修辞手法，读起来令人感觉锐不可当、气势惊人，非常值得学习。

散文作者简介

贾谊（公元前200—公元前168年），洛阳（今属河南）人，西汉初期著名的政论家、文学家。

贾谊很早就得到汉文帝的赏识，汉文帝一度有提拔贾谊担任公卿的打算。由于他当时才二十多岁，同时力主对朝政进行改革，因此受到嫉妒和排挤，后来被贬到地方上担任长沙王的太傅。

过了几年，他回到长安，成为梁怀王太傅。他辅佐的梁怀王因堕马去世，贾谊自认为没有尽到保护责任，忧郁而死，时年只有三十二岁。

司马迁十分同情贾谊的遭遇，将他与屈原并列写了一篇合传，后世便将贾谊与屈原并称为“屈贾”。

作为西汉初年著名的文学家，贾谊的主要文学成就是政论文，代表作有《过秦论》《论积贮疏》等。另外，贾谊还是汉赋发展的先驱者，著有《吊屈原赋》《鹏鸟赋》等作品。

《出师表》

出师名表，奏折典范

作者：诸葛亮

别名：《前出师表》

时代：三国

分类：表

出处：《三国志》

散文之美

作品魅力：后世应用文的典范之作，知名度最高的奏折。

中心思想：劝勉皇帝广开言路、严明赏罚、亲贤远佞、复兴汉室，表达自己忠贞为国的思想。

文章特点：语言朴实，声情并茂，情感真挚。以议论为主，兼有记叙和抒情。

跨越时光学经典

分析形势

诸葛亮精心选择了北伐的时机之后，屯兵汉中，准备北伐。在这个背景下，诸葛亮写了这篇文章。首先，他分析了当时不容乐观的政治形势：别看眼下蜀汉的形势貌似不错，但是蜀汉底子薄，地少将寡，民疲地荒，说得严重些，就是“此诚危急存亡之秋也”。而后他劝诫刘禅继承先帝遗志，广开言路，把文臣武将用好，不能妄自菲薄，也不能因为宠信内侍而偏袒他们，要将内侍与朝廷大臣一视同仁。

表明决心

文章中，接下来，诸葛亮回顾了自己的生平，表明自己“兴复汉室”“死而后已”的决心。他说，当年自己本没有当官的野心，“苟全性命于乱世，不求闻达于诸侯”，只是因为刘备的器重，才投身官场。当年自己在最危险的时候跟随先主，硬生生地扭转了战局，这才有了今天的蜀汉江山。

诸葛亮回顾了自己当年跟随刘备白手起家的故事，告诉刘禅“先帝知臣谨慎”，特别点出“谨慎”二字，表示自己的谦逊，然后又说了自己这些年诚惶诚恐的态度。

链接小知识

227年，蜀汉丞相诸葛亮在汉中地区聚集大军，准备北上讨伐曹魏，克复中原。北伐之前，诸葛亮按惯例向当时的皇帝刘禅上表辞行，这就是《出师表》这篇文章的由来。诸葛亮领兵出征，最担心的是后院起火。诸葛亮预计自己将长时间与年轻的皇帝刘禅以及朝廷大臣们分开，如果都城朝堂上出现什么乱子，必将威胁到其北伐大计。于是诸葛亮便在《出师表》中将自己最担心的问题一一剖析，然后提出了一些解决方法。

结尾点题

文章最后，诸葛亮还不忘给刘禅鼓劲。“今南方已定，兵甲已足”指出这次出师的物质准备充足，胜率极高。然后又与刘禅相约，君臣各自都要努力。如果自己不能收复中原就要受罚；如果朝政出了问题，就责罚朝廷官员。同时他还请刘禅发挥主观能动性，开始慢慢接触政事，为日后主持朝政做准备。

大师的超时空直播间

马上要领兵出征了，我还是有些放心不下陛下和朝廷。陛下年轻，我全面主持工作时，事无巨细，亲力亲为，他也没什么表现的机会。我出征后，他留守后方，可别被小人迷惑啊！出发之前，还是写篇奏表向陛下辞行吧。

愿陛下托臣以讨贼兴复之效；不效，则治臣之罪，以告先帝之灵。若无兴德之言，则责攸之、祎、允等之慢，以彰其咎。陛下亦宜自谋，以咨诹善道，察纳雅言，深追先帝遗诏。

——《出师表》

唐代诗人
杜甫

出师未捷身先死，长使英雄泪满襟。

唐代诗人
白居易

前后出师遗表在，令人一览泪沾襟。

宋代诗人
陆游

诸葛亮在艰难的时局中写下了《出师表》，充满凛然正气，一个字都不能随便删掉！

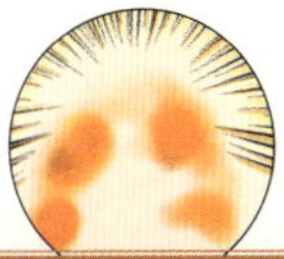

清代文学家
丘维屏

文章写得清楚明白，百转千回，诸葛丞相把《离骚》中那些鬼鬼神神、虚无缥缈的东西都去了，保留了作者的真情。

《三国演义》中诸葛亮的功绩

隆中对

诸葛亮第一次出场，就为刘备献上了著名的“隆中对”。刘备三顾茅庐，请诸葛亮出山。诸葛亮为刘备制订了先取荆州为家，伺机占据益州三分天下，继而待天下有变图取中原的战略构想。

火烧博望坡

曹操命夏侯惇率领十万大军攻打新野，诸葛亮出奇制胜，在博望坡一带设下埋伏，一把大火将夏侯惇的十万大军烧得死伤无数，狼狈逃回。

火烧新野

曹操亲自率军攻打新野，诸葛亮提前在城中遍布硫黄等引火之物。等曹军入城，就四处放火，再度击败了曹操，为刘备军撤退争取了时间。

游说江东

曹操大军南下，兵锋直指江南。孙吴政权对于对抗还是投降莫衷一是。关键时刻，诸葛亮来到江东游说，促成孙刘联盟共同对付曹操。

草船借箭

东吴大都督周瑜嫉妒诸葛亮的才华，让他在十天内造出十万支箭。诸葛亮趁拂晓天降大雾，把二十条草船划到曹军军营前擂鼓呐喊，引诱曹军放箭，就这样轻松拿到了十万余支箭返回。曹军追之不及，无可奈何。

借东风

周瑜意图火攻曹军，诸葛亮保证自己能借来东南风。原来，诸葛亮善于预测天气，早就看出几日后会刮东南风。东南风刮起时，孙刘联军火攻曹军，火借风势，大破曹操的军队，这就是赤壁之战。

七擒孟获

刘备去世后，蜀汉南中豪强首领孟获频频叛乱，严重威胁到蜀汉统治。诸葛亮想要北伐，必须先除掉大后方的隐患，于是诸葛亮亲率大军南下讨伐孟获。在这场战争中，诸葛亮采取了攻心为上的策略，先后七次擒拿孟获，然后都放走他，最终使得孟获心服口服，不敢再生反叛之心。

六出祁山

诸葛亮平定南方之后，便率军开始北伐。第一次北伐局面非常顺利，曹魏控制的天水、南安、安定等郡相继投降蜀国，诸葛亮还收服了姜维。但由于参军马谡自作聪明丢掉了街亭，使得诸葛亮进退失据，只好退兵。之后，诸葛亮多次北伐，相继取得了不少战果，《三国演义》把诸葛亮的这些北伐战争统称为“六出祁山”。诸葛亮在最后一次北伐时，于五丈原离世。

空城计

诸葛亮第一次北伐时，马谡失街亭，魏将司马懿乘势率领十五万大军向诸葛亮所在的西城攻来。诸葛亮身边缺兵少将，但他临危不乱，把四个城门都打开，派零星士兵扮成百姓模样，洒水扫街。诸葛亮自己则领着两个小书童，在城楼上焚香弹琴。司马懿认为诸葛亮一生谨慎且诡计多端，判断城里有埋伏，不敢攻城，只好领军队撤退。

传世经典精读

出师表（节选）

先帝创业未半而中道崩殂，今天下三分[①]，益州疲弊，此诚危急存亡之秋也。然侍卫之臣不懈于内，忠志之士忘身于外者，盖追[②]先帝之殊遇，欲报之于陛下也。诚宜开张圣听，以光先帝遗德，恢弘志士之气，不宜妄自菲薄，引喻失义[③]，以塞(sè)忠谏之路也。

…………

今南方已定，兵甲已足，当奖率三军，北定中原，庶竭驽钝[④]，攘除奸凶，兴复汉室，还于旧都。此臣所以报先帝而忠陛下之职分也。至于斟酌损益，进尽忠言，则攸之、祎、允之任也。

注释

①今天下三分：当时整个中国分裂成曹魏、孙吴和诸葛亮从属的蜀汉三大主要势力。

②追：追念的意思。

③引喻失义：讲话不恰当的意思。引喻，指引用、譬喻。失义，不合道理的意思。

④驽钝：这是诸葛亮自谦的话，比喻自己才能平庸。驽，劣马，跑不快的马。

译文

先帝刘备复兴汉室大业还没有完成一半，就离世了。如今天下分为三国，我们蜀汉国力衰退、人民疲惫，这真是危急存亡的关头啊。然而侍奉守卫的大臣在朝内辛勤不懈，忠心的将领和士兵在前线舍生忘死，这都是因为他们追念先帝对他们的特殊恩遇，所以想报答在您身上啊。陛下您应广泛听取臣下的正确意见，以光大先帝遗留下来的美德，激发有志之士的勇气，不应当自己轻视自己，也不能言语失当，以堵塞臣下忠言进谏的道路。

…………

现在南方叛乱已经平定，兵甲军需已然充足，应当鼓励统率全国军队，北上平定中原，希望竭尽我微薄的能力，去铲除那些奸邪的小人，复兴汉室，收复从前的国都洛阳。这些都是我报答先帝并尽忠陛下的职责本分啊。至于斟酌处置政事、考虑损益取舍、毫无保留为陛下进献忠言，那是郭攸之、费祎、董允等人的责任。

作品赏析

诸葛亮生活的时代，流行的文章是汉赋，风格大多华丽而晦涩，本文却通俗易懂，胜在文字朴实，感情十分真挚，是“以情动人”的典范作品。选文先点明“先帝创业未半而中道崩殂”的危险形势，由势入理，起笔不凡，充满了发聋振聩的声音和奋发向上的感情。同时，选文中也体现了东汉末年骈体文的文采和特点，除了很多四字句行文（如“庶竭驽钝，攘除奸凶”等）之外，还有工整的排比对偶句式，比如“侍卫之臣不懈于内，忠志之士忘身于外”等。

散文作者简介

诸葛亮（181—234 年），字孔明，是三国时期杰出的政治家、军事家。诸葛亮早年避乱于隆中地区，与刘备见面后，诸葛亮谈论天下形势，提出联合孙权，北拒曹操，并占据益州、荆州的建议，这就是著名的“隆中对”。诸葛亮当初的战略构想后来基本实现，蜀汉建立后，诸葛亮出任丞相一职。

刘备去世后，诸葛亮临危受命，励精图治，将蜀汉治理得兴盛有序。

诸葛亮多才多艺，散文代表作有《出师表》《诫子书》等，擅长书法、绘画，精通音律。

隋唐

文体百花齐放

南北朝后期，社会上盛行的散文体裁是骈文。骈文讲究声律、对偶和藻饰，文体慢慢走上了华而不实的形式主义道路，阻碍了文学发展。在这种情况下，古文式的散文应运而生。

在唐朝，骈文被称为“今文”或“今体”，一度是政府公文和科举考试的专用文体。古文则是形式相对自由，不追求文句对偶的散文文体。这种文体与先秦两汉时代的散文风格比较类似，属于古代流传下来的文体，所以被称为“古文”。以韩愈、柳宗元为首的“唐宋八大家”，掀起了一场轰轰烈烈的古文运动，形成了一次大规模的文学改革浪潮。

在这场古文运动的推动下，隋唐时期的散文创作百花齐放，特别是出现了一些优秀的山水游记、寓言、传记、杂文等作品。韩愈的《师说》和“杂说”系列等作品，是议论文的上乘之作；《张中丞传后叙》是公认的记叙名篇；《祭十二郎文》则是感情真挚的祭文佳作。柳宗元的作品十分出众，他的《封建论》被称为“古今至文”，包括《小石潭记》在内的“永州八记”也是脍炙人口。唐代散文作家除韩愈、柳宗元外，魏征、王勃、刘知几、李峤、刘禹锡、杜牧、白居易、孙樵等人也都有名篇传世。

《陋室铭》

托物言志的骈体杰作

作者：刘禹锡

时代：唐代

分类：骈体铭文

出处：《刘禹锡集》

散文之美

作品魅力：中国文学史骈体铭文代表作。

散文思想：托物言志，表明安贫乐道、不与世俗同流合污的高尚情操。

文章特点：大多为对仗工整的骈句，层次分明，渲染有力，引经据典，托物言志，余味悠长。

跨越时光学经典

托物言志

作为一篇散文，《陋室铭》非常特殊。从题目看，作者是在赞美陋室，为陋室作铭，实际上却是借物抒情，托物言志。通篇可说是字字写陋，又字字透着不陋。

陋室不陋

本文的开头便点明主旨“斯是陋室，惟吾德馨”，并暗示陋室不陋；接下来描写居室环境、日常生活和来往客人，点明了之所以陋室不陋，是因为“德馨”；然后将自己的陋室与“诸葛庐”“子云亭”相比，含蓄地表达出作者以君子为榜样的高雅情趣，与“惟吾德馨”遥相呼应。

链接小知识

《陋室铭》可能创作于刘禹锡在和州任职期间（824—826 年）。刘禹锡曾被贬到安徽和州担任刺史。传说当地官员故意刁难，先是安排刘禹锡在城南江边居住，后来又将他的家搬到北门，最后干脆让他搬到县城中部一间只能容下一张床、一张桌、一把椅子的小屋。刘禹锡提笔写下了这篇《陋室铭》，表达自己坚强不屈的志向。

表达技法

本文短小精悍，不满百字，写作技法却非常了得，用了白描、对比、用典、隐喻等手法，而且极具韵律感，读起来自然流畅又掷地有声，让人回味无穷。本文句式以骈句为主，节奏和谐，文章错落有致，读来抑扬顿挫。

从表达方式上来看，《陋室铭》聚描写、抒情、议论于一体。较多地运用了“托物言志”这一手法，自然地表达了自己高洁的情怀。

大师的超时空直播间

搬家这件事我是很“擅长”的。这些年我先是从京城被贬到朗州，十年后回到京城，又因写了“玄都观里桃千树，尽是刘郎去后栽”，讥讽当时的权贵资历还不如我，于是被贬到更远的播州。后来有人替我求情，我改为去连州待了五年。来和州之前，我还在夔州当过刺史。所以，这些年我搬家次数太多，早已轻车熟路了。

紫陌红尘拂面来，
无人不道看花回。
玄都观里桃千树，
尽是刘郎去后栽。
——《元和十年自朗州至京，戏赠看花诸君子》

陋室之所以能够被写进铭文中，在于“德馨”，而不在于屋子简陋。如果有德者居之，则陋室之中所有景色都是佳趣。末尾以“何陋”结束，饶有逸韵。

清代文人
吴楚材、吴调侯

题目虽是“陋室”，但全文通篇却都在为陋室“正名”，妙！

清代文学家
过珙

这篇文章词调清丽，结构浑然天成，虽不满百字，自有壮观的气象。

清代学者
余诚

小小短章，无法不备。凡铭多自警，此却自得自夸。

清代文学家
李云程

传世经典精读

陋 室 铭

山不在高，有仙则名。水不在深，有龙则灵。斯[①]是陋室，惟吾德馨[②]。苔痕上阶绿，草色入帘青。谈笑有鸿儒[③]，往来无白丁。可以调（tiáo）素琴[④]，阅金经[⑤]。无丝竹[⑥]之乱耳，无案牍（dú）之劳形。南阳诸葛庐，西蜀子云亭。孔子云：何陋之有？

注释

①斯：指示代词，这。

②馨：德行美好。

③鸿儒：博学的人。

④素琴：不加装饰的琴。

⑤金经：古代佛经用泥金书写，因此也叫金经。

⑥丝竹：弦乐器和管乐器。

译文

山不在于高，如果有仙人居住就有名气。水不在于深，有龙潜藏在里面就会有灵气。这虽然是一间简陋的小屋，但我品德高尚就不觉得简陋了。翠绿的苔痕布满台阶，青青的草色映入帘子。与我往来谈笑的都是博学的读书人，没有一个目不识丁的人。可以弹奏不加装饰的琴，阅读佛经。没有那些嘈杂的音乐声扰乱耳朵，没有那些官府的公文使身体劳累。南阳有诸葛亮居住的草庐，西蜀有扬雄读书的亭子。正如孔子说的那样："有什么简陋的呢？"

作品赏析

《陋室铭》是中国散文史上的名篇。开篇借山水起兴，提出"德馨"要比居住环境更加重要的观点。陋室里居住着道德品质高尚的人，就好比有仙人居住的山，有龙潜伏的水一样声名远播。

接着，作者描述了自己住在陋室里的日常生活和房屋美景，所交往的都是有文化的人，没有那些不学无术之辈。然后写出自己对名利富贵的鄙视之情，为自己不在官场而感到庆幸。

最后，作者借古喻今，托物言志，借古代名人的住所，表达了自己拥有高洁傲岸的品德。

散文作者简介

刘禹锡（772—842年），字梦得，洛阳（今属河南）人，中唐时期文学家、哲学家。据说，刘禹锡与蜀汉先主刘备同宗，是汉代中山靖王刘胜的后代，于贞元九年（793年）考中进士，深受杜牧的祖父杜佑赏识。后来，刘禹锡参加“永贞革新”，失利后屡遭贬谪。

刘禹锡在诗歌和文章方面都有很高成就，他与柳宗元并称“刘柳”，与白居易并称“刘白”，与韦应物、白居易合称“三杰”。刘禹锡的代表作品有《陋室铭》《竹枝词》《杨柳枝词》《乌衣巷》等，著有《刘梦得文集》《刘宾客集》。

《师说》

文道合一，气盛言宜

作者：韩愈

时代：唐代

分类：议论散文

出处：《昌黎先生集》

散文之美

作品魅力：理正气盛的论辩文代表。

散文思想：诉说从师求学的道理，讽刺“耻学于师”的风气，阐述跟老师学习的必要性和原则。

文章特点：正反举例，层层对比，反复论证，说理透彻。大量使用对偶与排比句式，使奇偶骈散结合，富有说服力和感染力。

跨越时光学经典

尊师重道

这篇文章带有很强的批驳性，文章的开头就提出古代“学者必有师”，这是针对当时的不良风气而言，隐含了对士大夫阶层中耻于从师这一现象的批判。接着解释了古人尊师重道的原因：老师“传道受业解惑”的作用是无可替代的，这是全文的纲领，结合下面的进一步阐述，不仅说明了从师学习的必要性，还确定了老师的标准，逻辑严密，一气呵成。

多层对比

第二段，作者指出了当时社会上不尊重老师的错误态度和耻于向老师学习的不良风气。这一部分用了多层对比的方法。首先把“古代的圣人”不耻下问和“今天的众人”耻学于师做了对比，指出能否尊师重道，是成为圣人和凡人的区别所在；接下来以当时社会上士大夫忙于为孩子选择老师而自己从不拜师学习做对比，指出“小学而大遗”的错误；最后以“巫医乐师百工”等社会底层人士勤于相互学习与士大夫群体的故步自封做对比，批判了当时社会上不肯拜师的风气。

链接小知识

801年，韩愈终于通过吏部的选拔，进入中央任职，担任国子监四门博士一职，《师说》大约就创作于这个时期。韩愈到任后，决心借助国子监这个平台来改革文风，教书育人。但不久之后，他发现朝廷的教学风气整体不正，官场腐败，科场黑暗，弊端重重。不少学子失去了学习的信心而放弃学业；一些士大夫看不起教学的老师，既不愿向老师请教，又不愿为别人当老师。有鉴于此，韩愈借着回答年轻学子李蟠问题的机会撰写了这篇文章，呼吁人们尊重老师，刻苦读书。

举例说明

第三段，作者以古代圣人孔子为例，指出重视师道的重要性。圣人孔子尚且要拜别人为师，学习自己不知道的知识，普通人有什么资格故步自封呢？接着，韩愈从正面论述“圣人无常师”这个观点，得出“弟子不必不如师，师不必贤于弟子”的结论，说明师生关系只是相对的，凡是胜过自己或有一技之长的人，无论年龄身份都可以当老师。

最后一段借赞扬李蟠爱好古文“不拘于时”“能行古道”，来说明本篇文章的写作目的。

大师的超时空直播间

老夫这一生都注重“教书育人”。当年还未做官之时，我就开始指点、教育青年学子。后来，我在国子监担任四门博士一职，写下了劝士大夫们努力学习的《师说》。担任国子监祭酒之后，我更加注重对后生们的教育工作。

国子先生晨入太学，招诸生立馆下，诲之曰：“业精于勤，荒于嬉；行成于思，毁于随。方今圣贤相逢，治具毕张，拔去凶邪，登崇俊良……”

——《进学解》

孟子当年曾说过，人的弊病是爱做别人的老师。魏晋以来，人们更不尊师重道了。只有韩愈先生不顾流俗，奔走呼吁，写出了《师说》这样的文章，号召大家尊师拜师，佩服佩服。

唐代文学家
柳宗元

这篇文章运用了诗人常用的讽喻手法，读了之后，自然明白师道不可废。

元代学者
程端礼

韩愈借助这篇文章号召大家尊重老师，希望后辈虚心学习。

明代文学家
茅坤

这篇文章行文错综变化、反复引证，看起来似乎无段落可寻，读来一气呵成，只感觉到意味无穷。

清代学者
林云铭

通篇用“吾师道也”讲明白了到处都有老师的道理。无论长幼贵贱，只要有可以学习的地方，都是老师。

清代文人
吴楚材、吴调侯

古今名人尊师重教的故事

子贡

子贡是孔子杰出的弟子，后人尊他为儒商的始祖。子贡一直尊师重道，鲁国一位大夫贬低孔子，称赞子贡，子贡却说：老师孔子的学问就像房屋一样，尽管屋内富丽堂皇，但围墙很高，普通人无法看到；而自己的围墙太低，一眼就可看到。孔子去世后，子贡结庐守墓六年。

张良

张良是汉朝开国元勋，杰出的军事家、政治家，汉高祖刘邦最重要的谋臣。据说张良年轻的时候，在桥上遇见一位穿粗布短袍的老翁。那老翁故意把鞋掉在桥底下，让张良去捡。张良把鞋捡上来，帮老翁穿上了鞋。后来，老翁又几次让张良在一大早来这里等他。张良通过了考验，老翁最后送给他一本兵法奇书。这位老人就是隐居的高士黄石公，张良认真研读这本书，成为一代名臣。

刘庄

汉明帝刘庄是东汉第二位皇帝，他做太子的时候，老师是博士桓荣。刘庄对老师非常尊敬，即便当了皇帝，依然以对待老师的礼节来对待桓荣。桓荣生病的时候，明帝刘庄亲自登门看望。桓荣去世的时候，明帝换上丧服亲自前去送葬。作为一位皇帝，明帝刘庄算是尊师重道的典范了。

魏昭

魏昭是东汉末年的儒家学者，拜博学多识的大儒郭林宗为师。老师郭林宗学问出众，却体弱多病。魏昭亲自熬药给老师吃，不厌其烦地满足老师的各种要求。郭林宗十分满意，对魏昭说：“我以前看到的只是你恭顺的外表，今天终于看到你拜师的真心了！”于是把自己的毕生所学倾囊相授。魏昭后来也成为我国历史上著名的学者。

李世民

唐太宗李世民，十分懂得尊师重道的道理。他给儿子们选择的老师都是德高望重、学问渊博的大儒，平日里一再告诫儿子们一定要尊师重道。有一次，太子李承乾的老师李纲脚疾不能走路。李世民就让太子出面，用轿子把李纲接到宫里讲学。四子魏王李泰不尊敬自己的老师，唐太宗狠狠批评了他一顿，要求他以后见到老师就像见到父皇一样尊敬。从此，魏王见到老师总是规规矩矩的，不敢造次。

岳飞

南宋时期著名军事家岳飞，少年的时候曾经拜周同为师，学习骑射。周同名气很大，是北宋末年的武术大师，尤其擅长弓箭。相传岳飞在周同手下学习，武艺突飞猛进，能左右开弓。周同去世之后，岳飞不忘老师的恩情和教导，经常带着酒肉祭品，去老师的墓前痛哭祭拜。岳飞拿着老师遗留的强弓，挽弓射箭，把酒肉祭品放在老师坟前，徘徊凄怆，久久不愿回去。

杨时

北宋著名理学家杨时年少时勤奋好学，他拜当时著名的理学家、教育家程颐为师。一个大雪纷飞的冬夜，杨时与朋友游酢一起到老师程颐家中请教问题，适逢程颐坐在火炉旁打坐养神。二人没有打扰，恭恭敬敬地侍立在门外，等候程颐醒来。等程颐醒来后，杨时和游酢脚下的积雪已经有一尺多厚了。成语“程门立雪”说的正是这个故事，它也成为尊师重道的典范。

华罗庚

华罗庚，是中国著名的数学家，被誉为“中国现代数学之父”。华罗庚非常尊重自己的老师，经常说，自己之所以能取得一点成就，全靠老师栽培。

华罗庚回故乡江苏金坛区时，特地前去看望自己的老师王维克先生。做报告的时候，他请老师上主席台就座，上台之前请老师走在前面，就座的时候则坐在老师的下面，严守尊师重道的礼节。

传世经典精读

师　　说（节选）

古之学者[①]必有师。师者，所以传道受业解惑也[②]。人非生而知之[③]者，孰能无惑？惑而不从师，其为惑也[④]，终不解矣。生乎吾前[⑤]，其闻[⑥]道也固先乎吾，吾从而师之[⑦]；生乎吾后，其闻道也亦先乎吾，吾从而师之。吾师道也[⑧]，夫庸[⑨]知其年之先后生于吾乎？是故[⑩]无贵无贱，无长无少，道之所存，师之所存也。

注释

①学者：求学的人。

②师者，所以传道受业解惑也：老师，是依靠他来传授大道、教授学业、解除疑

惑的人。受，同“授”。

③ 之：此处指知识和道理。

④ 其为惑也：它们作为疑惑。

⑤ 生乎吾前：在我前面出生的人。

⑥ 闻：知道，懂得，明白。

⑦ 从而师之：跟从他，即以他为老师。

⑧ 吾师道也：我学习的是道。

⑨ 庸：发问词，难道。

⑩ 是故：因此，所以。

译文

古代那些求学的人必定有老师。老师，是传授大道、教授学业、解释疑惑的人。人并非一生下来就懂得知识和道理，怎么可能没有疑惑？有了疑惑，而不跟老师学习，那些困惑就始终不能解开。在我前面出生的人，他肯定早于我懂得道，我把他当作老师；在我后面出生的人，如果他懂得道的时间比我早，我也把他当作老师。我学习的是道，哪管他是生在我前面还是后面呢？所以，不分出身贵贱，无论年龄大小，哪里有道，哪里就有我的老师。

作品赏析

这部分内容作者用古人的例子来说明尊师重道的作用。同时，韩愈还总结出了老师的职责和作用是“传道受业解惑”。人的一生从小到大都必须接受老师的指点，身边的每个人，无论老少贵贱都可以当自己的老师。作者从正、反两方面申述中心论点，为下文针砭时弊打下基础。

散文作者简介

韩愈（768—824 年），字退之，河南河阳（今河南孟州南）人。自称郡望昌黎，所以世称韩昌黎或昌黎先生。

韩愈是我国古代著名的文学家、哲学家。他大力倡导古文运动，名列“唐宋八大家”之首，有“文章巨公”和“百代文宗”之名。后人将他与柳宗元、欧阳修和苏轼合称“千古文章四大家”。韩愈的代表作有《论佛骨表》《师说》《进学解》等。

《滕王阁序》

骈文顶峰，散文名典

作者：王勃

别名：《秋日登洪府滕王阁饯别序》

时代：唐代

分类：骈文

出处：《王子安集》

散文之美

作品魅力：中国文学史骈文扛鼎之作，千古第一骈文。

散文思想：描述了当地的地势、人才和风景，抒发了作者的抱负和怀才不遇的心情。

文章特点：文章通篇对偶，多用四字句、六字句，句法十分整齐，且通篇用典自然恰当，典雅而工巧。

跨越时光学经典

介绍盛况

作者开篇写了滕王阁所属的洪府地区地势雄伟，人才辈出。作者用了“物华天宝”“人杰地灵”等词语来形容当地物产丰富、人才济济。同时，作者还介绍了参加这次宴会的原因以及“尽东南之美”“高朋满座”“胜友如云”等宴会盛况。

由近及远

接下来作者由近及远地描述了滕王阁的秀丽景色。从楼阁俯瞰秀丽山川，一幅流光溢彩、水天一色的滕王阁秋日图跃然纸上。

“飞阁流丹”，“渔舟唱晚”，“落霞与孤鹜齐飞，秋水共长天一色”，“雁阵惊寒”……这些景物共同构成了一幅正侧同频、动静结合的立体图画，带给读者们无限的想象空间。

链接小知识

五代时期的学者王定保认为《滕王阁序》是王勃十四岁那年写的。王定保曾经记录了这样一个故事：都督阎公与诸位宾客学者在滕王阁游览，准备选一位学者写文纪念。阎公最中意的人选是自己的女婿孟学士，宾客们心领神会，纷纷推辞，只有年少的王勃挥笔。阎公听说第一句“豫章故郡，洪都新府”后，摇头说：“老生常谈罢了，没什么新意。”听说第二句则沉默不语，等听到“落霞与孤鹜齐飞，秋水共长天一色”这两句后，阎公坐不住了，开心地说：“这真是永垂不朽的文章啊！”

由景入情

后面作者开始由景入情，怀古议今，抒发人生感悟。作者以起伏跌宕的笔势，描写了当日宾客们的豪情和才华，描述了一番宾主尽欢的盛况。接着，笔锋一转，开始写自己的满腔抱负和怀才不遇的郁闷，对自己不能为国效力感到遗憾。同时，作者用了贾谊、梁鸿、冯唐、李广等怀才不遇的典故来比喻自己现在遭遇的困境，抒发了立志报国的胸怀。

最后的结尾部分，作者借助感谢主人的机会，与开头遥相呼应，紧扣了主题。

大师的超时空直播间

早就听说滕王阁风光秀丽，景色宜人。这次路过江西，来到这著名的滕王阁打卡。登上滕王阁之后，发现最妙的地方不在于壮观的景色，在座才华横溢的文士们更令我心折啊。

滕王高阁临江渚，
佩玉鸣鸾罢歌舞。
画栋朝飞南浦云，
珠帘暮卷西山雨。
闲云潭影日悠悠，
物换星移几度秋。
阁中帝子今何在？
槛外长江空自流。

——《滕王阁诗》

唐代文学家
韩愈

年轻时听说江南多美景，读了《滕王阁序》后，想立马跑去滕王阁游览一番。

宋代文学家
洪迈

王勃先生的《滕王阁序》是唐代骈文的典范，通篇都是对偶，太牛了。

宋代文学家
计有功

王勃写文章的时候，先磨好墨，然后用被子蒙着头躺着。你以为他要睡了，他却忽然跳起来，很快就写完了一篇文章。

明代学者
胡应麟

《滕王阁序》是唐代短篇文章的天花板。

清代诗人
曹基

这篇文章前半部分曲描婉写，壁缀珠联，非常奇丽。后半部分别开生路，以悠扬的怀抱，写出磊落的事情，抚今思古，吊往追来。前半写景，景中有情；后半写情，情中有景。

中国十大历史文化名楼

滕王阁

滕王阁位于今天的江西省南昌市东湖区，是南昌市地标性建筑。滕王阁始建于唐永徽四年(653年)，是唐太宗李世民的弟弟滕王李元婴担任江南洪州都督时所修建。初唐诗人王勃的《滕王阁序》和《滕王阁诗》是歌颂滕王阁的代表作品，滕王阁也因为这些作品更加闻名于世，其中“落霞与孤鹜齐飞，秋水共长天一色”是流芳后世的名句。

鹳雀楼

鹳雀楼位于今天的山西永济地区，最初为北周大将军宇文护为了镇守城池所建。鹳雀楼是古代观赏黄河风景的名胜，当时的黄河边上有很多鹳雀(一种类似鹤的水鸟)生活，因此得名。鹳雀楼之所以被人熟知，是因为盛唐诗人王之涣在这里写下《登鹳雀楼》：“白日依山尽，黄河入海流。欲穷千里目，更上一层楼。”鹳雀楼曾在元初战火中损毁，后来得以重建。

岳阳楼

岳阳楼位于湖南省岳阳市岳阳古城西门城头，下瞰碧波万里的洞庭湖，自古便有“洞庭天下水，岳阳天下楼”的美誉。岳阳楼最初是东吴大将鲁肃始建的阅军楼，后来多次重建。范仲淹《岳阳楼记》中的“先天下之忧而忧，后天下之乐而乐”早已成为千古名句。在范仲淹之前，诗仙李白、诗圣杜甫、诗魔白居易也曾分别写过《与夏十二登岳阳楼》、《登岳阳楼》和《题岳阳楼》。

黄鹤楼

黄鹤楼位于湖北省武汉市武昌区，始建于三国时代，本是用来军事瞭望的，后来的许多文学作品将其与驾黄鹤西去的仙人联系起来，于是得名“黄鹤楼”。唐代诗人崔颢、李白都曾在这里留下不朽名篇。

蓬莱阁

蓬莱阁位于山东省烟台市蓬莱区，始建于北宋嘉祐六年（1061年）。蓬莱阁建于丹崖山顶端，远眺茫茫大海，如望仙境，是欣赏“海市蜃楼”的最佳地点。宋代文豪苏轼被贬至登州时到过蓬莱阁，并创作了一首《海市诗》，使得蓬莱阁名声大噪。神话中八仙过海的故事也发生在此处。

钟鼓楼

西安钟鼓楼位于陕西省西安市，主要由钟楼和鼓楼组成，始建于明代洪武年间。钟楼内悬挂的巨钟是唐代铸造的“景云钟”。鼓楼上原来有大鼓，后来毁于战乱。西安钟鼓楼是我国现存同类建筑中体量最大、保存最完整的钟鼓楼。

阅江楼

阅江楼位于江苏省南京市鼓楼区狮子山巅、扬子江畔，始建于1374年春。明太祖朱元璋追思往事，欲修建楼阁，亲自命名阅江楼，并与朝廷文臣分别撰写多篇《阅江楼记》，其中以大学士宋濂的文章最为有名。现代续修的建筑具有古典皇家特色。

天心阁

天心阁位于湖南省长沙市天心区，名字据传为《尚书》“咸有一德，克享天心”之意。天心阁始建于明末，曾经是文化祭祀场所，属于古代著名的城南书院。后来历经多次翻修、重建，现在的阁楼与古城墙融为一体，天心阁附近墙段也是长沙仅存的古城墙，是长沙古城的象征。

大观楼

大观楼位于云南省昆明市西山区，最早始建于清朝康熙年间（约1690年），后来屡次重修。大观楼体现了传统的主流建筑文化与地方民族文化的交融。

天一阁

天一阁坐落于浙江省宁波市海曙区，始建于明代嘉靖末期，是藏书家范钦修建用来存放古书典籍的，命名取自《易经》，有“天一生水”的寓意。天一阁是中国现存最古老的私家藏书楼。

传世经典精读

滕王阁序（节选）

披绣闼（tà）①，俯雕甍（méng）②，山原旷其盈视，川泽纡（yū）其骇瞩。闾阎（lǘyán）扑地，钟鸣鼎食之家；舸舰弥津，青雀黄龙之舳③。云销雨霁，彩彻④区明。落霞与孤鹜（wù）⑤齐飞，秋水共长天一色。渔舟唱晚，响穷彭蠡（lǐ）⑥之滨；雁阵惊寒，声断衡阳⑦之浦。

注释

① 绣闼：精致的阁门。

② 雕甍：形容雕饰华美的屋脊。

③ 青雀黄龙之舳：装饰着青雀和黄龙形状的大船。

④彻：通贯，贯穿。

⑤鹜：野鸭。

⑥彭蠡：古代大泽，即今天的鄱阳湖。

⑦衡阳：地名，位于今天的湖南省。古时有一种说法，秋雁到了这里的回雁峰，就不再南飞，等待春天返回北方。

译文

推开精致的阁门，俯视雕刻华美的屋脊。辽阔的山川平原尽收眼底，湖泊曲折令人惊骇。房屋遍地，到处是富贵人家。舸舰满河，全部是华丽的大船。雨过天晴，阳光和煦。晚霞与孤单的大雁一起飞翔，秋天的江水和辽阔的天空浑然一色。傍晚返航渔舟传出的歌声，响彻彭蠡湖边；南飞雁群发出畏寒的惊叫，停在衡阳水边。

作品赏析

这段文字描写了从滕王阁上向外眺望的景象。作者目之所及，一片繁华。文中那句化用自北周文学家庾信《马射赋》“落花与芝盖同飞，杨柳共春旗一色”的“落霞与孤鹜齐飞，秋水共长天一色”，已成千古名句。

散文作者简介

王勃（649 或 650—676 年），字子安，绛州龙门（今山西河津）人，唐代著名文学家。王勃年少成名，有神童的美名，十五六岁时便有了官职，成为当时朝廷年纪最小的官员，后来因得罪权贵被放逐。676 年，王勃渡南海去探望父亲，因溺水受惊而去世。

王勃能文善诗，与杨炯、卢照邻、骆宾王三人齐名，他们被称为“初唐四杰”。诗歌方面，王勃擅长五言律诗和五言绝句，代表作品有《送杜少府之任蜀州》等；散文方面，王勃在骈文创作上造诣很高，代表作品有《滕王阁序》等。

《小石潭记》

山水游记，借景写心

作者：柳宗元

别名：《至小丘西小石潭记》

时代：唐代

分类：山水游记散文

出处：《河东先生集》

散文之美

作品魅力：中国文学史上的游记散文代表作。

散文思想：借景言志，作者在外出游玩发现小石潭的整个过程中，抒发了凄凉忧闷的感情。

文章特点：文字描写清新优美，使用了移步换景、局部特写、动静结合等手法，从视觉、听觉、触觉等多方面描写。

跨越时光学经典

情景交融的优秀山水游记

《小石潭记》是一篇公认的质量上乘、情景交融的山水游记。

开篇第一段作者便用移步换景的方法，写出了小石潭的发现过程以及主要景物特征。

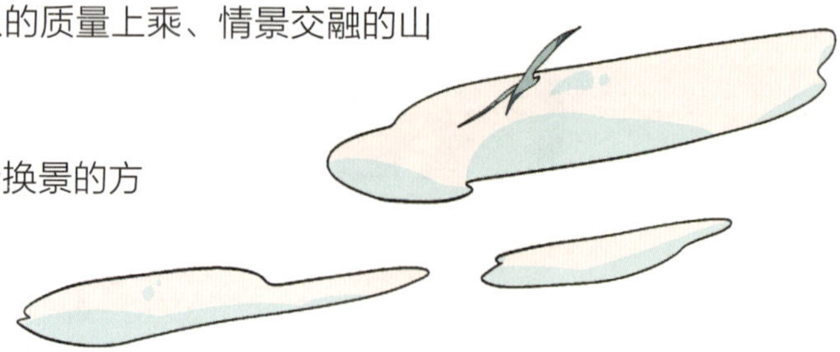

动静结合

第二段作者将潭中的鱼作为一个重点来描写，使用动静结合的手法描写了一群自由自在嬉戏的小鱼，侧面描写了小石潭水的清澈。

链接小知识

柳宗元与好友刘禹锡都是“永贞革新”的重要人物。805 年，唐宪宗继位，他对改革派深恶痛绝。柳宗元不出意料地被贬，皇帝先是任命他为邵州刺史，他还在上任途中，心怀不满的皇帝又贬他去永州当司马。永州位于湖南、广东和广西交界处，距离长安很远，人烟稀少，疾病肆虐，在当时属于荒蛮之地。官场失意的柳宗元将自己的注意力集中到文学创作上。为排解苦闷，他经常外出探山访水，借此抒发自己的苦闷，写出了脍炙人口的游记《小石潭记》。

生动形象，由景入情

第三段则用变焦的手法，把镜头从小石潭向远方推去，想寻找小石潭溪水的源头。作者运用了比喻的手法，如“斗折蛇行”“犬牙差互”，生动形象地写出了小溪的形状。

第四段由景入情，写出作者面对小石潭产生的感受。作者先写了凄凉刺骨的环境，后触景生情，表现出柳宗元被贬后心中愤懑难平的情绪。

最后的第五段，按照游记的格式，记下了与作者同游小石潭的人。

大师的超时空直播间

被贬到永州之后，心情一直很郁闷。处理完公务之后，我就会叫上几位好朋友，爬高山，进树林，探寻曲折溪流的尽头。我可以骄傲地说，永州地界内，不管多么幽僻的泉水，多么奇异的山石，多么偏远的地方，没有一处是我不曾到过的。

自余为僇人，居是州，恒惴慄。其隙也，则施施而行，漫漫而游。日与其徒上高山，入深林，穷迴溪，幽泉怪石，无远不到。

——《始得西山宴游记》

古人的游记，写尽妙景，不如不写尽更好；游尽妙境，不如不游尽更高。因为写尽、游尽，早已境味索然；不写尽，不游尽，便余味无穷。《小石潭记》中遥望潭西南那段，就是不写尽妙景；潭中不久坐那一段，便是不游尽妙境的典范。笔墨悠长，情兴无极。

明末清初文学家
孙琮

柳宗元写潭中鱼那段极妙，寥寥数语，动静结合，妙不可言。

清代学者
沈德潜

《小石潭记》前面写“心乐”，后面是“凄神寒骨”，真是乐而生悲啊。

近代学者
陈衍

传世经典精读

小石潭记（节选）

从小丘西行百二十步，隔篁(huáng)竹[①]，闻水声，如鸣珮环[②]，心乐之[③]。伐竹取道，下见小潭，水尤清冽[④]。全石以为底[⑤]，近岸，卷石底以出[⑥]，为坻(chí)[⑦]，为屿，为嵁(kān)[⑧]，为岩。青树翠蔓[⑨]，蒙络摇缀，参差披拂[⑩]。

潭中鱼可百许头[⑪]，皆若空游无所依[⑫]，日光下澈，影布石上[⑬]，佁(yǐ)然不动[⑭]，俶(chù)尔远逝，往来翕(xī)忽[⑮]，似与游者相乐。

注释

① 篁竹：竹林。

② 如鸣珮环：好像珮环碰撞的声音。珮、环都是古时候的玉饰。

③ 心乐之：心情为之快乐。

④ 水尤清冽：水格外清凉。尤，格外。

⑤ 全石以为底：以整块石头为底。

⑥ 卷石底以出：石底周边部分翻卷过来，露出水面。

⑦ 坻：水中的高地。

⑧ 嵁：不平的岩石。

⑨ 翠蔓：翠绿的藤蔓。

⑩ 蒙络摇缀，参差披拂：（树枝和藤蔓）覆盖缠绕，摇动下摆，参差不齐，随风飘动。

⑪ 可百许头：大约有一百条。可和许都表示约数。

⑫ 皆若空游无所依：都好像在天空游动，什么依靠也没有。空，在天空中。

⑬ 日光下澈，影布石上：阳光向下照到水底，鱼的影子仿佛映在水底的石头上。澈，穿透，有的版本写成“彻”。

⑭ 佁然不动：（鱼影）静止不动的样子。佁然，呆呆的样子。

⑮ 往来翕忽：来来往往，轻快迅捷。翕忽，轻快敏捷的样子。翕，迅捷。

译文

从小山丘向西走一百二十多步，隔着竹林，听到流水的声音，好像人身上的玉佩、玉环相碰所发出的声音，心里为之快乐。砍伐竹子开辟出道路，下面有一个小潭，水格外清凉。这小潭以整块石头作为潭底，靠近岸边的地方，石底有些部分翻卷过来，露出水面，成为水中的高地，成了水中的小岛，也有高低不平的石头和小岩石显露出来。青葱的树木，翠绿的藤蔓，相互覆盖缠绕，摇动下摆，参差不齐，随风飘舞。

潭中的鱼有一百多条，都好像在天空中游动，什么也不依附。阳光向下照到水底，鱼的影子仿佛映在水底的石头上。鱼儿呆呆地静止不动，忽然向远处游去，来来往往，轻快迅捷，好像在和游玩的人相互嬉戏逗乐。

作品赏析

隔着竹林先听到水流声，那声音如鸣珮环，令人心生向往。等见到小潭之后，作者描写了石潭边的岩石、青树、翠蔓等，仅寥寥数字，就将小石潭的全景展现在我们眼前。第二段将潭中的鱼作为一个重点来描写，使用动静结合的手法描写了一群自由自在戏耍的小鱼，侧面表现了小石潭水的清澈。

散文作者简介

柳宗元（773—819年），河东解县（今山西运城西南）人，字子厚，唐代文学家、哲学家。世称“柳河东”“河东先生”，因最后任职于柳州刺史，也被称为“柳柳州”。

柳宗元文笔出众，传世的诗文作品很多。作为唐宋八大家之一，柳宗元被人们拿来与很多名士比较。人们把他和韩愈并称为“韩柳”，把他和刘禹锡并称“刘柳”。他的诗歌代表作有《溪居》《江雪》《渔翁》等，散文代表性作品有《捕蛇者说》《小石潭记》等，作品收录在《河东先生集》中。

两宋

散文的黄金时代

宋代散文的主要风格，承接了中唐韩愈、柳宗元所倡导的古文运动。

从思想内容来看，宋代散文主要有三种类型：第一是以讲学传道为目的的说理文，第二是以论政为目的的议论文，第三是以记录见闻为目的的笔记文。

北宋最先提倡古文的学者是柳开和范仲淹。欧阳修是宋代散文的第一位大师级人物，也是宋代散文的奠基者。

北宋时期，文人才子辈出，是宋代散文发展的黄金时代。除了欧阳修，唐宋八大家中还有五位（苏洵、苏轼、苏辙、曾巩、王安石）也活跃在这时的文坛上。特别是大文豪苏轼，他为散文创作开拓了一条新道路，是北宋散文的集大成者。苏轼的文章代表作有《留侯论》《石钟山记》《记承天寺夜游》等。苏轼行文收放自如，如行云流水，通达自然，对后世散文的发展影响很大。在《文豪大有来头》一册，对苏轼有详细介绍。

南宋时期，时局动荡，散文风格发生了较大变化。一方面，南宋初期的散文作品中充满爱国激情，尤其是政论文大行其道，以辛弃疾、陆游、杨万里、范成大、陈亮为代表；另一方面，阐述儒家哲学思想的文章成就也很高，以朱熹、陆九渊、叶适等人为代表。

到了南宋末期，文天祥、谢翱等人的散文作品饱含爱国情怀。尤其在南宋即将灭亡之际，显得更加悲慨沉痛。

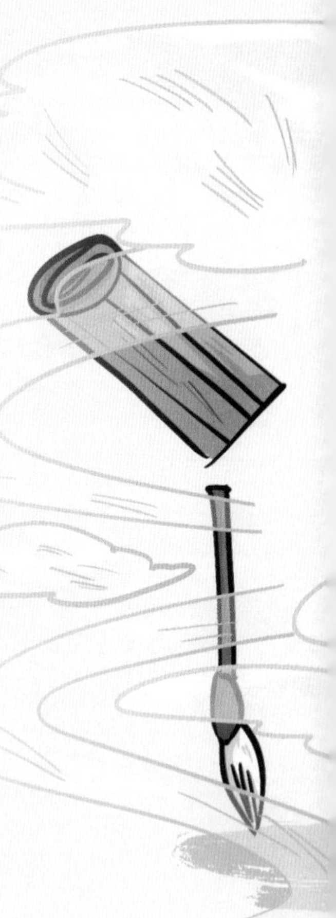

《岳阳楼记》

忧国忧民，千古情怀

作者：范仲淹

时代：北宋

分类：写景散文

出处：《范文正公集》

散文之美

作品魅力：表达忧国忧民情怀的散文典范。

散文思想：借景抒情，表达了作者“不以物喜，不以己悲”的思想追求和“先天下之忧而忧，后天下之乐而乐”的忧国忧民的个人情怀。

文章特点：运用了明暗结合的描写手法，将记叙、写景、抒情和议论融为一体，是写景散文的语言典范。

跨越时光学经典

点出政绩

文章开头便说明了创作目的。

作者为了使老朋友滕宗谅（字子京）扬名，用“政通人和，百废具兴”这几个字，便点出了滕宗谅的政绩，并说明为岳阳楼作记的事，引出下文。

由景即人

然后作者笔锋一转，开始介绍岳阳楼的景象。站在楼上，远眺洞庭湖，用“衔远山，吞长江”等寥寥数语，便展现了洞庭湖的壮阔气势。然后由景及人，点出岳阳楼的文化传承，突出“迁客骚人”的“览物之情”。

链接小知识

《岳阳楼记》是中国文学史上为数不多有确切写作日期的古文。这篇文章是北宋庆历六年九月十五那天，范仲淹应至交好友岳州知州滕宗谅的请求，为纪念岳阳楼重修而创作的一篇散文。

当时，北宋王朝社会矛盾日益尖锐。庆历三年（1043年），改革派范仲淹振臂一呼，进行改革。但改革触及保守派利益，很快便失败了。范仲淹被贬往地方，写这篇文章的时候，范仲淹身在河南邓州。

一悲一喜，借古喻今

接下来作者塑造了一个阴雨连绵、道路不通的岳阳楼，并由恶劣的天气引发了凄苦的情绪。后来又描述了一个春风和煦、万物和顺的岳阳楼，并由这美妙的景象引发了愉悦的心情。这里面用了很多排比句，从一悲一喜中表现出截然不同的人生态度。

最后的内容是文章的中心思想，作者借古喻今，通过怀思古人，发出了“先天下之忧而忧，后天下之乐而乐”的感慨，点明了全文的主旨。

大师的超时空直播间

好朋友滕子京最近写信给我，说他在巴陵郡干了一件大事——把当地名胜岳阳楼重修了。他问我是不是有办法推广一下，将其打造成人们心目中的名胜。这个容易啊，我写一篇《岳阳楼记》就好了。有人问，你没去过岳阳楼，怎么写这篇文章？其实不一定要身临其境才能写出好文章。我的《岳阳楼记》，一定会把岳阳楼打造成千古名楼！

庆历四年春，滕子京谪守巴陵郡。越明年，政通人和，百废具兴，乃重修岳阳楼，增其旧制，刻唐贤今人诗赋于其上，属予作文以记之。

——《岳阳楼记》

宋代文学家
尹师鲁

看《岳阳楼记》就像看传奇小说一样啊。

《岳阳楼记》是才子文章。

明末清初文学批评家
金圣叹

清代学者
林云铭

题目是《岳阳楼记》，一般人少不得要从此楼从前如何倾坏、如何狭小说起，写增修如何不易，再写楼外的佳景。范老师统统略过，这就是大师的实力！

传世经典精读

岳阳楼记（节选）

嗟(jiē)夫[①]！予尝求[②]古仁人[③]之心，或异二者之为[④]，何哉？不以物喜，不以己悲，居庙堂[⑤]之高则忧其民，处江湖之远[⑥]则忧其君。是进亦忧，退亦忧。然则何时而乐耶？其必曰“先天下之忧而忧，后天下之乐而乐”乎！噫！微斯人，吾谁与归[⑦]？

注释

① 嗟夫：感叹词，唉。

② 求：探求。

③ 古仁人：古代那些品德高尚的人。

④ 或异二者之为：或许不同于以上两种表现。

⑤ 庙堂：朝廷。

⑥ 处江湖之远：处在偏远的江湖间，即被贬到偏远地区做地方官。

⑦ 微斯人，吾谁与归：如果没有这样的人，我同谁一道呢？

译文

唉！我曾经探求过古代贤者的心境，或许和上面这两种表现是不一样的，为什么呢？（是因为他们）不因外物的好坏、自己的得失而感到喜悦或悲伤。在朝廷上做官的时候，就为百姓担忧；被贬到边远地区做地方官的时候，就为国君忧虑。当官也忧虑，隐退也忧虑。那么他们什么时候才能感到快乐呢？古代的大贤必定说："在天下人忧之前先忧，在天下人乐之后才乐。"唉！如果没有这样的人，我与谁一道呢？

作品赏析

这段内容是本文的主旨，作者在经历过种种情绪之后，将文字的重心放到古代贤者的思想境界上，即"不以物喜，不以己悲"。他们心忧天下，无论在朝堂之上还是退隐山林，忧国忧民之心绝不会改变。作者缅怀先贤，也表达了"先天下之忧而忧，后天下之乐而乐"的追求，点明了全文的主旨。

散文作者简介

范仲淹（989—1052 年），字希文，苏州吴县（今江苏苏州）人，北宋著名政治家、文学家。范仲淹幼年丧父，但从小勤奋好学。他于 1015 年进士及第，进入官场。1043 年，范仲淹参与庆历新政，对北宋朝廷进行改革。约两年后，新政失败，他被贬出京。1052 年，范仲淹去世，谥号是文臣中最高级别的“文正”，所以世人称范仲淹为“范文正公”。

范仲淹的文学成就十分突出，有《江上渔者》《岳阳楼记》等作品，主要著作有《范文正公集》。《岳阳楼记》中的“先天下之忧而忧，后天下之乐而乐”，成为流传千古的名句，对后世影响十分深远。

《醉翁亭记》

悲喜交加的游记文

作者：欧阳修

时代：北宋

分类：写景散文

出处：《欧阳文忠公文集》

散文之美

作品魅力：古代游记散文的巅峰之作。

散文思想：全文以“乐”字贯穿始终，表现出作者“与民同乐”的宽广胸怀，以及对人民宁静幸福生活的向往。

文章特点：文字格调清丽，饱含诗情画意。语言灵动，文字自然天成，不拘一格。

跨越时光学经典

政治失意，寄情山水

这篇文章以写实的手法将醉翁亭附近的景色分早晚、四季完美地展现出来。全文紧扣着一个“乐”字，体现了欧阳修对大自然的热爱之情。同时，作者那句“醉翁之意不在酒，在乎山水之间也”，又将政治失意，报国无门的苦闷和压抑展现了出来，与美好的山水形成了鲜明的对比。

逐渐深入

文章第一段写了醉翁亭的位置，并引出了人和事。这段运用了全景俯瞰与局部特写相互交融的写作手法。从琅邪山到酿泉，再到醉翁亭，作者分别剖析，逐渐深入。接着点出自己“醉翁”之名的由来，同时点出“醉翁之意不在酒，在乎山水之间也。山水之乐，得之心而寓之酒也”。

链接小知识

庆历三年（1043 年），范仲淹与韩琦、富弼等人一同推行“庆历新政”，欧阳修也投身其中。但新政不久就遭废除。范仲淹、韩琦、富弼等人相继被贬。欧阳修上书分辩，结果被贬到滁州担任太守。

《醉翁亭记》这篇作品创作于宋仁宗庆历五年（1045 年），当时欧阳修在滁州取得了一定成绩，百姓安居乐业。欧阳修十分高兴，闲暇时游山玩水，创作了《醉翁亭记》这篇作品。

与民同乐

文章第二段描写了山间朝暮、四季的美丽景色。作者运用了排偶句，生动地描绘出四时鲜明的不同画面，抒发了自己陶醉山林的欢乐心情。

第三段主要写了滁州人们幸福安乐的出游生活，以及欧阳修作为太守愿“与民同乐”的情怀。作者先写滁州百姓出游的场面，接着写太守设宴与民同乐的场景，这里欧阳修还对自己的形象进行了描绘，体现了太守与下属关系融洽。只有“政通人和”，才能有这样的快乐。

最后一段则写了宴会散场、众人踏上归途的情景。作者巧妙地运用飞鸟的乐趣来衬托游人的乐趣，又用游人的乐趣衬托太守的乐趣。这里太守的“醉”还委婉地表达了自己报国无门，只能在山林间买醉的复杂感情。

大师的超时空直播间

几年前，韩琦、范仲淹、富弼等大人执政，开始进行政治改革。我当时出任谏官，积极支持他们的工作。但是，朝中的保守派如夏竦等人，攻击我们这些人是朋党。我写了一篇叫作《朋党论》的文章反驳他们。后来改革失败，我被贬到滁州，写下了《醉翁亭记》。如今想来，我仍然不后悔与这些君子们相交一场。

> 臣闻朋党之说，自古有之，惟幸人君辨其君子小人而已。大凡君子与君子，以同道为朋；小人与小人，以同利为朋。此自然之理也。
>
> ——《朋党论》

明代文学家
茅坤

这篇文章可谓文中之画。以前的人读此文后，有过精妙的比喻：“如游幽泉邃石，入一层才见一层，路不穷兴亦不穷，读已令人神骨翛然长往矣。”这真是文章中别有洞天啊！

记太守去，宾客亦去、滁人亦去，却意外忽添出禽鸟，妙。

明末清初文学批评家
金圣叹

清代文学家
张伯行

据说欧阳先生的初稿开头是几十个字，最后删成“环滁皆山也”五个字，简明扼要。由此可见，文字最重修改。

通篇共用了二十一个“也”字，逐层递进，句句是记山水，句句是记亭，句句是记太守。结构似散非散，似排非排，真是欧阳老师匠心独创之作。

清代文人
吴楚材、吴调侯

传世经典精读

醉翁亭记（节选）

太守与客来饮于此，饮少辄（zhé）醉，而年又最高，故自号曰醉翁也。醉翁之意[1]不在酒，在乎山水之间也。山水之乐，得[2]之心而寓[3]之酒也。

…………

已而夕阳在山，人影散乱，太守归而宾客从也。树林阴翳（yì）[4]，鸣声上下[5]，游人去而禽鸟乐也。然而禽鸟知山林之乐，而不知人之乐；人知从太守游而乐，而不知太守之乐其乐[6]也。醉能同其乐，醒能述以文者，太守也。太守谓[7]谁？庐陵[8]欧阳修也。

注释

① 意：这里指意境、情趣。“醉翁之意不在酒”后来用来比喻某人的本意不在此，另有目的。

② 得：领会。

③ 寓：寄托。

④ 阴翳：形容枝叶茂密成荫的样子。翳，遮盖。

⑤ 鸣声上下：指禽鸟在高处和低处鸣叫。上下，指高处和低处的树林。

⑥ 乐其乐：以游人们的快乐为快乐。

⑦ 谓：为，是。

⑧ 庐陵：古郡的名字，庐陵郡。欧阳修的家族是庐陵大族。

译文

太守和宾客经常来这里饮酒，稍微喝一点就醉了，并且他的年龄又最大，所以为自己起了个别号叫“醉翁”。醉翁的意图不在酒上，而在山清水秀中啊。游山玩水的乐趣，领会在心里而寄托在酒上罢了。

…………

不久后，夕阳落到西山上，游人离去的影子散乱，这是太守要回去，宾客跟从的景象。树林茂密成荫，上上下下一片叫声，那是游人走后鸟儿在欢乐地歌唱。然而鸟儿们只知道山林的乐趣，却不知道游人的乐趣；游人只知道跟着太守游玩很快乐，却不知道太守以他们的快乐为自己的快乐。醉了能和游人一起快乐，酒醒后能写文章记述这乐趣的，就是太守啊。太守是谁？太守就是庐陵人欧阳修。

作品赏析

作者很享受与民同乐的过程，用“乐其乐”三个字表达出自己要为滁州百姓做一番事业的决心。表面上“乐其乐”说的是以游人的快乐为自己的快乐，事实上是以滁州百姓的快乐为自己的快乐，进而可以引申为以天下百姓的快乐为自己的快乐。这与其政治搭档、好友范仲淹那句名言“先天下之忧而忧，后天下之乐而乐”有异曲同工之妙。

散文作者简介

欧阳修（1007—1072 年），吉州吉水（今江西省吉安市吉水县）人，字永叔，号醉翁，晚年自号六一居士，北宋著名史学家、文学家。

欧阳修年少清贫，刻苦读书，1030 年中进士。历经仁宗、英宗、神宗三代皇帝，死后谥号“文忠”，人们称他为欧阳文忠公。

欧阳修与韩愈、柳宗元、苏轼合称为“千古文章四大家”。他承上启下，继承并发展了韩愈的古文运动，开创了北宋文坛一代文风，成为一代文坛领袖，有《欧阳文忠公文集》传世。

《答司马谏议书》

锐意进取，文豪争锋

作者：王安石

时代：北宋

分类：书信散文

出处：《临川先生文集》

散文之美

作品魅力：中国文学史上的驳论名篇。

散文思想：批评了当时的守旧派，表明了作者百折不挠、坚持变法的决心。

文章特点：文字严正、有说服力，注重逻辑推理，运用了多种方法逐条驳斥对方，词锋尖锐，论据充足。

跨越时光学经典

事关国事，并非私怨

这篇文章属于驳论文，主旨就是驳斥对方的观点。《答司马谏议书》的根本目的就是驳斥司马光所谓的新法涉嫌“侵官”“生事”“征利”“拒谏”“致怨”这五项指责。文章第一段主要介绍了写这封信的缘由。王安石认为，自己与司马光并非个人恩怨，都是为了国事，因此在文章中做出详细解释。

旗帜鲜明，表达观点

文章第二段火力全开，重点驳斥了司马光的前四个指控，旗帜鲜明地表明自己坚持变法的立场。王安石认为，制定新法是皇帝的意思，经过朝廷大臣的讨论后颁布，再交给具体的官员去执行，这是名正言顺、合理合法的，怎么能说侵犯了官员的利益呢？变法的根本目的就是“兴利除弊”，利于国家百姓，自然不是“生事扰民”。变法“为天下理财”，新法的问题不在于有没有征利，而在于是为谁征利。至于“拒谏”，要看意见是不是正确的，拒绝正确的批评，那才叫拒谏。对于变法会招来大量反对意见，是自己早就料到的。

链接小知识

1069年，继位不久的宋神宗重用王安石主持变法。然而，变法不可避免地触犯到了士大夫集团的利益，遭到一些人的强烈反对。以司马光为首的旧党，对新政进行了顽强抵抗。司马光曾三次写信给王安石，指出变法有“侵官”“生事”“征利”“拒谏”“致怨”五项罪名。王安石便写了这篇《答司马谏议书》，对其指责一一反驳，表明自己变法的决心。不久，司马光上疏要求废止新法，被神宗拒绝。

步步为营，层层推进

第三段，作者进一步阐明自己的观点，对司马光所说的“怨诽”进行了有理有据的反驳。王安石批判了士大夫平日秉承“习于苟且”“不恤国事”“同俗自媚于众”的人生态度，举例盘庚不顾百姓反对迁都，使殷商复兴的典故，说明反对者多并不代表变革方向是错误的，只要“度义而后动”，就能坚持下去。最后，王安石尖锐地说，如果司马光责备自己这么长时间没能做出成效，那么处处设阻的司马光应该对原因心知肚明，令对方无言以对。

这篇文章步步为营，层层推进，分析过程简洁有力，短短几句话就能揭示事件的本质。作者态度坚决不留余地，显示出从容镇定的气概。同时，作为朋友间的通信，王安石公私分明、开诚布公，表现出一代政治家的胸怀。

大师的超时空直播间

刚刚收到司马光的《与王介甫书》。他言辞激烈，指责我有五大罪状，还说我祸国殃民。我知道，皇帝很欣赏司马光，想给他一个枢密副使的职务，其实我本人和司马光也一直是好朋友。但是，为了变法，就要公私分明，国家利益肯定要超过个人情谊。于是我写了《答司马谏议书》，针锋相对地答复他的质疑。

如君实责我以在位久，未能助上大有为，以膏泽斯民，则某知罪矣；如曰今日当一切不事事，守前所为而已，则非某之所敢知。

——《答司马谏议书》

宋代文学家
曾巩

王安石是我的朋友，他的文章有古人的风范，水平真的很高。

若说王安石是个奸邪小人，的确有些过分，但他真的像个不懂事的孩子，又是个不撞南墙不回头的人。

宋代政治家、文学家
司马光

清代学者
蔡上翔

王安石当政时期，国家全盛，熙河大捷，开疆扩土数千里，是宋代开国百年以来从未有过的局面。

王安石最善于辩论，只说几句话，便反驳了司马光的长篇大论，太牛了！

清代文学家
刘熙载

清代文学家
吴汝纶

这篇文章固然有王安石高傲自负的因素在内，但说到底还是他理直气壮啊。

传世经典精读

答司马谏议书（节选）

盖[①]儒者[②]所争，尤在于名实[③]，名实已明，而天下之理得矣。今君实[④]所以见教者，以为侵官、生事、征利、拒谏，以致天下怨谤（bàng）也。某则以谓受命于人主，议法度而修之于朝廷，以授之于有司，不为侵官；举先王之政，以兴利除弊，不为生事；为天下理财，不为征利；辟[⑤]邪说，难（nàn）壬（rén）人[⑥]，不为拒谏。至于怨诽之多，则固前[⑦]知其如此也。

注释

①盖：古文中在句首的语气助词，引起下文的议论，没有实际意义。

②儒者：这里泛指朝廷的士大夫。

③尤在于名实：特别在于名和实（是否相符）。

④君实：指司马光，“君实”是司马光的字。

⑤辟：批驳、驳斥。

⑥壬人：善于巧言献媚，不行正道之人。

⑦前：预先。

译文

士大夫们所争辩的，多在于名和实是否相符，名实相符之后，天下的根本道理就清楚了。如今您之所以来指教我，是认为我的新法侵犯了官吏们的职权，制造事端，聚敛钱财与民争利，拒不接受批评，因此招来了天下人的怨恨和指责。我却认为从皇帝那里接受命令，在朝堂上公开商定法令制度并且修改后，将它交给专门的官吏去执行，这并不属于侵犯官权；推行前代贤明君王的政令，发扬光大，革除弊端，这不是制造事端；替国家理财，这不是搜刮钱财；驳斥那些错误言论，排斥那些奸佞小人，这不是拒不接受批评。至于招来那么多的怨恨和诽谤，那是我本来就预料到的。

作品赏析

这段文字中，王安石步步为营，一一驳斥了司马光的观点，有理有据，大义凛然。既对政敌的指控做出了回应，又表达了自己坚持变法的决心。

散文作者简介

王安石（1021—1086 年），字介甫，号半山，抚州临川（今江西省抚州市），北宋时期政治家、文学家、思想家。由于他被封为荆国公，所以世人又称他为荆公。

王安石年轻时就有了胸怀天下的抱负。庆历二年（1042 年），他考中进士，然后一直在地方锻炼。宋神宗即位后，任用王安石推行新法。由于新法触动了很多人的利益，司马光、韩琦、富弼等人都明确表示反对。熙宁九年（1076 年），王安石罢相后，过起了隐居生活。1086 年，王安石病逝于江宁，谥号为“文”，世称王文公。

如今有《临川先生文集》《王文公文集》存世。

明清

曲折中艰难创新

明朝初年的散文大家以宋濂和刘基为代表。宋濂的主要成就是传记文，而刘基则是诗文双绝的学者，散文以寓言杂文最具特色。

明朝统治稳定后，统治者提倡理学思想，一度束缚了学者的创新性，以杨士奇、杨荣、杨溥为代表的“台阁体”逐渐占统治地位，这些人的散文基本是歌功颂德、粉饰太平的作品，可读性不强。以李东阳为首的茶陵诗派，在变革“台阁体”文风方面起到了推动作用。

明朝中后期，没有像唐宋时期那样的散文大家，更多的是唐宋散文的效仿者。先有学习秦汉时代散文的“拟古”派；后有主张学习唐宋韩愈、欧阳修散文风格的“唐宋派”，其中较为有名的人物是写出《项脊轩志》的归有光。

清代散文，最初承载了明朝的“唐宋派”一脉，代表作家有侯方域、魏禧、汪琬等人。侯方域的成就最高，散文被时人推为第一。清朝中叶以后，“桐城派”发展迅猛，势力极大，俨然成为清代古文正宗。“桐城派”古文注重“义理”，布局严谨，语言雅洁，影响甚至一直持续到民国初年。“桐城派”的代表作家有方苞、刘大櫆、姚鼐、管同、梅曾亮等人。影响力较大的还有袁枚和郑燮。袁枚的作品感情真挚，不拘一格。郑燮的作品诙谐幽默，亲切自然。

另外，清代散文还有一些关于国家大事的启民智类的议论文。写此类作品的作家有：清朝初年的顾炎武、黄宗羲和王夫之，清朝末年的梁启超。他们散文的共同特点是呼吁百姓觉醒。

《送东阳马生序》

殷殷期望，劝学名篇

作者：宋濂

时代：明代

分类：赠序

出处：《宋学士全集》

散文之美

作品魅力：劝学散文代表作。

散文思想：作者以虚心求教和勤苦学习的经历，劝诫后辈不要一味强调环境因素，要努力谋求学业进步。

文章特点：运用了对比的手法，完美地把叙事和议论结合，结构严谨，详略有致，是赠序中的佳作。

跨越时光学经典

勉励晚生刻苦读书

宋濂写此篇赠序的初衷，是为了勉励同乡晚生马君则刻苦读书，但不是说教的口吻，而是通过讲述自己的亲身经历引申出来，令人感动。

回忆往日艰难

文章的第一部分，作者讲述了自己青少年时代借书拜师求学的情形，重点突出了艰难的学习条件。

第一是借书难，由于家中穷困，只好借人家的书来抄。冬天天寒地冻，砚结了冰，手指冻僵，也强忍着抄下去，不敢耽误归还日期。

第二是求师难，跑到百里之外去寻找老师，老师十分严厉，宋濂始终恭谨小心，终有收获。

第三是生活难，家中经济条件太差，拜师时穿着破衣服，忍寒受冻，却安于清贫，学有所得。

链接小知识

明洪武十年（1377年），宋濂告老还乡，朱元璋亲自为他饯行，并允许他每年朝见皇帝一次。第二年，宋濂应诏来到应天府（今江苏南京）拜见皇帝。这时，有位年轻的同乡晚辈学子马君则前来拜访。临别时，宋濂写下了此篇赠序，介绍自己年少时的学习经历，以勉励马君则及其他学子勤奋学习。马君则是东阳（今属浙江）人，与宋濂的老家浦江同属当时的金华府，因此宋濂称他为“乡人子”，即子侄辈的同乡。宋濂在这篇文章中，对年轻学子现身说法，语重心长，令人感动。

正反论证

第二部分笔锋一转，开始批评眼下的一些年轻学子。尽管他们的读书条件要比宋濂小时候好太多，却没在学业上取得突破。宋濂从正反两个方面论证了勤奋刻苦才是学业有成的必要条件。

文章的最后，宋濂将写这篇文章的原因记录下来，并勉励马君则这个同乡后辈，希望他能勤奋读书，学有所成。

大师的超时空直播间

辞别皇帝、告老还乡之后，老夫一直都在家中。这次来应天府觐见陛下，有位同乡的后辈前来。老夫那天精神很好，于是就跟他讲述了一些当年我求学的故事。或许是人老了有些絮叨，如今的年轻人求学精神差着我们那辈人好几条街呢。

其将归见其亲也，余故道为学之难以告之。谓余勉乡人以学者，余之志也；诋我夸际遇之盛而骄乡人者，岂知予者哉？

——《送东阳马生序》

元代学者
欧阳玄

宋濂真是一位奇才啊！他气韵沉雄，就像韩信领兵打仗，百战百胜，毫不畏惧；他神思飘逸，就像列子御风，翩然远去，不沾尘土。

当世最佩服的人就是宋濂。如今文坛宋濂排名第一，第二名是我，第三名是张孟兼。

明代文学家
刘基

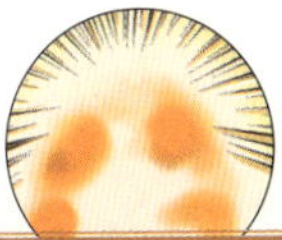

明代学者
徐尊生

南京有两位博学的人，宋濂以笔为舌，曾鲁以舌为笔。

我朝写文章最厉害的人，是宋濂、杨士奇、李东阳、王守仁。

明代文学家
王世贞

清代文学家
纪昀

宋濂的文章雍容浑穆，如天闲良骥，典雅巧妙，自有节度。

传世经典精读

送东阳马生序（节选）

余幼时即嗜（shì）学。家贫，无从致[①]书以观，每假借[②]于藏书之家，手自笔录，计日以还。天大寒，砚冰坚，手指不可屈伸，弗之怠。录毕，走送之，不敢稍逾约。以是人多以书假余，余因得遍观群书。既加冠[③]，益慕圣贤之道。又患无硕师[④]名人与游，尝趋百里外，从乡之先达执经叩问。先达德隆望尊，门人弟子填其室，未尝稍降辞色。余立侍左右，援疑质理，俯身倾耳以请；或遇其叱咄（chìduō）[⑤]，色愈恭，礼愈至，不敢出一言以复；俟（sì）

其欣悦，则又请焉。故余虽愚，卒获有所闻。

注释

①致：得到。

②假借：借的意思。

③加冠：古代男子二十岁时举行加冠（束发戴帽）仪式，代指成年时候。

④硕师：指学识渊博的老师。

⑤叱咄：训斥，责备。

译文

我年少的时候就酷爱读书。因为家中贫穷，无法找到书来读，所以经常向藏书多的人家去借，亲手抄录，约定日期送还给人家。天气非常寒冷的时候，砚池中的墨冻成了坚冰，手指冻僵不能屈伸，我仍不放松抄书。抄完之后，赶快跑去送还给人家，不敢稍微超过约定期限。因此人们大多肯把书借给我，我也因此能够读很多书籍。成年之后，我更加仰慕圣贤的大道，却烦恼不能与学识渊博的老师和名士们交往，曾赶到百里之外，手拿着书本向同乡前辈学者求教。前辈德高望重，门人和学生挤满了他的屋子，但他的言辞和态度从来都很生硬，一点也不委婉。我站在他身边陪侍，提出疑难，询问道理，俯下身子侧起耳朵向他请教。有时候遭到他的训斥，我的表情更为恭敬，礼节更为周到，不敢出言辩解；等到他高兴的时候，就再次向他请教。所以我虽然秉性愚钝，最终还是学到很多知识。

作品赏析

这段文字讲述了宋濂年少时艰难求学的事迹。作者通过借书、拜师这两件事，将自己年少时刻苦攻读的好学精神完整地展现在我们面前。特别是寒冬腊月手冻僵依旧坚持抄书，以及被老师呵斥后态度更加恭敬这两件事，令人感慨良多。

散文作者简介

宋濂（1310—1381年），字景濂，号潜溪，浙江浦江人，元末明初著名的政治家、文学家、史学家和思想家。他自幼家境贫寒，学习刻苦努力，有“神童”的称号。元朝末年，朝廷征召他出山做官，被其拒绝。

朱元璋建立明朝后，宋濂出山担任太子朱标的老师，并奉命主修《元史》。后因受孙子宋慎牵连被流放茂州，中途病逝。

宋濂与高启、刘基并称为“明初诗文三大家”，被朱元璋誉为“开国文臣之首”。宋濂的散文成就极高，他创作的散文淳厚飘逸，风格多变，作品大部分收录在《宋学士文集》中。

《少年中国说》

振聋发聩的热血之作

作者：梁启超

别名：《少年华夏说》

时代：清代末期

分类：议论散文

出处：《饮冰室合集》

散文之美

作品魅力：气势壮阔的爱国主义教育文章，是散文从文言文向白话文转变的重要标志。

散文思想：希望建立一个崭新的“少年中国”，重现中华民族的精神荣光。

文章特点：文章句式自由，长短句交错出现；文风自由，极大地丰富了传统散文的表现形式。

跨越时光学经典

开文章新体，激民风暗潮

《少年中国说》是梁启超流亡日本时期在《清议报》上发表的一篇著名文章，“开文章之新体，激民气之暗潮”。无论在当时还是后世，这篇文章都产生了巨大的影响。

反驳、类比

文章一开始，梁启超就指出了所要反驳的观点——帝国主义国家将我们中国侮辱性地称为“老大帝国”，我们中国真的是“老大帝国”吗？梁启超大声疾呼：不对！我心中有个少年中国！

接着，作者将老人与少年进行比较，运用大量典故，举出一些事例，将少年与国家发展联系起来。

链接小知识

清末戊戌变法失败后，梁启超逃亡日本。当时八国联军侵华，攻陷了天津和北京等地，即“庚子事变”。社会上蔓延着一种悲观的情绪，帝国主义国家对中国进行污蔑，一些中国人也自暴自弃。有鉴于此，梁启超创作了这篇气势恢宏的《少年中国说》，力图唤起中国人民的爱国热情，激起中华民族的自尊心和自信心。

希望在少年身上

在梁启超看来，中国历史文化源远流长，绝非衰老的国家。朝代有兴衰，但中国还是一个正在成长的少年中国，只不过受限于制度的陈旧、官员的腐败，所以暂时落后。那希望在哪里呢？梁启超将目光投向了万千中国少年。

梁启超极力赞扬了少年勇于改革的进取精神，鼓励少年肩负起建立少年中国的重任，运用了一长串排比句和对偶句，表达了对中国少年积极进取的美好愿望。

大师的超时空直播间

看到孩子读书，就感觉有了希望。戊戌变法失败后，我曾经流亡海外，与孙文先生接触过，共商振兴大计。后来虽然与他们有些观念冲突，我依然没有放弃振兴中国的理想。中国历史悠久，地大物博，人口众多，绝不是什么日薄西山的“老大帝国”！

> 历观近世各国之兴，未有不先以破坏时代者。此一定之阶级，无可逃避者也。有所顾恋，有所爱惜，终不能成。
>
> ——《破坏主义》

梁启超的文章，惊心动魄，一字千金，人人笔下所无，却为人人意中所有，虽铁石人亦应感动。从古至今，文字之力之大，无过于此者矣。

清代诗人
黄遵宪

中国当代文体的改革，是梁启超人生最伟大的功绩，他那杂以俚语的新文体（报章体），使得国民阅读水平一日千里。

近代学者
吴其昌

梁先生的文章，明白晓畅之中，带着浓挚的热情，使读的人不能不跟着他走，不能不跟着他想。

现代学者
胡适

梁启超的文学影响实在太大了，他的文笔生动，宣传力惊人。

现代学者
郭湛波

传世经典精读

少年中国说（节选）

故唐虞以前为胚胎时代，殷周之际为乳哺时代，由孔子而来至于今为童子时代，逐渐发达，而今乃始将入成童以上少年之界焉。其长成所以若是之迟者，则历代之民贼有窒其生机者也。譬犹童年多病，转类老态，或且疑其死期之将至焉，而不知皆由未完成、未成立也，非过去之谓，而未来之谓也。

…………

故今日之责任，不在他人，而全在我少年。少年智则国智，少年富则国富，少年强则国强，少年独立则国独立，少年自由则国自由，少年进步则国进步，少年胜于欧洲则国胜于欧洲，少年雄于地球则国雄于地球。

红日初升，其道大光。河出伏流，一泻汪洋。潜龙腾渊，鳞爪飞扬。乳虎啸谷，百兽震惶。鹰隼（sǔn）试翼，风尘吸张。奇花初胎，矞（yù）矞皇皇[①]。干将（gānjiāng）发硎（xíng），有作其芒[②]。天戴其苍，地履其黄。纵有千古，横有八荒[③]。前途似海，来日方长。

美哉，我少年中国，与天不老！壮哉，我中国少年，与国无疆！

注释

① 矞矞皇皇：华美瑰丽，富丽堂皇。

② 干将发硎，有作其芒：宝剑在磨刀石上磨出来，它的锋刃大放光芒。干将，古代铸剑师的名字，也是宝剑的名字，此处指宝剑。硎，磨刀石。

③ 八荒：东、南、西、北、东南、东北、西南、西北这八个方向上极远的地方，泛指辽阔的地方。

译文

因此，尧舜之前是中国的胚胎时代，商周时期是中国的乳哺时代，孔子的年代到现在则是中国的童子时代。社会发展是逐渐发达的，到了今天才开始跨过儿童之上到少年这个界限。中国的成长为什么这么缓慢，原因在于历代都有残害民众而作乱的人，阻挡着中国社会发展的生机。就好像儿童如果多病的话，反倒在外表会有衰老的样子，甚至有时候会被怀疑其死期已经不远了，而不知道这都是因为他尚未完全长大成人。这些不是针对过去的说法，而是放眼于未来才这样说的。

…………

所以说今天的责任，不在别人身上，全在我们少年身上。少年智慧，我们的国家就智慧；少年富裕，我们的国家就富裕；少年强大，我们的国家就强大；少年独立，我们的国家就独立；少年自由，我们的国家就自由；少年进步，我们的国家就进步；少年胜过欧洲，我们的国家就胜过欧洲；少年称雄于世界，我们的国家就称雄于世界。

红日刚刚升起的时候，道路上充满霞光。黄河从地下涌上来，一泻千里像汪洋大海。潜龙从深渊中腾跃升起，鳞爪舞动飞扬。小老虎在山谷嘶吼，所有野兽都惊慌失措。鹰隼试着振翅欲飞，风和尘土高高飞扬。奇花刚孕育出蓓蕾，华美瑰丽，富丽堂皇。宝剑在磨刀石上磨出来，它的锋刃大放光芒。头顶着苍天，脚踏着黄土大地。纵向看有悠久的历史，横向看有辽阔的疆域。前途像海一样没有边界，未来的日子还很长。

美丽啊，我的少年中国，与天地一样不会老去！雄壮啊，我的中国少年，和祖国大地一样豪迈宽广！

作品赏析

这段文字是《少年中国说》里最为慷慨激昂的部分，将中国少年身上肩负的巨大使命一一道来。同时，“红日初升”之后，作者用了类似骈文的句式，使用多个振奋人心的四字词，层层递进，逻辑严密。读起来铿锵有力，极具感染力。

散文作者简介

梁启超（1873—1929 年），字卓如，号任公，又号饮冰室主人、自由斋主人等，广东新会（今江门市新会区）人，近代维新派领袖、学者。

梁启超年幼时便刻苦学习，1890 年参加科举考试，结果落第。后来他投奔到康有为门下，走上改良维新的道路。1895 年，梁启超参与了“公车上书”请愿活动。1898 年，梁启超积极参加变法维新。变法失败后，梁启超逃亡海外，开始致力于介绍西方社会政治学说的活动。梁启超才华横溢，学识过人，有《饮冰室合集》。

历代散文风格

先秦 朴实无华

先秦时期的散文文风朴实无华，以纪实的史学著作与寓意深刻的诸子百家作品为主。这些作品偏向于说教或纪实，自然没有奢靡华丽的语言。不过，这个时期以屈原、宋玉为代表的楚辞作家文风偏向华丽。

两汉 文章华美

两汉时期，文士们摒弃了先秦散文朴实清新的特点，开始崇尚堆砌华丽辞藻。这种风格大概与当时社会风气偏向描写帝王、山川、游猎等雄伟题材有关。汉赋“散韵结合，专事铺叙”的风格，本身就需要堆砌华丽辞藻，并大量使用对偶、排比等手法来加强文章气势。

魏晋南北朝 隐逸与华丽

魏晋南北朝时期，散文也延续了两汉风格，文风偏向于华丽的骈文，代表人物是“三曹”中的曹植。魏晋南北朝时期，社会动荡不安，文学创作主题大多是悲壮与放纵的题材，还包含着一些隐逸的主题。在这种情况下，这个时期也涌现出一批文风朴实的作者，其中的代表人物是陶渊明。

隋唐
朴实的古文运动

隋唐时期，散文步入了巅峰期，华丽的骈文与朴实的古文同在。唐代的科举文章和朝廷的公文，文风大多是华丽的，而唐代有名的散文，大多是朴实自然的古文，这要归功于韩愈、柳宗元引领的“古文运动”。

两宋
散文日益朴实

两宋时期，在欧阳修、苏轼等人的努力下，散文风格逐渐偏向朴实自然。这一时期，无论是欧阳修的《岳阳楼记》，还是苏轼的《赤壁赋》都摒弃了前代骈文那种过于讲究语句工整的创作手法，走出了堆砌辞藻的模式，朴实自然。

元明清
逐渐贴近生活

元代之后，小说和戏剧等俗文化日益成熟，动摇了诗词、散文等题材的地位。小说和戏剧的活跃，也对散文的风格产生了影响，从明代开始，出现了通俗有趣、语言活泼自由的散文。清代有追求古雅之美的骈体文，也有雅俗共存的优美散文，以及畅所欲言、反映真情实感和社会现实的文章。

作文素材索引

【文脉流传】

【此情此景】

【论证方法】

【修养身心】

作文佳句素材索引

【自然美景】

苔痕上阶绿，草色入帘青。谈笑有鸿儒，往来无白丁。

——《陋室铭》/054

落霞与孤鹜齐飞，秋水共长天一色。渔舟唱晚，响穷彭蠡之滨；雁阵惊寒，声断衡阳之浦。——《滕王阁序》/074

从小丘西行百二十步，隔篁竹，闻水声，如鸣珮环，心乐之。

——《小石潭记》/082

树林阴翳，鸣声上下，游人去而禽鸟乐也。

——《醉翁亭记》/100

【志向远大】

奋六世之余烈，振长策而御宇内，吞二周而亡诸侯，履至尊而制六合，执敲扑而鞭笞天下，威振四海。——《过秦论》/034

诚宜开张圣听，以光先帝遗德，恢弘志士之气，不宜妄自菲薄，引喻失义，以塞忠谏之路也。——《出师表》/ 044

山不在高，有仙则名。水不在深，有龙则灵。

——《陋室铭》/054

不以物喜，不以己悲，居庙堂之高则忧其民，处江湖之远则忧其君。

——《岳阳楼记》/092

某则以谓受命于人主，议法度而修之于朝廷，以授之于有司，不为侵官；举先王之政，以兴利除弊，不为生事；为天下理财，不为征利；辟邪说，难壬人，不为拒谏。

——《答司马谏议书》/108

天大寒，砚冰坚，手指不可屈伸，弗之怠。

——《送东阳马生序》/118

天戴其苍，地履其黄。纵有千古，横有八荒。前途似海，来日方长。

——《少年中国说》/127

跨越时空的大语文

辞赋大有来头

刘光成　等　编著

中信出版集团 | 北京

图书在版编目（CIP）数据

跨越时空的大语文：全6册 / 刘光成等编著. -- 北京：中信出版社, 2024.3
ISBN 978-7-5217-5049-2

Ⅰ.①跨… Ⅱ.①刘… Ⅲ.①语文课－中小学－教学参考资料 Ⅳ.①G634.303

中国版本图书馆CIP数据核字（2022）第241671号

跨越时空的大语文（全6册）

编　　著：刘光成　等
本册撰稿：王颖
出版发行：中信出版集团股份有限公司
（北京市朝阳区东三环北路 27 号嘉铭中心　邮编　100020）
承 印 者：北京盛通印刷股份有限公司

开　　本：787mm × 1092mm　1/16　　印　　张：47　　字　　数：950千字
版　　次：2024年3月第1版　　印　　次：2024年3月第1次印刷
书　　号：ISBN 978-7-5217-5049-2
定　　价：158.00元（全6册）

目录

先秦

辞赋的来源

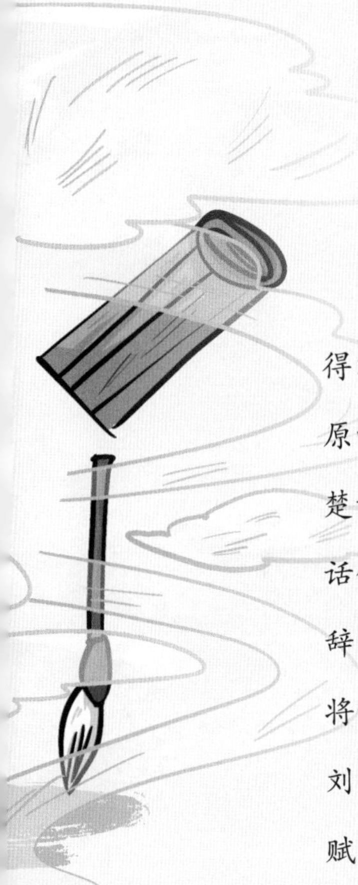

现存最早的赋，是战国时期荀子的《赋篇》。但赋得以发展进而兴盛起来，则是受楚辞的影响。楚辞以屈原的作品为代表，宋玉等楚辞作者均受到屈原的影响。楚辞主要是在战国时期楚国的文学样式、方言声韵、神话传说和风土人情等的基础上产生的。汉代人吸收了楚辞的一些特点来写赋，催生了汉赋这一著名文体。汉人将辞、赋并称为辞赋。南朝齐、梁时期文学理论批评家刘勰在其作品《文心雕龙·诠赋》中列举了十位著名辞赋家，将他们称为“辞赋之英杰”，其中有两位战国时期的代表人物——荀子和宋玉。宋玉的赋作代表有《风赋》《高唐赋》《神女赋》等，他的这些赋也被称作骚体赋。

《高唐赋》

壮美绝伦，气象万千

作者：宋玉

创作年代：战国时期

文学体裁：骚体赋

特点：景色描写有声有色，语言铺张华丽而又复杂多变

评价：承前启后，是汉大赋的基础，也是最早包含序的赋

你知道吗

骚体赋是古典文学中韵文体裁的一种，是一种以战国时期楚辞的创立者屈原的《离骚》为代表的赋体作品。骚体赋作品的创作，以屈原、宋玉、唐勒、景差等人为主，这类作品中充满了战国时期楚地的方言和风土人情，最显著的特点是多次使用“兮”这个字。

跨越时光学经典

楚顷襄王与巫山神女

《高唐赋》是战国后期楚国著名辞赋家宋玉的代表作，主要是楚顷襄王与宋玉之间关于巫山神女的对话。

在序里，宋玉讲述了一段先代楚王与巫山神女之间的往事。正文则描写了神女生活之地的瑰丽景象。作者铺写了巫山的景观，并从山川、树林、动物、祭祀、出猎等方面，以华丽的辞藻、连续的排比，描绘出一幅幅壮美绝伦的画面，读来朗朗上口，气势非凡。

回忆往事所作

由于年代久远，《高唐赋》的具体创作时间无法确定。根据内容来看，此赋与宋玉另外一篇作品《神女赋》有所关联，二者前后衔接。《高唐赋》讲述了先代楚王与巫山神女之间的故事；而在《神女赋》中，楚顷襄王晚间梦见了巫山神女。

从《高唐赋》的序言来看，这篇文章描述的事件可能发生于宋玉担任楚王文学侍臣的时候。从写作的口吻“昔者，楚襄王与宋玉游于云梦之台”来看，这篇赋应当是宋玉回忆往事之作。

了解作者

宋玉是战国后期楚国著名的诗人、辞赋家。宋玉生于楚国鄢都（今湖北宜城东南），是普通家庭出身，在楚顷襄王时做过文学侍从一类的官职，后来任楚国大夫。

据说，宋玉是著名诗人屈原的学生。他继承并延续了屈原作品的艺术风格，成为继屈原之后战国时期的辞赋代言人，后人将二人并称为“屈宋”。《汉书·艺文志》里面说宋玉有十六篇赋，《隋书·经籍志》记载《宋玉集》有三卷，但已经佚失。宋玉传世作品有《九辩》《风赋》《高唐赋》，以及流传很广的《登徒子好色赋》等。

“悲秋”与“神女”主题的影响

宋玉是战国后期继屈原之后又一位重要的辞赋大家，他在中国文学史上有着开创性贡献。

宋玉把秋天与悲伤联系起来，“悲秋”这一经典文学主题便是由他而起。

宋玉擅长描写女性的外貌、神态，他对巫山神女的经典描述，对后世产生了巨大影响，包括曹植、曹雪芹等著名文人的作品中，都能找到受宋玉影响的痕迹。

大师的超时空直播间

我跟大王提到了先王与巫山神女的缘分，写了一篇《高唐赋》，这里面其实包含了一点劝谏大王的心思。当晚大王又做了一个跟神女有关的梦，索性我再写一篇《神女赋》吧。这两篇前后属连，相互衔接，一起发出来，请大家指正。

楚襄王与宋玉游于云梦之浦，使玉赋高唐之事。其夜王寝，梦与神女遇，其状甚丽。王异之。明日，以白玉。

——《神女赋》

这篇赋大概是宋玉想象的故事，以此来劝谏楚王不要淫惑误国。

唐代学者
李善

后世文人多效仿《高唐赋》，还创作传记将这事儿写得像真事一样。

宋代诗人
陈师道

这篇文章以规谏楚王作结……《高唐赋》可以说是楚辞的变体，汉赋的萌芽，司马相如的《子虚赋》《上林赋》，其实就是将宋玉的风格发扬光大了。

明代学者
陈第

赋之本意是：义本于诗，而体制近似《离骚》。所以有了屈原的《离骚》之后，才有宋玉的骚体赋……《高唐赋》《神女赋》两赋……合二篇成文，展现了抑扬顿挫之妙。

清代学者
何焯

传世经典精读

高　唐　赋（节选）

惟高唐[1]之大体[2]兮，殊[3]无物类之可仪比。巫山赫其无畴（chóu）[4]兮，道互折[5]而曾（céng）累[6]。登巉（chán）岩[7]而下望兮，临[8]大阺（dǐ）[9]之稸（xù）[10]水。遇天雨之新霁兮，观百谷之俱集。濞（pì）[11]汹汹其无声兮，溃（kuì）[12]淡淡而并入。滂（pāng）洋洋而四施[13]兮，蓊（wěng）[14]湛湛[15]而弗止。长风至而波起兮，若丽山之孤亩。势薄（bó）岸[16]而相击兮，隘（ài）[17]交引而却会[18]。崒（cuì）[19]中怒[20]而特高兮，若浮海而望碣（jié）[21]石。

注释

①高唐：指高唐观，楚王祭祀先祖的高台，位于重庆市巫山县。

②大体：高大的体形。

③殊：绝，没有。

④畴：指匹配，相似。

⑤互折，形容交互曲折的样子。

⑥曾累：这里指山路层层叠叠的样子。

⑦巉岩：形容高大险峻的山岩。

⑧临：动词，向下看。

⑨阺：斜坡。

⑩稸：同“蓄”，积聚。

⑪濞：洪水暴发的声音。

⑫溃：河水相交流过的样子。

⑬四施：水向四方流去。

⑭蓊：聚集在一起的样子。

⑮湛湛：形容水很深的样子。

⑯薄岸：击打崖岸。

⑰隘：狭隘的地方。

⑱却会：去上游汇合。

⑲崪：通“萃”，聚集的意思。

⑳中怒：水中的急流。

㉑碣：海边的山。

译文

高唐观那高大的外形，绝没有任何东西能和它相比。巫山那样巨大，没有什么能够与它匹敌，山路错综曲折交互。登上险峻的山岩向下望，大山坡下蓄积了很深的潭水。遇上雨后初晴的时候，远观那些河水汇流，只见水面波涛汹涌，压倒了其他声音。

河水交汇在一起，盈满后向四方流去。聚水形成深潭，水深无底。远风吹来，波浪汹涌，就像山间高突的田地。惊涛拍打岸边，遇到险隘的地方，撞击倒流回到上游汇合。两个方向的水浪聚集，怒流奔涌掀起高大的浪峰，就像出海时望见海边的山一样。

作品赏析

这段文字是《高唐赋》前半部分的经典段落，主要描写了高唐观周围的环境。宋玉借雨后新晴时的景物，从远景、近景、水势、声响等方面对其进行描写。百川汇集时那奔腾汹涌的水势，读来令人如临其境，心旷神怡。描写百川的时候，作者运用了“汹汹”“淡淡”“洋洋”“湛湛”等叠字，极大地增强了文章的表现力。

关于雅与俗的典故

“下里巴人”“阳春白雪”“曲高和寡”这三个有名的典故都与宋玉有关。有人对楚王说宋玉的坏话，宋玉跟楚王解释说：“有一个人在郢都唱歌，最初演唱的是楚国最流行的两首民歌《下里》和《巴人》，此时现场围观的几千人都随他一起唱。后来他演唱高深的《阳阿》和《薤露》时，跟唱的有几百人。当他唱起高雅的《阳春》《白雪》时，只剩下几十人跟唱。最后他唱起需要五音六律和谐配合的歌曲，跟唱的只有几人了。由此可见，歌曲越高深，能跟着唱的人就越少啊！”楚王明白了宋玉的言外之意。这就是成语“下里巴人”“阳春白雪”“曲高和寡”的出处。“阳春白雪”现在用来代表比较高雅的文学艺术，“下里巴人”则代表那些通俗易懂的文学艺术。“曲高和寡”原是比喻知音太少，现在则用来形容不够通俗，理解的人很少。

两汉

风靡文坛，盛极一时

两汉时期，最有代表性的文学样式是赋。汉代赋最初多为骚体，因为形式仿照楚辞，又称“楚辞体”。汉代骚体赋的代表作是贾谊的《吊屈原赋》，司马相如的《大人赋》《哀秦二世赋》《长门赋》，等等，基本沿袭了屈原《离骚》《九章》的写作方式，文章中还保留着加“兮”字的习惯。

汉代文人在模仿楚辞的同时，又有创新，开创了一种新的文章形式——新体赋。新体赋以汉景帝时期枚乘的《七发》为标志，后人所称“汉赋”，大多就是专指这种新体赋。这种新体赋综合了散文和韵文的特点，侧重铺叙，借景抒情。新体赋又有汉大赋和抒情小赋之分。

两汉赋的主要作品是篇幅较长的汉大赋，最早的代表作是枚乘的《七发》。司马相如的《子虚赋》《上林赋》是汉大赋正式形成的标志，也是汉大赋的典范，影响极为深远。扬雄的《甘泉赋》、班固的《两都赋》、张衡的《二京赋》也是汉大赋有影响的代表作。

张衡还擅长写小赋，他的《归田赋》开创了抒情小赋这种新形式。张衡之后，赵壹、蔡邕、祢衡等人以擅长小赋而闻名。蔡邕的《述行赋》、祢衡的《鹦鹉赋》等是两汉小赋的代表作。

《长门赋》

后宫心事，说与谁听

作者：司马相如

创作年代：西汉

文学体裁：骚体赋

特点：语言哀怨委婉，感情描写细腻动人

评价：抒情骚体赋的代表，深刻影响了后世宫怨题材诗文的创作

你知道吗

宫怨题材在古代诗、词、曲、赋中都十分常见，作者大多借此表达对人生际遇的感慨。相传西汉女作家、班超的祖姑班婕妤创作的《怨歌行》是现存最早的宫怨诗，此诗借扇抒情，反映了封建社会中妇女的悲剧命运。

跨越时光学经典

哀怨妃子的忧闷之情

《长门赋》是西汉文学家司马相如创作的一篇骚体赋，相传是汉武帝的皇后陈阿娇花重金托司马相如所作。

文章以一个被皇帝冷落的哀怨妃子的口吻，将自己对爱人的思念之情与深宫萧瑟的景色结合起来，借景抒情，情景交融，表现了古代女子被遗弃后那种苦闷和忧郁的心情，具有很强的艺术表现力。

受人所托所写的佳作

《长门赋》创作于汉武帝时期。汉武帝刘彻的第一位皇后姓陈，小名阿娇，是馆陶长公主刘嫖的女儿。刘彻小时候本来只是胶东王，太子是刘荣，后来刘彻取代刘荣成为太子，长公主对此有很大帮助。刘彻娶了阿娇为太子妃，继位为皇帝之后，又立阿娇为皇后。

陈阿娇由于没有孩子，加之性格骄横，逐渐失去了汉武帝的欢心。汉武帝后来宠爱卫子夫，被妒火冲昏头脑的陈阿娇以巫蛊之术诅咒卫子夫，事发后被贬至长门宫。陈阿娇终日愁眉不展，相传后来她想出一个办法，命人奉送黄金百斤，请大文士司马相如为她写一篇赋，以此打动汉武帝，于是便有了《长门赋》。

了解作者

司马相如（约公元前179—公元前118年），字长卿，蜀郡成都（今属四川）人，西汉著名辞赋家。少名犬子，后来因为仰慕蔺相如的为人，改名相如。司马相如文武双全，少年时就喜欢读书、击剑，二十多岁时担任汉景帝的武骑常侍。后来回到蜀地，与卓文君私奔，二人卖酒维持生计，被传为佳话。

汉武帝时期，司马相如在文坛名气正盛，其所作的《子虚赋》被认为是当时杰作。汉武帝读到《子虚赋》一文，很赏识他，特意召见。后来司马相如又作《天子游猎赋》，即《上林赋》，与前作呼应。司马相如曾奉命出使西南夷，晚年因病归家闲居。司马相如是汉赋的代表作家，《汉书·艺文志》著录了司马相如的辞赋作品二十九篇，现存世六篇。

骈体宫怨题材的开山之作

《长门赋》被视为骈体宫怨题材的开山之作。文中没有一味地描写陈皇后心中的哀怨，而是巧妙运用了对比、夸张和想象，将冷宫内外的景物同陈皇后的哀怨情感有机结合在一起，辞藻华丽，感情真挚，读起来感人至深，回味无穷。

这篇赋运用了情景交融的艺术手法。这种通过写景来配合抒情，使得情感随景物深化的表现方法，在先秦的诗赋中虽出现过，但没有像司马相如写得如此细腻。这是司马相如在辞赋艺术上的一大贡献。

《长门赋》序中记载，汉武帝读完此赋后，原谅了陈皇后。不过这个情节可能是后人的附会，历史上没有记载。

大师的超时空直播间

虽说创作《长门赋》的时候有些金钱方面的考量，但我平时思考最多的，其实是创作赋的意义。我们写文章，最终是为了讲道理，所以我的作品大多蕴含讽谏的道理。请看拙作《上林赋》，其写作目的也是劝谏帝王。

发仓廪以救贫穷，补不足，恤鳏寡，存孤独。出德号，省刑罚，改制度，易服色，革正朔，与天下为更始。

——《上林赋》

汉代文学家 扬雄：长卿（即司马相如）赋不似从人间来，其神化所至邪？

南朝诗人 祖孙登：司马相如是文雅之才，能写成《上林赋》这样的大赋，还能作《长门赋》得到赐金。

唐代诗人 李商隐：花径逶迤柳巷深，小阑亭午啭春禽。相如解作《长门赋》，却用文君取酒金。

宋代学者 朱熹：这篇文章十分古妙，最接近于楚辞。也有可能司马相如知道陈皇后被废后，自己主动写了文章来讽刺汉武帝。

现代文学家 鲁迅：（汉）武帝时文人，赋莫若司马相如，文莫若司马迁。

传世经典精读

长 门 赋（节选）

夫[①]何一佳人兮，步逍遥[②]以自虞（yú）。魂逾佚（yì）而不反兮[③]，形枯槁而独居。言我[④]朝往而暮来兮，饮食乐而忘人。心慊（qiàn）移[⑤]而不省（xǐng）故兮，交得意[⑥]而相亲。

伊[⑦]予志之慢愚兮，怀贞悫（què）[⑧]之欢心。愿赐问[⑨]而自进[⑩]兮，得尚君之玉音。

注释

① 夫：发语词。

② 逍遥：形容缓慢行走的样子。

③ 魂逾佚而不反兮：逾佚，失散的意思。反，通假字，通“返”。

④ 言我：许诺我，这里指汉武帝曾经对陈皇后许诺。

⑤ 慊移：断绝往来，这里指的是汉武帝不再与陈皇后往来。慊，恨的意思。

⑥ 得意：这里指汉武帝不再宠爱陈皇后之后，得到了其他称心如意之人。

⑦ 伊：发语词，不翻译。

⑧ 悫：忠贞诚厚。

⑨ 赐问：指臣子接受皇帝的询问。

⑩ 自进：自己前去进见。

译文

哪里来的美丽女子，轻轻走来，心事重重。（她）失魂落魄，形容枯槁，独自一人。皇帝曾允诺常来看望，如今却有了新欢而忘记故人。从此断绝关系不再相见，（他）移情别恋跟别的女人相爱相亲。

我的想法是多么愚蠢啊，只抱着博取郎君欢心的目的。希望赐机会让我进见分辩，愿陛下能给我回音。

作品赏析

这篇赋一开头塑造了一个心事重重、郁郁寡欢的后宫嫔妃形象。孤寂的陈皇后缓移莲步在深宫徘徊，神色憔悴，令人心生怜悯。接下来，作者借陈皇后之口，说出了她郁郁寡欢的原因——曾满口山盟海誓要常来探望她的汉武帝，如今喜新厌旧，爱上了别人。司马相如在这里运用了对比的手法，以汉武帝与新人相亲相爱来对比陈皇后的形容枯槁。“饮食乐而忘人”“交得意而相亲”被后世学者广为称赞，既有对汉武帝喜新厌旧的控诉，也有对陈皇后形单影只的伤感。短短十二个字，却包含了无穷的意蕴。

金屋藏娇的故事

《长门赋》中涉及汉武帝刘彻与陈皇后阿娇。相传二人有一段有趣的故事，记录在古代小说《汉武故事》中。

刘彻的姑妈馆陶长公主刘嫖生了一个漂亮的女儿，取名叫阿娇。长公主想把阿娇许配给当时的太子刘荣，结果未能成功。长公主就把目光转向了当时只有几岁的胶东王刘彻。

一天，长公主逗他说："你要不要媳妇？"说完，就把身边的侍女们指给刘彻看。刘彻全都不喜欢，最后指到阿娇时，他笑着说："如果能把阿娇娶回去，我会造世界上最华丽漂亮的金屋子给她住。"于是二人就定了亲。这就是成语"金屋藏娇"的由来。

后来，在长公主的努力下，太子刘荣被废，刘彻当了皇帝，封阿娇为皇后。

扬雄四赋

“劝百讽一”的代表作

作者：扬雄

创作年代：西汉

文学体裁：骚体赋、汉大赋

特点：文风夸张

评价：扩大了赋的内容，使辞赋更有深度，体现了民本思想

你知道吗

“劝百讽一”的意思是：某些作品的本意是要规讽人走上正道，但真正讽谏的内容只占一小部分，而关于奢华的内容却很多。本想用华丽的言辞使君主警戒，结果却让君主对文中描绘的壮观景象心生向往，追求奢靡生活，劝谏效果十分有限。这也是汉赋的一大特点。

跨越时光学经典

“四赋”的模仿与突破

“扬雄四赋”指的是西汉著名辞赋家扬雄的《甘泉赋》《河东赋》《羽猎赋》《长杨赋》。作品模仿司马相如，同时又有突破。

较早的《甘泉赋》是典型的骚体赋，文辞庄重，艺术成就很高，文章有很多标志性的“兮”字，用骚体描写盛世，有开创意义。《河东赋》相对较短，也有讽劝皇帝奋发向上的意味。

《羽猎赋》《长杨赋》则脱离了骚体赋的风格，篇幅较长，是典型的汉大赋。这两篇文章不再局限于对帝王宫廷的生活的描绘，作品更有深度和讽刺意味，而且体现了爱民之心。

意在劝讽君主

扬雄因文才出众被朝廷征召，跟随皇帝出行，写文章称赞皇帝。这使得扬雄眼界大开，同时对汉朝上层统治集团的生活作风和行为举止有了自己的理解，并以此作为文学创作的题材。

扬雄创作的“四赋”，都是劝讽君主的作品，具有较强的针对性。其中，《甘泉赋》描写了汉代的甘泉宫的富丽豪华。扬雄本想提醒皇帝节俭，但赋中夸张铺饰的描绘也有很多。《河东赋》描写随汉成帝巡游时奢华的景象，也包含了讽谏之意。《羽猎赋》《长杨赋》描写汉成帝出猎的壮观景象，其中有反对扰民的观点，规劝成帝改掉打猎的习惯，体现了以民为本的思想。

不过，扬雄晚年认为汉大赋“劝百而讽一”。汉大赋中往往对雄壮的美景、豪迈的气势描绘过多，劝谏作用太小，这也是“四赋”的局限性。

了解作者

扬雄（公元前53—公元18年），也有史书写作“杨雄”，西汉蜀郡成都（今属四川）人。扬雄字子云，唐代诗人刘禹锡在《陋室铭》中提到的“西蜀子云亭”，指的就是扬雄的亭子。扬雄年少时十分好学，但有些口吃，不善言辞。他博览群书，年轻时创作了许多辞赋，以此闻名于世。四十余岁开始去京师游历，任给事黄门郎。后世把他与司马相如并称为“扬马”。《汉书·艺文志》说他作有十二篇赋，今存十篇。晚年不喜辞赋，研究哲学，作《太玄》《法言》等作品。

创意独特，文字优美

扬雄辞赋中体现的语言造诣极高。特别是在描写手法上，扬雄有独特的创意。他在“四赋”中有意加上了许多主观的想象，赋予作品一种虚无缥缈的色彩，不仅文字优美，还令人浮想联翩。

辞赋的景物描写较多，扬雄对此有新的发展。他擅长使用动静结合的写作手法，笔下巍峨雄壮的宫殿建筑并不是静止不动的死物，而是富有生气、栩栩如生的形象，呈现出非常独特的个人风格。

大师的超时空直播间

我的“四赋”虽然受到好评，但后来反思，觉得这些文章不免陷入了过度追求文字技巧的误区。我晚年在乡下隐居，不在这些雕虫篆刻的词章小技上面多费心力，转而研究哲学。我仿《论语》作《法言》，仿《易经》作《太玄》，并作《逐贫赋》来勉励自己。

堪寒能暑，少而习焉；寒暑不忒，等寿神仙。桀跖不顾，贪类不干。人皆重蔽，予独露居；人皆怵惕，予独无虞！

——《逐贫赋》

汉代思想家
桓谭

扬雄的著作文义至深，而论述又不违背圣人之教。

东汉史学家
班固

扬雄淡泊名利，一心好古而乐道，希望以文章留名于后世。

唐代文学家
刘禹锡

南阳诸葛庐，西蜀子云亭。孔子云：“何陋之有？”

唐代诗人
卢照邻

寂寂寥寥扬子居，年年岁岁一床书。扬雄博览群书，是读书人的榜样。

宋代文学家
曾巩

汉代能明白先王修身养性之道的人，只有扬雄而已。

传世经典精读

甘 泉 赋（节选）

于是大厦云谲波诡，摧嶉（zuǐzuǐ）而成观[1]。仰挢[2]首以高视兮，目冥眴（xuàn）[3]而亡[4]见。正浏滥[5]以弘惝（chǎng）[6]兮，指东西之漫漫；徒徊徊[7]以徨徨兮，魂眇眇[8]而昏乱。据軨（líng）轩[9]而周流[10]兮，忽[11]軮轧（yǎngyà）[12]而亡垠。翠玉树[13]之青葱兮，壁马犀[14]之瞵瑞（línbīn）[15]。

注释

①观：叹为观止。也有研究认为是指观阙，即古代帝王宫门前的两座楼台，代指宫殿。

②挢：举的意思。

③冥眴：形容看不清，令人眼花缭乱，同“瞑眩”。

④亡：通“无”，没有的意思。

⑤浏滥：浏览。

⑥弘惝：高大的样子。

⑦徊徊：与下文的“徨徨”，都是形容宫殿里空廓的样子。

⑧眇眇：形容深幽的样子。

⑨軨轩：原指有窗的马车，这里指有窗棂的栏杆。

⑩周流：四周环视。

⑪忽：隐隐约约。

⑫軮轧：广大的意思。

⑬玉树：汉武帝时用很多宝物做成的树，用玉做叶子。

⑭壁马犀：用璧玉制作的玛瑙和犀牛角。壁，通假字，通“璧”。

⑮瞵瑞：形容玉色光彩、纹理光洁。

译文

那大厦构造奇巧，变幻莫测，巍峨耸立，令人叹为观止。高高抬头仰望啊，令人眼花缭乱，看不见顶端。向四周环视发现宫殿宽敞明亮啊，从东到西漫漫无边。只能徘徊在空旷的宫殿里，心神恍惚。靠着有窗棂的栏杆四周环视啊，眼前隐隐约约呈现一片无边的山野。甘泉宫的翡翠玉树青葱碧绿啊，璧玉制作的玛瑙和犀牛角光彩熠熠。

作品赏析

这一段主要描写到达甘泉宫后所见景象。扬雄从高、广、长、辽等方面描述出宫殿的富丽堂皇。扬雄的本意是以此来劝谏世人节俭，却用了很大的篇幅来描写宫殿的雄伟壮观，反而令统治者更加沉溺于修建雄伟的宫殿，起了相反的效果。

倒霉的扬雄

扬雄与王莽曾同朝为官，王莽当政后提拔了不少人，当时，著名学者刘歆、甄丰都位至上公，但扬雄不在其列。

王莽上台的时候利用了封建迷信，假借符命当上皇帝，即位之后就禁绝这种做法，以免别人有样学样。甄丰的儿子甄寻、刘歆的儿子刘棻误以为王莽喜欢这类东西，又奏献符瑞。这下子拍马屁拍到了马腿上，王莽杀了甄丰父子，将刘棻流放。王莽下令，供词中所牵连的人，立即抓捕，不必奏请。

倒霉的扬雄就在名单中。当时扬雄还在校书，来抓他的人到了，扬雄纵身从楼上跳下，差点当场摔死。王莽听到消息后亲自过问此事说："我了解扬雄这个人，他一向不喜欢参与这种事，为什么会被抓？"原来刘棻曾跟扬雄学过古文的异体字，不想竟被牵连。王莽于是下诏不追究他，扬雄这才死里逃生。

《二京赋》

京都赋的典范之作

作者：张衡

创作年代：东汉

文学体裁：汉大赋

特点：辞藻华丽，宏伟雄健，内容丰富，蕴含说理，意义深远

评价：京都赋典范，人称“长篇之极轨”，文学和史学价值很高

你知道吗

汉代一度盛行京都赋，以都城为写作对象，改变了以往只关注宫廷王侯生活的局限性，扩大了赋的内容。京都赋起源于扬雄的《蜀都赋》，班固的《两都赋》确定了京都赋的创作格局，后世文人多有效仿。东汉张衡的《二京赋》、西晋左思的《三都赋》等，都是京都赋创作潮流中的佳作。

跨越时光学经典

汉赋中的精品

《二京赋》是东汉辞赋大家张衡的代表作之一。《二京赋》包含《西京赋》和《东京赋》两篇作品。这两部作品张衡整整花了十年时间才写成，可谓煞费苦心。这两篇赋以华丽的辞藻描述了二京的繁华景象，文章结构严谨，风格宏伟雄健，具有重要的文学价值和历史研究价值，是汉赋中不可多得的精品。

讥讽奢靡之风

《二京赋》的灵感来自班固的《两都赋》。张衡读过《两都赋》后，十分欣赏，决心也创作一部类似的作品。

张衡生活的时代，天下承平已久，统治阶级日益腐朽，社会上充满奢靡之风。有感于此，张衡根据自己青年时期的经历，创作出《二京赋》来讽谏这种风气。相对于司马相如、班固等人“劝百讽一”的传统作品，《二京赋》的讽谏意图蕴含在对事物的具体描绘之中，意义更加深远。

了解作者

张衡（78—139 年），字平子，南阳西鄂（今河南南阳石桥镇）人，东汉著名文学家、科学家、画家。张衡出身名门，年少知名，《后汉书》说他“通五经，贯六艺”。

张衡是全才，文学、机械制造、天文、数学等无一不精，有天文学、数学和地图制图学方面的作品，还制造了世界上最早利用水力转动的浑天仪和测定地震的地动仪。

开创新风

《二京赋》的创意虽然源自《两都赋》，但这两篇作品要比班固的作品更宏大更具特色。

在文学特色上，《二京赋》除了保留同时代的长赋的特点，浓墨重彩地描写了宫殿、动植物等外，还展示了许多风俗民情。如里面除了写到商人、游侠、辩论家等外，还涉及杂技、幻术、驱鬼师、占卜师等。

《二京赋》通过独特的艺术手法，深刻地剖析了当时的社会现象，表达了作者对统治者的讽谏。这改变了辞赋“歌功颂德”的惯有内容，开创了一代新风，在汉代文学史上占有重要地位。

大师的超时空直播间

我平生最爱读书。最近看了辞赋大家、前辈扬雄先生的《太玄》，我觉得这本书妙极了，可以与儒家经典“五经”相比。

吾观《太玄》，方知子云妙极道数，乃与“五经”相拟，非徒传记之属，使人难论阴阳之事，汉家得天下二百岁之书也。复二百岁，殆将终乎？

——《后汉书·张衡列传》

张衡资质懿丰，德茂材美，无所不知，是位全才啊。

汉代文学家
崔瑗

张衡老师的《二京赋》令我大开眼界，我的《三都赋》的灵感就来源于他。

晋代文学家
左思

张衡不但文采出众，制造技术也是一流。

南朝史学家
范晔

张平子才高过人，心灵手巧，明天象，善画。

唐代诗人
郑谷

如此全面发展之人物，在世界史中亦所罕见。万祀千龄，令人景仰。

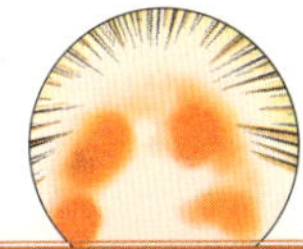

现代学者
郭沫若

传世经典精读

二京赋（节选）

亘雄虹[1]之长梁，结棼(fén)橑(liáo)[2]以相接。蒂(dì)倒茄于藻井[3]，披红葩之狎猎[4]。饰华榱(cuī)与壁珰(dāng)[5]，流景曜之韡(wěi)晔(yè)[6]。雕楹玉碣(xì)，绣栭(ér)云楣[7]。三阶重轩，镂槛(jiàn)文槐(pí)。右平左墄(cè)，青琐丹墀(chí)[8]。刊层平堂，设切厓(yá)隒(yǎn)[9]。坻(chí)崿(è)鳞(lín)眴，栈(zhàn)齴(yǎn)巉(chán)崄(yán)[10]。襄岸夷涂，修路陵险[11]。

注释

① 雄虹：即彩虹。

② 棼橑：宫殿的屋脊、屋椽。

③ 蒂倒茄于藻井：蒂，结连的意思。倒茄，指倒种的藕茎。藻井，古代宫殿里遮蔽建筑内顶部的构件，相当于天花板。

④ 披红葩之狎猎：葩，花朵。狎猎，参差的样子。

⑤ 饰华榱与璧珰：华榱，雕画的屋椽。璧珰，玉璧装饰的椽子。

⑥ 流景曜之韡晔：景曜，光彩照耀。韡晔，光明美丽。

⑦ 雕楹玉碣，绣栭云楣：楹，指柱子。碣，基石、柱石。绣栭，彩绘的梁木。栭，古代柱子上支撑大梁的方木。

⑧ 青琐丹墀：琐，门窗上雕刻的连环状花纹。墀，石阶的意思。

⑨ 刊层平堂，设切厓隒：刊，砍削，去掉。层，指建筑物。堂，高大的意思。切，通假字，通“砌”，砌建。厓、隒，都指山崖。

⑩ 坻崿鳞眴，栈齴巉崄：坻崿，底下的殿基。鳞眴、栈齴、巉崄，都是形容高大。

⑪ 襄岸夷涂，修路陵险：襄，高大。岸，指台阶。涂，通假字，通“途”。修，长的意思。

译文

殿上横架像彩虹一样光彩鲜亮的长梁，宫殿的屋脊和屋椽相互交错。藻井中雕刻着倒植的莲茎和参差繁茂的红花。屋椽和玉璧椽子都用装饰雕画，流光溢彩光明美丽。雕花的楹柱，玉刻的柱石，彩绘的梁木，云纹绘的屋楣。三层的台阶，重叠的平台，镂花的栏杆，彩饰的屋檐。按天子宫殿旧制，右侧平坦车行，左侧台阶，宫门上雕刻青花，楼梯上刷着红漆。在平坦的地方修建高高的宫室，在山崖边上用石头垒砌出阶梯。宫殿的地基高高拱起，像山崖一样险峻。台阶高大，平坦阔达。高阶上的道路，绵延深长又陡峭起伏。

作品赏析

本段文字是《西京赋》中描写汉代宫殿的经典文段。张衡用华丽的语句写出了汉代宫殿的奢华雄伟，表面看似在赞扬，实际上暗含讥讽。汉朝建立后，曾不遗余力地修筑宫殿。统治者认为他们的宫殿应比周朝、秦朝时期更加宏伟，于是“览秦制，跨周法”，大兴土木。甚至以奢侈闻名的秦宫在他们眼中都还太小了，于是“疏龙首以抗殿，状巍峨以岌嶪”，在京城长安修建了未央宫等堪比神话中天宫的奢侈宫殿群。在这段文字中，张衡用铺陈、排比等表现手法，结合细腻的描写、丰富的用典，淋漓尽致地描绘出汉代长安建筑的雄伟外形，也为下文描述长安城热闹非凡的景象做好了铺垫。

张衡与天文学

张衡是著名的天文学家，是东汉中期浑天说的代表人物之一。所谓浑天说，就是认为天体是球状的。在张衡看来，宇宙是无限的，天体的运行是有规律的，这在当时是很大的进步。

张衡曾两度担任朝廷的太史令，掌管天象观测。他创造了浑天仪（古代又称“浑象”），利用铜壶滴漏带动，使其转动与地球的周日运动同步，展示天象的运转。

张衡精通天文历算，指出月光是日光的反射，并推算出地球绕日一周的大概时间，与现代天文学的测算结果基本一致。他还首次解释了月食的成因。张衡的天文著作有《浑天仪图注》《灵宪》。

魏晋南北朝

骈赋、小赋的兴起

魏晋南北朝时期，辞赋有了新的发展。在辞赋的形式上，逐渐由骚体赋和汉大赋演变出篇幅较小的骈赋。

骈赋又称“俳赋”，主要的特点是讲求对偶和押韵，注重音节的和谐，遣词用句十分工整，极具文学气息。简言之，骈赋既有骈体文的特点，又具有赋的特色。

魏晋南北朝时期，社会动荡不安，有才能的人怀才不遇，百姓生活在水深火热之中，这个时期的很多作品带有悲伤的情感。从内容上来看，这一时期的辞赋更善于表达个性和情感，出现了大量的抒情小赋，有的情景交融，有的追念感怀，有的超脱放达，令人耳目一新。

魏晋南北朝时期最顶尖的文学家大多擅长写赋，其中的代表性人物有曹植、王粲、嵇康、陆机、左思、陶渊明、谢灵运、鲍照、庾信、江淹等。代表性辞赋作品有三国时曹植的《洛神赋》、嵇康的《琴赋》，西晋时陆机的《文赋》、左思的《三都赋》，东晋时陶渊明的《归去来兮辞》，南朝时鲍照的《芜城赋》、江淹的《恨赋》《别赋》，等等。

《洛神赋》

当时描述女性之美的顶峰之作

作者：曹植

创作年代：三国曹魏时期

文学体裁：抒情小赋

特点：文辞华美，情感浓厚，情节生动，人物形象鲜明

评价：建安时期辞赋的最高成就，传统题材转换的典范

你知道吗

汉末建安时期的诗歌多慷慨悲凉、雄健深沉，此种诗歌风格被称为“建安风骨”。代表人物是“三曹”（曹操、曹丕、曹植），以及“建安七子”（孔融、陈琳、王粲、徐幹、阮瑀、应玚、刘桢）。

跨越时光学经典

一段想象中的人神之恋

《洛神赋》是曹植的辞赋代表作，代表着建安时期辞赋的最高成就。这篇赋表达了曹植对洛水女神宓妃的爱慕之情，曹植以自己的想象塑造了一位美丽绝伦的女神形象。通过与女神的邂逅，描述了一段虚无缥缈的人神之恋，抒发了因身份悬殊不能结合的无限惆怅之情。

整篇辞赋辞藻华丽，想象丰富，感情真挚，读来令人回味无穷。

为了倾吐心中苦闷

《洛神赋》是曹植于黄初三年（222 年）所作，属于其后期作品。这一年，曹植奉命入朝参见，返回自己封地鄄城的途中，经过洛水。在洛水边上，曹植想到楚国人宋玉《高唐赋》《神女赋》中提到的巫山神女，于是创作了这篇文章。

当时，曹植心情十分苦闷。在这篇辞赋中，曹植创作了一位绝世神女的形象，来倾诉衷肠。

了解作者

曹植（192—232年），字子建，沛国谯县（今安徽亳州）人。曹植曾经被封为陈王，死后谥号是“思”，所以被称为“陈思王”。曹植自幼天资聪颖，才华横溢，文采出众，深得父亲曹操宠爱，差一点被立为太子。后来在与兄长曹丕的夺位中失败，后半生受尽打压，郁郁寡欢。

曹植的文学创作，以建安二十五年（220年）兄长曹丕自立为帝为界，分为两种风格。前期作品中充满奋发向上的人生抱负和生活乐趣；后期作品中处处表现出坐困愁城的苦闷、悲愤与无奈。

曹植是建安文学的扛鼎者，文学成就最为突出，也是魏晋南北朝时期著名的辞赋作者。

塑造女性形象的标杆

《洛神赋》在中国文学史上具有广泛深远的影响。文章虽然取法宋玉的《高唐赋》《神女赋》，但主题有更多变化和创新，是传统题材转换的典范之作。曹植在赋中创造了“翩若惊鸿，婉若游龙”的神女形象，语言华丽瑰异，对女性之美的描写精致生动，达到了当时的顶峰，也成为后世作家塑造女性形象的标杆。

由《洛神赋》还衍生出了很多的艺术作品。如东晋大书法家王献之以此创作了《洛神赋十三行》，东晋大画家顾恺之根据《洛神赋》创作了《洛神赋图》，明代文学家汪道昆根据《洛神赋》创作了杂剧《洛水悲》，等等。

大师的超时空直播间

遥想当年，我与兄长争夺王位，杨修智慧过人，曾数次帮我出谋划策，可惜我当时太过年轻，恃才傲物，饮酒误事，最终失去了父亲的欢心。兄长继位后，对我十分忌惮，严加防范，使我再也不能在政治上有所作为了。我只好把心思放在文学创作上，《洛神赋》就是我最得意的作品。

若吾志未果，吾道不行，则将采庶官之实录，辩时俗之得失，定仁义之衷，成一家之言，虽未能藏之于名山，将以传之于同好。

——《与杨德祖书》

南朝文学家
沈约

《洛神赋》比起曹植其他的赋，风格有很不一样的地方。

《洛神赋》不只是文笔好，还是曹植写的一篇寓言故事。

宋代文学家
刘克庄

清代文学家
马位

《洛神赋》是最接近屈原《九歌》神韵的作品。

传世经典精读

洛神赋（节选）

余告之曰：其形也，翩若惊鸿，婉若游龙[①]。荣曜（yào）秋菊[②]，华茂春松。仿佛[③]兮若轻云之蔽月，飘飖（yáo）兮若流风之回雪。远而望之，皎若太阳升朝霞；迫而察之，灼（zhuó）若芙蕖出渌（lù）波[④]。秾（nóng）纤得中，修短合度。肩若削成，腰如约素[⑤]。延颈秀项[⑥]，皓质呈露。芳泽无加，铅华弗御[⑦]。云髻（jì）峨峨，修眉联娟[⑧]。丹唇外朗，皓齿内鲜。明眸善睐（lài），靥（yè）辅承权。

注释

① 翩若惊鸿，婉若游龙：翩，本来是指鸟疾飞的样子，此处形容飘忽摇曳的样子。惊鸿，被惊动飞起的鸿雁。婉，蜿蜒柔美的样子。

② 荣曜秋菊：荣，丰盛。曜，日光照耀的样子。

③ 仿佛：形容若隐若现的样子。

④ 迫而察之，灼若芙蕖出渌波：迫，靠近、接近。灼，鲜明的样子。芙蕖，也有版本写成“芙蓉”，指荷花。渌，水清澈的样子。

⑤ 肩若削成，腰如约素：削成，被刀削成，形容两肩瘦削下垂的样子。约素，原意是卷起的一束白绢，这里指腰很细。

⑥ 延颈秀项：“延”和“秀”意思都是长。

⑦ 芳泽无加，铅华弗御：泽，指润肤的油脂。铅华，古代女子擦的脂粉。

⑧ 云髻峨峨，修眉联娟：峨峨，高耸的样子。联娟，弯曲、纤细的样子。

译文

我对他说，她（神女）的形影，飘忽摇曳好像惊飞的鸿雁，蜿蜒柔美仿佛游动的蛟龙。容貌鲜亮，就像秋天里太阳照耀下的菊花；风采茂盛，就像沐浴在春风里的青松。她的身影若隐若现，像轻云蔽月，在空中飞翔就像随风飘起的白雪。远远望去，明洁如朝霞中缓缓升起的骄阳；走近欣赏，鲜丽如绿波间绽开的荷花。（神女）胖瘦适中，个子高矮合适。双肩窄如刀削，腰肢细如一束白绢。修长的颈项，显露出白皙的皮肤。她既不施脂，也不擦粉，头上的发髻如云般高耸，脸上的长眉弯曲细长，红唇鲜润，牙齿洁白，明亮的眼睛顾盼生辉，面颊下有着甜甜的酒窝。

作品赏析

在曹植写《洛神赋》之前，文学史上最完美的女性形象是宋玉笔下的巫山神女。曹植在《洛神赋》中塑造了一位足以与巫山神女齐名的洛水女神宓妃的形象。与宋玉的直接描写不同，曹植先是用了一连串生动的比喻来形容洛神的风采，其中的“翩若惊鸿，婉若游龙”成为千古流传的名句，就连王羲之也沾了光（《晋书》中评价他的字是“飘若浮云，矫若惊龙”）。曹植对洛神的描写，分别从姿态、容貌、服饰、动作等方面入手，大量使用排比、对偶手法，再加上华丽的辞藻、生动的比喻，美艳绝伦的洛神形象跃然纸上。

才高八斗的曹植

南朝才子谢灵运曾经说过：“假如天下的才情一共是一石（古代容积单位，一石等于十斗），曹植一人就占了八斗，我的才华也能占一斗，还有一斗由世间其他人来共分。”后来，“才高八斗”就成为才华横溢的代名词。

《世说新语》里有曹植随口作诗的故事。曹丕即位后，故意找借口处罚曹植，命他在七步之内做成一首诗，否则就要处死。曹植应声就作诗一首：“煮豆持作羹，漉菽以为汁。萁在釜下燃，豆在釜中泣。本自同根生，相煎何太急？”曹丕听懂了这首诗的弦外之音，明着是说豆子，其实在暗喻手足相残，脸上现出惭愧的神色。

《文赋》

开创古代文论的新阶段

作者：陆机

创作年代：西晋

文学体裁：骈赋

特点：文学理论、写作技巧与辞赋相结合

评价：古代第一篇完整而系统的文论，文学评论的承上启下之作

你知道吗

《文赋》将文体分为十类。诗：抒发感情之作；赋：铺陈事物之作；碑：披露功德之作；诔：对逝者的哀悼之作；铭：刻在金器、石器上记录功德之作；箴：规诫得失之作；颂：颂扬功德之作；论：对是非功过的评述之作；奏：向上陈情叙事之作；说：论辩说理之作。

跨越时光学经典

指导读者写文章

《文赋》是晋代著名文学家陆机的一篇文学理论论文。这篇赋与大多数汉赋不同，它是一篇指导读者怎样写文章的辞赋。

陆机在文章中谈了自己的创作实践，包括创作前的准备工作、如何开始、如何构思、如何联想等等，既分析了文章的特征，又告诉读者难在哪里，帮助读者解决一些写作上的困惑。文中把写作技巧、文章理论与辞赋的风格相结合，巧妙自然。

创作经验提升为理论

魏晋时期，中国文学界形成了优秀文人团体爆发性繁荣的现象，比如“建安七子”“竹林七贤”等。“名士文化”和“宫廷文学”成为风尚，文学方向发生了巨大变化。《文赋》就是在魏晋文学日趋鼎盛的背景下创作的。

陆机本人文采曾倾动一时，擅长多种文体，有丰富的文学作品，因此对文学上的问题有很深的体会。他把文学创作的经验提升为理论，写出了这篇文章。

了解作者

陆机（261—303 年），字士衡，吴郡吴县华亭（今上海市松江区）人，西晋文学家，被誉为“太康之英”。陆机与潘岳同为西晋“太康诗风”的代表，有“潘江陆海”之称。

陆机家世显赫，祖父陆逊、父亲陆抗都是东吴的名将。陆机年少时便文采过人，史称“少有奇才，文章冠世”。陆机与弟弟陆云合称“二陆”，太康末年，二人来到洛阳，因文才出众引起了一番轰动，抢走了当时洛阳名气很大的名士张载、张协和张亢的风头，所以当时有“二陆入洛，三张减价”之说。陆机曾担任平原内史，故世称“陆平原”。据史书记载，陆机的文章有很多佳作，书法也有相当的造诣。现存 107 首诗、127 篇文章（包括残篇），其中赋 50 篇。

开创文学理论与辞赋结合的先河

陆机之前，还没有人把文学理论与辞赋结合起来，陆机可谓开了一个先河。此前人们关注的文学焦点，是怎样以文学作品来对世人进行道德教化。对于文学创作的形式内涵、审美观念、创作手法等文学理论方面的内容关注不多，有影响的只有曹丕的《典论 · 论文》，《文赋》吸取了前人的成果，所述文学理论更加具体、准确。

《文赋》对创作审美的观点、写作的技巧等，进行了全面剖析，后世刘勰的经典文学理论批评著作《文心雕龙》也深受其影响。可以说，《文赋》在中国古代文学理论发展中起到了承上启下的作用。在这些文学理论的引导下，纯文学得以摆脱了经学的附庸地位独立出来，有了更广阔的前景。

大师的超时空直播间

万事开头难，我对写文章有一个实用的建议：深入观察身边的大自然，有感而发。随着春夏秋冬的季节变化，自然就会生出光阴易逝的感叹，看到万物的盛衰变化，心中就会思绪纷纷。观察秋天的落叶满地，会有悲伤的情绪；看到春天里杨柳依依，则会产生欣喜的感觉。

> 遵四时以叹逝，瞻万物而思纷。
> 悲落叶于劲秋，喜柔条于芳春。
>
> ——《文赋》

南朝梁文学理论家
刘勰

看了陆机的《文赋》，我认为对文体的论述需要更加完备。

北朝齐文学家
魏收

曹植是魏世之英，陆机是晋朝之秀。

唐太宗
李世民

东吴的人才，都被晋朝收罗去了，比如陆机、陆云就是例子，他们文藻宏丽，独步当时。

明代文学家
王世贞

陆士衡文采翩翩，颇见才致。

传世经典精读

文　　赋（节选）

余每观才士之所作，窃[1]有以得其用心[2]。夫放言[3]遣辞，良[4]多变矣，妍蚩（chī）[5]好恶（wù），可得而言。每自属（zhǔ）文，尤见其情。恒患意不称（chèn）物，文不逮意，盖非知[6]之难，能[7]之难也。故作《文赋》，以述先士之盛藻[8]，因论作文之利害[9]所由，他日殆[10]可谓曲尽其妙。至于操斧伐柯（kē）[11]，虽取则不远，若夫随手之变[12]，良难以辞逮，盖所能言者，具于此云尔。

注释

① 窃：私下。

② 用心：指文章的构思、写作手法等。

③ 放言：运用语言的方式。

④ 良：确实，的确。

⑤ 妍蚩：美好和丑恶，有的地方也写作“妍媸”。

⑥ 知：明白写作的道理。

⑦ 能：实行，指个人实际动笔写作。

⑧ 盛藻：好的文章。

⑨ 利害：指关键。

⑩ 殆：或者。

⑪ 操斧伐柯：这里指借鉴前人的创作经验。

⑫ 随手之变：指写文章时的灵活变化。

译文

我每次阅读那些有才华的作家的作品，私底下都会猜测他们创作时的心思。作家构思遣词造句写文章的时候，确实变化无穷。但文章的优劣好坏，还是可以评论的。每当我自己写作时，对其中的情况体会尤深。作者经常担心文章不能正确反映外界事物，言辞不能完全表达思想。困难不在认识问题上，而难在解决问题上。因此我写了《文赋》，借讲述前人优秀作品的契机，来阐述作文得失的利害和道理，以后或许就能慢慢体会文章的妙处。至于如何借鉴前人的创作经验，则好像拿着斧子做斧柄，虽然那样式就在面前，但得心应手千变万化的技巧，却很难用语言表达。大凡能够用语言说清的道理，都在我写的这篇《文赋》里了。

作品赏析

这是陆机《文赋》的序言，也是整篇文章的纲领。在这段中，陆机将《文赋》的主旨明白地阐述出来：借讨论前人的优秀文学作品，将作者的创作经验、构思过程、创作手法、修辞技巧等问题进行深度剖析。陆机试图把这一篇文章当成范文，以赋的方式来阐述文学理论。陆机认为写作最难的地方在于“意不称物，文不逮意”，即没有准确地切中文章要害，要么方向错误，要么词不达意。作者可能知道问题出在哪里，却不知道怎样改进，这就是“非知之难，能之难也”。

华亭鹤唳的由来

当年，陆机因赵王司马伦谋反受牵连，差点被处以极刑，后来幸免于难。当时中原处于“八王之乱”中，与陆机交情极好的江南名士顾荣、戴渊等纷纷劝陆机回到江南隐居。陆机仗着声望很高，不愿隐居。

后来，陆机兵败，孟玖趁机进谗言诬陷陆机谋反。成都王司马颖决定处死陆机。临刑的时候，陆机终于后悔当日没有急流勇退，叹息道：“家乡华亭的鹤鸣声，还能再听到吗？”

陆机的叹息，体现出对人生选择的悔恨。这场险恶的政治旋涡波及甚广，陆机的弟弟和儿子也被害死，许多有声誉的高才名士都死于非命。

《三都赋》

洛阳纸贵，名震京都

作者：左思

创作年代：西晋

文学体裁：骈赋

特点：以骈为主，摒弃夸张的大赋手法，文采富丽雍容，事类广博

评价：世人赞叹不已，人们竞相传写，导致“洛阳纸贵”

你知道吗

《三都赋》中的魏都指的是魏国的都城邺，在现在的河北临漳；吴都指的是吴国的都城建业，在现在的江苏南京；蜀都指的是蜀国的都城成都。左思表面上写的是三座都城，其实是借魏国先生、东吴王孙和西蜀公子之口，描写魏吴蜀这三个地区的风土人情。

跨越时光学经典

十年终成《三都赋》

左思早年就擅长写辞藻壮丽的文章。他的创作态度十分认真。他构思《三都赋》的过程中，恰逢妹妹被召入宫中，左思全家随之搬到京城洛阳。为了搜集蜀地的情况，于是他特地去拜见了曾经入蜀的著作郎张载，请教成都一带的情况。

据史料记载，左思耗费大量时间精力构思创作，就连厕所门口都摆放着纸笔，想起一句，便记录下来。他花费了十年的时间，终于写成《三都赋》。

一鸣惊人，洛阳纸贵

《三都赋》写好后，并没引起太大的重视。左思认为自己的文章不亚于班固、张衡的作品，担心这篇赋因为自己地位低微而埋没了，就呈送给当时很有声誉的学者皇甫谧看。皇甫谧读后大为赞赏，亲自为文章写了序言。司空张华感叹说，这篇赋“让诵读的人感觉文已尽而意有余，经过的时间越久就越有新意”。《三都赋》的名声逐渐传开了，洛阳的富贵之家争相传阅抄写，一时间竟让洛阳的纸张供不应求、价格大涨。这就是成语“洛阳纸贵”的由来。

据说当时陆机本来也想写《三都赋》。听说左思已经在写时，他还嘲笑说：“听说有个粗俗的人想写《三都赋》，等他写成了，我就用它来封酒坛子。”可是等他读完左思的《三都赋》后，心里大为叹服，觉得自己不可能超越左思，于是放弃了写《三都赋》的念头。

了解作者

左思（约250—约305年），字太冲，齐国临淄（今山东淄博）人，西晋著名文学家。左思才华横溢，从小便有志向，但是他外貌丑陋，性格内向，不喜欢与人交往。他曾经在家中用一年时间写出了《齐都赋》。《齐都赋》写的是左思的家乡齐国都城临淄的情况，可以看成是《三都赋》的预先准备之作。

作品的现实意义

《三都赋》的创作时间有不同说法，大致是西晋即将或刚刚统一全国的时候。左思在《三都赋》中采用了贬低吴蜀拔高魏晋的手法，表面写的是三都，其实是想借拔高魏都的方式来体现曹魏以及替代曹魏的西晋的正统地位。从东汉末年开始，天下大乱已经很久了，重归统一是大势所趋。左思拥护晋的政权，顺应了历史潮流，有一定的进步意义，也使作品有了更强的现实性和艺术生命力。

大师的超时空直播间

魏武帝的功绩，我是真心佩服的。他足智多谋，率军南征北战，军事才能被人广为称赞，麾下的谋士都是管仲一样的贤臣。如果不是魏武帝，不知道中原大地的战乱还要持续多少年。

其军容弗犯，信其果毅，纠华绥戎，以戴公室，元勋配管敬之绩，歌钟析邦君之肆。则魏绛之贤，有令闻也……千乘为之轼庐，诸侯为之止戈。则干木之德，自解纷也。

——《魏都赋》

晋代文学家
陆机

我原本也准备写《三都赋》，看见左思的作品，我觉得不必动笔了。

晋代名士
张华

左思真是与班固、张衡不相上下的人物啊，《三都赋》让诵读的人感觉文已尽而意有余，经过的时间越久就越有新意。

晋代名士
刘逵

世人都贵远贱近，不肯用心明辨事物鉴别优劣，但左思的《三都赋》，我觉得不一般。

南朝齐历史学家
臧荣绪

左思写这篇文章，是为了让人们对晋朝统一天下有更清晰的认识。

清代学者
王鸣盛

左思在西晋初年写了《三都赋》，贬低吴都、蜀都而拔高魏都，是想表现晋承魏国的正统性吧。

传世经典精读

吴都赋（节选）

尔其山泽，则嵬嶷(yí)峣(yáo)屼(wù)，嵤(yǐng)冥郁岪(fú)[①]。溃渱(hónq)泮汗，滇沔(tiánmiàn)淼(miǎo)漫[②]。或涌川而开渎(dú)，或吞江而纳汉[③]。磈(kuǐ)磈磈磈，滮(biāo)滮㵎(hàn)㵎[④]。磤硍(qīnyín)[⑤]乎数州之间，灌注[⑥]乎天下之半。

百川派别[⑦]，归海而会。控清引浊，混涛并濑(lài)[⑧]。濆(pēn)薄[⑨]沸腾，寂寥长迈。濞(pì)焉汹汹，隐焉磕(kē)磕[⑩]。出乎大荒之中，行乎东极之外。经扶桑之中林，包汤谷之滂(pāng)沛(pèi)[⑪]。潮波汩(yù)起，回复万里。

注释

① 尔其山泽，则嵬嶷峣屼，巊冥郁岪：尔其，放在句子前面的语气助词，用来表示将要说下一件事。嵬嶷峣屼，形容山势高峻。巊冥郁岪，形容山中昏暗。

② 溃渱泮汗，滇淟淼漫：形容水流广大无边、广阔辽远。

③ 或涌川而开渎，或吞江而纳汉：涌川，大河涌出的样子。渎，指沟渠。江，这里指长江。汉，这里指汉水。

④ 滮滮涆涆：滮滮，水流动的样子。滮滮涆涆，指江河汹涌奔流的样子。

⑤ 磝碒：山势连绵的样子。

⑥ 灌注：指流经的区域。

⑦ 派别：河流分开。

⑧ 濑：指沙石上面的急流。

⑨ 潰薄：汹涌激荡的样子。

⑩ 濞焉汹汹，隐焉礚礚：濞，形容大水暴发的声音。隐焉，水声远逝的样子。礚礚，大水拍击石头的声音。

⑪ 经扶桑之中林，包汤谷之滂沛：扶桑、汤谷，都是神话传说中太阳升起的地方。滂沛，形容气势宏大、波澜壮阔。

译文

再说吴国的山川河流。其山高大险峻，山中深远昏暗。其水广大无边，烟波浩渺。有的大河涌出，水道开通；有的吞并长江，收纳汉水。山石累积堆叠，江河汹涌奔流。群山绵延数州之长，大江流经天下一半之地。

许多大河分流，最终在大海相会。清水和浊波汇入大流，混杂而下，同归大海。水势汹涌激荡，汇入大海后变得悄然无声。大水暴涨发出惊涛骇浪的声音，远去之后，声音逐渐消失。（这些大河）来自很远的偏僻之地，流到东方的尽头。经过太阳升起的地方，汇纳汤谷洪流。潮波宽广无边，往返超过万里。

作品赏析

这段文字写出了吴国山川河流的壮观景象。先总体写出吴国山河的壮观，接着又进行细节描写。

左思、左棻兄妹

左思虽然极有文采，但长相不佳，史载其“貌寝口讷”，长得丑，还不善言辞，也不喜欢交游，再加上出身不高，很长时间内都不得志。

左思有个妹妹左棻，年少好学，是著名的才女。晋武帝司马炎听说了她的才华之后，将她纳入后宫，但并不宠爱，只是让她在宫中应景写文，作诗作赋。左棻擅长作赋，《离思赋》是她的代表作。《晋书》记载，左棻“姿陋无宠，以才德见礼。体羸多患，常居薄室……”也就是说左棻长得不好看，身体也不好，但才学和品德好。她不受皇帝宠爱，只能住在差一点的宫室里。

《恨赋》《别赋》

黯然销魂，离愁别绪

作者：江淹

创作年代：南朝

文学体裁：抒情小赋、骈赋

特点：《恨赋》立意新颖、文辞慷慨

《别赋》凄婉销魂

评价：六朝抒情小赋名篇

你知道吗

抒情小赋相对于汉大赋而言，形式上一改其篇幅冗长、堆砌辞藻等缺点，在保留汉赋基本特点的基础上，侧重抒情与写景的结合。早期代表作有东汉张衡的《归田赋》。

跨越时光学经典

抒情小赋中的佳品

《恨赋》和《别赋》均是南朝著名文学家江淹创作的抒情小赋。这两篇作品文笔细腻、语言优美、感情真挚，是同类作品的代表。

《恨赋》则通过对秦始皇等六位历史人物的描写，概括了人世间诸多无奈，寄托了作者对世事的哀怨之情。

《别赋》以细微的心理刻画手法，生动地反映出其所处的南朝社会动荡不安的局面。其中“黯然销魂者，唯别而已矣”成为千古流传的名句。

经历苦难后的创作

江淹所生活的时代门阀等级森严，出身寒门的江淹想要做官，非常困难。宋建平王刘景素喜欢提携读书人，江淹在他手下当了参谋。后来，江淹受广陵令郭彦文一案牵连，被人诬陷入狱。经过刘景素的斡旋和帮助，江淹得以获释。

但是刘景素野心勃勃，密谋造反，江淹多次劝谏，刘景素听不进去，对江淹开始不满，并且疏远他，后来还把江淹贬到建安吴兴任县令。这一时期的江淹郁郁寡欢，创作了《恨赋》。

《别赋》则结合了作者在人生多种境况下的离愁别恨。江淹早年不得志，又接连经历了痛失爱妻和孩子夭折的痛苦，且目睹南朝时豪门王族的逐权争位，对世事人生的伤情悲态累积下来，便创作了这篇反映动乱时代社会苦难的作品。

了解作者

江淹（444—505 年），字文通，济阳考城（今河南民权东北）人，南朝文学家。江淹幼年即能作诗，是出名的神童。他虽然家境贫寒，但一直勤学苦读，尤其擅长抒情体物的小赋。

江淹历仕宋、齐、梁三代，年轻时在官场不顺利，但在文坛上负有盛名，主要作品都是在其前半生完成的。南齐建立后，江淹被几位皇帝赏识。晚年在梁官至金紫光禄大夫，封醴陵侯。

抒情咏物的典范

江淹的创作风格传承了汉赋的传统，并加上自己人生际遇的感触，他的辞赋也因此成为抒情咏物的典范。

《恨赋》最大的特点是通过古人的故事联系到作者生活的时代，体现了动乱时代人生无常的思想。这篇文章最优秀的地方是恰到好处的文字风格，既不华丽也不寒酸，条理明晰、浑然一体，与一般的骈文截然不同。

《别赋》则是中国文学史上离愁题材作品的巅峰之作。作者选取了离别的七种类型来述说人生感悟，无论其题材还是主旨都非常的新颖别致。《别赋》最突出的成就，是利用环境描写和侧面渲染等手法对人的心理进行精准刻画，为后世创作此类作品树立了良好的典范。

大师的超时空直播间

这些年来，我劝阻王爷刘景素安分守己，不要做那些谋逆的事情，彻底惹怒了他，被贬去建安做吴兴令。唉，人生无常啊，不如意事，十常八九。我满腔热血想为王爷打算，结果却落到这种下场。遗憾啊！只能写在《恨赋》之中了。

已矣哉！春草暮兮秋风惊，秋风罢兮春草生。绮罗毕兮池馆尽，琴瑟灭兮丘垄平。自古皆有死，莫不饮恨而吞声。

——《恨赋》

宋代文学批评家
严羽

江淹模仿能力强，写谁像谁。学渊明似渊明，学康乐似康乐，学左思似左思，学郭璞似郭璞。

宋代学者
楼昉

悲惋凄怆之态，都写在《恨赋》里了。

宋代诗人
喻良能

江文通写《恨赋》，道尽了古今之情致。

清代学者
陶元藻

读了《恨赋》之后，感觉选取的人物还需要再考虑。说到恨，勾践忘文种之功、夫差拒伍胥之谏、荆轲没杀掉秦王、范增被项羽猜疑，这些才是深刻的遗憾和怨恨，但里面没有写到，只举了秦王、赵王这些例子。

清代学者
何焯

江淹的赋已经很像唐人的律赋了，文章之秀美，可不是后人能比的。

传世经典精读

别　　赋（节选）

黯然销魂者，唯别而已矣！况秦吴兮绝国，复燕宋兮千里[①]。或春苔兮始生，乍秋风兮暂起。是以行子肠断，百感凄恻。风萧萧而异响，云漫漫而奇色。舟凝滞于水滨，车逶（wēi）迟[②]于山侧。棹（zhào）容与而讵（jù）前[③]？马寒鸣而不息。掩金觞（shāng）而谁御[④]，横玉柱而沾轼[⑤]。居人愁卧，恍（huǎng）若有亡[⑥]。日下壁而沉彩[⑦]，月上轩而飞光。见红兰之受露，望青楸（qiū）之离霜[⑧]。

注释

①况秦吴兮绝国，复燕宋兮千里：秦、吴、燕、宋，都是古代国名。绝国，距离很远的国家。

②逶迟：慢慢徘徊的样子。

③棹容与而讵前：棹，原意是船桨，这里代指船。容与，形容缓慢不前的样子。讵前，不前、滞留。

④掩金觞而谁御：觞，酒杯。御，使用，这里指喝。

⑤横玉柱而沾轼：横，横放，引申为不使用，搁置。玉柱，原指琴瑟上系弦的木头，这里代指琴瑟。轼，古代车前面的横木。

⑥怳若有亡：恍恍惚惚如有所失的样子。

⑦沉彩：太阳西沉，光彩隐没、消失。

⑧青楸之离霜：青楸蒙上了飞霜。楸，一种树。离，即“罹”，遭受的意思。

译文

最令人心神沮丧、失魂落魄的事，莫过于离别啊！况且要去的地方是秦、吴那样远的国家，和燕、宋这样相距千里的地区。离愁或是在绿苔初生的春季萌生，或是在凉风乍起的秋季出现。因此，远行的游子肝肠寸断，百感交集，倍感凄凉。风声萧萧与平日完全不同，飞云漫漫而呈现出奇异的颜色。舟船在水边停滞不前，车子在山边行进迟缓。沉重的船桨怎能快速前行？马儿的悲鸣声一阵儿接一阵儿的不停歇。盖住金杯谁还有心情喝酒，琴瑟被搁置，泪水沾湿了车前的横木。留在家中的人怀着离愁躺在床上，神思不定若有所失。夕阳西下墙上的影子渐渐消失，月光升起照在了楼窗上。看到红兰被秋露打湿，又见青楸蒙上了飞霜。

作品赏析

这段文字是中国文学史上写离愁别绪之情的经典。特别是第一句“黯然销魂者，唯别而已矣”，更因为容易引起共鸣，而成为千古名句。无论春草初生，还是秋风乍起，每次送别亲友或去国离乡，都令人伤感。江淹在描写离愁时，使用了环境渲染的写作手法，风声萧萧、飞云漫漫、舟船停滞、车行不前、桨重万钧、马儿悲鸣等常见景物，在离别时都因作者的主观感受而改变。这段文字将人们的离愁别绪渲染到了极致。

江郎为何才尽

江淹年轻时才华盖世，羡煞旁人。可惜晚年才气渐渐不显，所以人们说他才尽了。这在后世演变出一个成语——江郎才尽，意思是说一个人才思减退，后续发展不顺。其实，江淹才尽很可能只是人们的一种错觉。

江淹的文学作品大多是在其年轻时创作的。这时候，他境遇不佳，总是过着不如意的生活，花了大把时间来写文章抒发自己的感情。

宋、齐政权变换之时，江淹在官场一路擢升。这时候的江淹并非才尽，而是将主要精力投入政治之中。南北朝时期战乱频发，政权更迭很快，江淹后来又入梁，官至金紫光禄大夫，公务繁忙的江淹没有把时间和精力放在文学创作上，自然也就很难再有佳作问世了。

唐宋

以文为赋，骈散结合

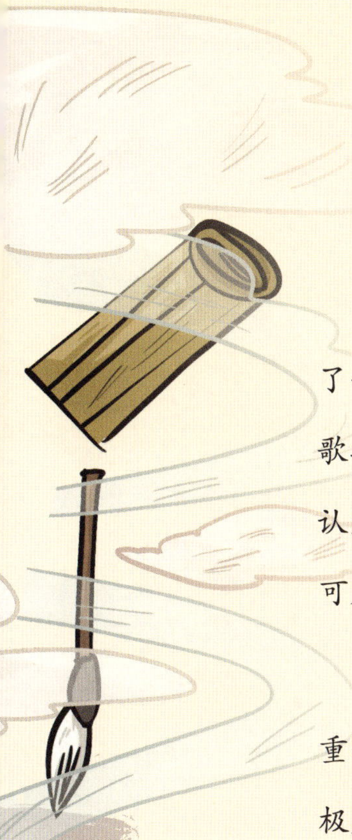

唐代最著名的文体是诗歌，但辞赋在唐代依然得到了一定程度的发展。事实上，赋原本就是介于散文与诗歌之间的一种体裁，南朝刘勰在《文心雕龙·诠赋》中认为“然则赋也者，受命于诗人，而拓宇于《楚辞》也”，可见赋与诗的关系十分密切。

魏晋南北朝时期，赋的创作风格受到诗的影响，注重字词音节的对偶，骈赋大行其道。进入唐代后，诗歌极度繁荣，讲究字句工整的骈体文也是隋和唐代前期最常见的文体。骈赋进一步发展，对声律的要求更加严格，并在创作中限韵，发展成为“律赋”。在古文运动之前，科举考试的专用体裁就是律赋。律赋的对仗要工整，声律要严密，篇幅也有严格的要求，格式趋于僵化，这种文体完全成了辞赋发展的桎梏，在文学艺术上难以出现杰出作品。

到了中唐时期，散体的文章出现了创作高峰，辞赋逐渐向散文的方向靠拢。特别是在韩愈、柳宗元倡导的古文运动之后，赋的散文化特点变得更明显。以文为赋、骈散结合的散文化辞赋被称为“文赋”，代表作有韩愈的《进学解》、刘禹锡的《陋室铭》，以及杜牧的《阿房宫赋》等。

宋代文坛继续推广古文运动，文赋日趋成熟，其他样式的辞赋创作也呈现百花齐放的趋势。欧阳修、苏轼等人的辞赋成就很高，影响也很大。主要作品有欧阳修的《秋声赋》，苏轼的《赤壁赋》《后赤壁赋》，南宋杨万里的《浯溪赋》，等等。

《阿房宫赋》

针砭时弊，借古讽今

作者：杜牧

创作年代：唐代

文学体裁：文赋

特点：文辞华美，描写夸张，气势恢宏，情文并茂，感染力强

评价：文赋的典型代表

你知道吗

文赋是唐宋古文运动的产物，其中的“文”指的是相对骈文而言的先秦古文风格。文赋与骈赋、律赋不同，不太讲求对偶、用韵，多用散句，遣词用句宽泛自由。文赋不只是传统辞赋的写物抒情，还有大量的议论、说理等。文赋的章法与气势已有散文的特征。

跨越时光学经典

气势磅礴，以史为鉴

《阿房宫赋》是唐代文学家杜牧的辞赋代表作，也是历史上著名的咏史作品。杜牧是一个文学全才，在诗、赋、古文方面都有很深的造诣。《阿房宫赋》通过对阿房宫的兴衰描写，全面总结了秦王朝二世而亡的历史教训，并以此为鉴，向唐朝的统治阶级发出警告。这篇赋气势磅礴，说理透彻，运用了反问、夸张、比喻、排比等丰富的修辞手法，将议论与抒情完美结合，在中国文学史上占据了极重要的地位。

针砭时弊，借古讽今

杜牧二十岁刚出头，便以《阿房宫赋》出名。当时的皇帝是唐敬宗李湛，他少年继位，对政事没多少兴趣，喜欢击鞠、捕猎，经常与身边的宦官玩耍。敬宗还特别迷信，追求不死的神仙之术。为了满足穷奢极欲的生活，唐敬宗曾计划在长安、洛阳两地大兴土木，建造宫殿。

杜牧有感于此，颇为忧虑。他生活的时代，已经开始显现衰败之象，朝廷腐败，藩镇割据，社会矛盾尖锐。这种背景下，皇帝居然还计划劳民伤财地建造宫殿。对此，杜牧针砭时弊，借古讽今，写出了《阿房宫赋》，他借阿房宫的兴毁引出秦王朝兴亡的故事来告诫世人。文章面世后，杜牧名声大噪。

了解作者

杜牧（803—853 年），字牧之，京兆万年（今陕西西安）人，唐代著名文学家。杜牧身世显赫，祖父是唐代宰相杜佑。杜牧年少时便闻名于世，二十多岁就中了进士。杜牧喜爱读书，诗、赋、散文都有佳作。他经常以济世之才自负，多次在文章中感怀时事、讨论治乱兴亡之事。杜牧还通晓军事，曾注曹操所定的《孙子》十三篇。有《樊川文集》流传后世。

唐代新体文赋的代表

《阿房宫赋》的前半部分是传统的辞赋，气势磅礴。后半部分则有点像政论文。开头仅仅用“六王毕，四海一，蜀山兀，阿房出”十二个字，就写出一番睥睨天下、涵盖无穷的气势。结尾一段“秦人不暇自哀，而后人哀之。后人哀之而不鉴之，亦使后人而复哀后人也”的议论，醒人心目，是中国古代议论文的经典名言。这篇文章集叙事、抒情、议论于一体，既有细致精准的描写，也有情理交融的议论，感染力强，有非常高超的艺术技巧，是唐代新体文赋的代表之作。

大师的超时空直播间

为什么我要写《阿房宫赋》？在给一个朋友的信中，我解释了原因：宝历年间，皇帝沉迷于声色享乐，要把国家的财力用到大修宫殿上，因此我写了这篇赋。我写得再明白不过了，当年的秦朝是多么强大，却一味贪图享乐、奢侈无度，掠夺全天下的财富却将之视为泥沙，人们敢怒而不敢言。最后，秦朝自取灭亡，庞大的阿房宫瞬间变成一堆焦土。希望这样的历史，能够让人们哀叹、警醒。

宝历大起宫室，广声色，故作《阿房宫赋》。

——《上知己文章启》

宋代诗人
谢枋得

《阿房宫赋》宏壮巨丽，驰骋上下，累数百言……最后一段尤含鉴戒，读起来回味无穷。

元代学者
祝尧

《阿房宫赋》后半篇议论俊发，发人深省，自是一段好文字。

明末清初文学批评家
金圣叹

文章写到这个程度是到了极致，需要逐字细细阅读。

清代文人
吴楚材、吴调侯

这篇文章前半部分极力描写阿房宫的瑰丽，不是慕其奢华，而是以此来说明秦朝骄横敛怨到了极点，百姓不堪重负，活不下去了。

传世经典精读

阿 房 宫 赋（节选）

使天下之人，不敢言而敢怒。独夫[①]之心，日益骄固。戍卒叫[②]，函谷举[③]，楚人一炬[④]，可怜焦土！

呜呼！灭六国者六国也，非秦也；族秦者[⑤]秦也，非天下也。嗟乎！使[⑥]六国各爱其人，则足以拒秦；使秦复爱六国之人，则递[⑦]三世可至万世而为君，谁得而族灭也？秦人不暇自哀，而后人哀之；后人哀之而不鉴之，亦使后人而复哀后人也。

注释

① 独夫：残暴无道、失去人心的统治者，这里指秦始皇。

② 戍卒叫：指陈胜吴广起义。

③ 函谷举：指刘邦攻占秦国都城咸阳，灭掉秦朝，派兵驻守函谷关。

④ 楚人一炬：指楚将项羽进入咸阳后焚烧秦朝宫殿。

⑤ 族秦者：灭秦的人。族，灭族的意思。

⑥ 使：假使，倘若。

⑦ 递：将皇位依次传递下去。

译文

使整个天下的人，心中敢怒而口中不敢说。那位失去人民支持被孤立的始皇帝的心，却日益骄傲顽固。本为戍卒的陈胜、吴广振臂高呼起义，刘邦则一举攻占函谷关；楚将项羽（在咸阳秦宫）放了一把火，可怜这阿房宫成了一片焦土。

唉！灭掉六国的人，正是六国自己，不是秦国；使秦朝灭族的，是秦人自己，而不是天下的人。唉！假使六国的统治者各自爱护自己国家的百姓，那么就足够抵抗秦国；假使秦朝也能爱护六国的百姓，就能够传到三世，甚至万世，永为皇帝，谁又能够族灭秦朝呢？秦人来不及为自己哀叹，使得后人哀怜他们；后人哀怜秦人却又不以秦人为借鉴的话，也会使更往后的人来哀怜他们啊！

作品赏析

“灭六国者六国也，非秦也；族秦者秦也，非天下也。”这句话是全文讽谏议论的结语。杜牧认为，六国和秦朝灭亡的原因不在外敌，而在统治者自身。六国和秦朝为什么会灭亡？因为统治者不爱惜自己的百姓，导致众叛亲离，外敌入侵。更可悲的是，秦朝亲手灭掉了六国，却又走上了与六国灭亡相同的道路。所以，杜牧借“秦人不暇自哀，而后人哀之；后人哀之而不鉴之，亦使后人而复哀后人也”这句话忠告当时的唐朝皇帝要吸取秦朝灭亡的教训，不要重蹈覆辙。

阿房宫的历史

杜牧笔下的“阿房宫”，到底是什么建筑呢？

阿房宫是秦朝统治者举全国之力规划建造的雄伟宫殿群。秦始皇统一中国后，政局慢慢稳定。都城咸阳人口日益增多，秦始皇觉得宫室过于狭小，于是另选新址，在渭水以南的上林苑中，开始修筑阿房宫的前殿。由于规模宏大——“东西五百步，南北五十丈，上可以坐万人，下可以建五丈旗”（《史记·秦始皇本纪》），朝廷调动了很多民夫修建。秦始皇死时，阿房宫还未完工，继位的秦二世胡亥组织大量人力物力继续修筑。不久，爆发了陈胜吴广起义，秦朝的统治危在旦夕。一直到秦亡时，工程仍未完工，也没有正式的名字，因为前殿所在地名“阿房”，当时的人们就称之为“阿房宫”。二世胡亥被逼自杀后，阿房宫工程完全停止，一直到秦朝灭亡，再未动工。相传已完工的部分后来被项羽焚毁。虽然杜牧在本文中将其写得十分壮观，但实际上阿房宫只是一个未完工的工程。

《秋声赋》

韵律优美，文赋典范

作者：欧阳修

创作年代：北宋

文学体裁：文赋

特点：韵律优美，描写绘声绘色，写景、抒情、议论相结合

评价：宋代文赋的典范

你知道吗

“文道并重”是欧阳修提倡的创作态度。一方面，欧阳修把文学看成是与“道”同等重要的东西；另一方面，欧阳修认为文学的艺术形式和思想内容同等重要。欧阳修的这种创作理念被发扬光大后，使得文学的地位大大提升。

跨越时光学经典

紧扣“悲”字，抒发苦闷与感叹

《秋声赋》是欧阳修的辞赋代表作。这篇赋以“秋声”为引子，抒发了作者于某个秋夜听到秋声后的凄凉之情。

文章紧扣一个“悲”字，抒发自己的苦闷与感叹。立意新颖，文风典雅，既有“百忧感其心，万事劳其形”的感叹，也有“物过盛而当杀”的体悟。这篇文章集记事、写景、议论、抒情为一体，是欧阳修全力提倡“古文运动”、发展文赋的标杆性作品。

宦海沉浮后的愤懑之作

这篇作品大约创作于宋仁宗嘉祐四年（1059 年）秋。当时的欧阳修虽身居高位，但当年与范仲淹等人所坚持的政治改革运动（史称“庆历新政”）已经彻底宣告失败。

多年来，欧阳修经历了宦海浮沉，见识了官场黑暗，看不到改革的希望，他的心中非常愤懑。这种背景下，欧阳修创作了《秋声赋》，表达自己的苦闷之情。

了解作者

欧阳修（1007—1072 年），字永叔，号醉翁、六一居士，吉州吉水（今属江西）人，北宋著名文学家、史学家。

欧阳修出身贫寒，但勤奋好学，他的母亲也很有见识。“画荻教子”的典故，便来源于欧阳修的母亲教欧阳修识字的故事。欧阳修积极改革文风，是北宋古文运动的领袖，领导了当时的诗文革新活动。欧阳修是“唐宋八大家”之一，诗、词、散文、辞赋、修史、金石文字都有佳作，是文学方面的全才。欧阳修去世后谥号“文忠”，世人称其为欧阳文忠公。

宋代文赋的典范

古文运动之后，极度讲求骈偶铺排以及声律配合的律赋日益没落，文人们开始追求更加灵活自由的风格。《秋声赋》是欧阳修除《醉翁亭记》之外的又一名作。

这篇文章摒弃了骈赋的写法，行文自由，有点类似散文风格，铺陈渲染，文字清新，是宋代文赋的典范。这篇赋的优秀之处在于，既保留了骈赋、律赋的铺陈排比和清新辞藻，又为赋体开创了一条自由灵活的“散文化”道路。这种“兼收并蓄”的特点，使《秋声赋》在中国文学史上占据了一席之地。

大师的超时空直播间

老夫坐在屋子里读书，耳边忽然传来呼啸的秋风声，让我想起过去五十多年的人生往事，从科举落第到扬眉吐气，从奋起改革到偃旗息鼓。忽然感到萧瑟阴冷，悲从中来，故作赋留念。

初淅沥以潇飒，忽奔腾而砰湃；如波涛夜惊，风雨骤至。其触于物也，鏦鏦铮铮，金铁皆鸣，又如赴敌之兵，衔枚疾走，不闻号令，但闻人马之行声。

——《秋声赋》

形容物状，模写变态，未归于人生忧感，与时俱变，使人读之有悲秋之意。

明代文学家
归有光

吾谓宋之人物，若王沂公、李文正、司马温公之相业……欧阳永叔、苏子瞻之文章，洪忠宣、文信国之忠义，皆灼无可议，而且有用于时者。

明代诗人
谢肇淛

《秋声赋》作赋本意只是自伤衰老，故有动于中，不觉闻声感叹。

明末清初文学家
孙琮

篇中感慨处常带出警悟，真是神品。

清代学者
林云铭

传世经典精读

秋声赋（节选）

予曰："噫(yī)嘻，悲哉！此秋声也，胡为[①]乎来哉？盖夫秋之为状[②]也，其色惨淡，烟霏云敛[③]；其容清明，天高日晶[④]；其气慄冽，砭(biān)[⑤]人肌骨；其意萧条，山川寂寥。故其为声也，凄凄切切，呼号奋发。丰草绿缛(rù)[⑥]而争茂，佳木葱茏而可悦。草拂之而色变，木遭之而叶脱。其所以摧败零落者，乃一气[⑦]之余烈。

"夫秋，刑官[⑧]也，于时为阴；又兵象也，于行用金。是谓天地之义气，常以肃杀而为心……"

注释

①胡为：为什么，为何。

②秋之为状：秋天所表现出来的情状。

③烟霏云敛：烟霏，飘扬的烟气。云敛，云雾密聚的样子。

④日晶：阳光明亮。晶，明亮的意思。

⑤砭：刺。

⑥绿缛：碧绿繁茂的样子。缛，繁茂。

⑦一气：秋气。

⑧刑官：《周礼》中把官职与天、地、春、夏、秋、冬结合起来。由于秋天万物肃杀，所以执掌刑法的官员对应秋，称为刑官。

译文

我叹息说："唉，可悲啊！这是秋声啊，它为什么突然来了呢？大概秋天是这样子的。它的色调凄凉暗淡，烟雾散去，乌云聚集在一起；它的形貌清新明净、天空高远、阳光明亮；它的气候萧瑟寒冷、刺人肌骨；它的意境萧条冷落，山河寂寥。所以秋天发出的声音，时而凄凄切切，时而呼啸激昂。（原本）繁茂的绿草争相显露自己的碧绿繁茂，挺拔的树木青翠茂盛得使人愉悦。然而，一旦秋风吹起，青草就会枯萎变色；秋风掠过森林，树木就要落叶。秋天能摧残草木使其凋零，是因为肃杀之气的余威啊。

"秋天，是刑官执法的季节，它在时令上属阴；又是动兵和武器的象征，所以在五行上属金。这就是人们说的天地具有的严凝之气，它经常以肃杀为核心……"

作品赏析

这部分文字欧阳修通过丰富的联想，分别从秋色、秋容、秋气、秋意四个方面，将秋天山川寂寥、草木零落的肃杀景象描绘得栩栩如生，令人如临其境。读者仿佛能看到秋天凄惨的情状，似乎能感受那刺骨的寒冽之气，能听到秋风凄切的声音。通过自然万物在秋天的变化，也抒发了作者自己郁郁寡欢的心情。

历史上的《秋声赋》

《秋声赋》是欧阳修的辞赋代表作。其实，中国文学史上并不只这一篇《秋声赋》，还有几位文学家也写过《秋声赋》。

唐代“牛李党争”的主角李德裕曾写过一篇。他所作的《秋声赋》主题是感叹生命脆弱以及光阴易逝，风格近似汉赋。

唐代诗人刘禹锡也写过《秋声赋》，这篇赋是为和李德裕的《秋声赋》而写的。当时刘禹锡年纪已经很大，一直不受重用，心里十分愤懑，于是提笔写下了这篇文章。

《后赤壁赋》

句法天然，风格独到

作者：苏轼

创作年代：北宋

文学体裁：文赋

特点：叙事写景优美细腻，凄美忧郁，使人如临其境

评价：句法天然，写景状物风格独到，是宋代辞赋的名篇

你知道吗

苏轼是一位全面发展的文豪，是北宋中期的文坛代表，在诗、词、散文、书法、绘画等方面都有很高的成就。他的诗清新豪健，又是宋词中的豪放派代表，散文辞赋继往开来，他的书法博采众长，还擅长文人画，说他是艺术巨匠，可谓名副其实。

跨越时光学经典

记叙出游，表达苦闷

《后赤壁赋》是北宋文学家苏轼创作的一篇辞赋，创作于苏轼贬谪黄州（治今湖北黄冈）期间，也是《赤壁赋》的后篇。

《赤壁赋》从月夜泛舟起笔，一直写到怀古伤今，还有谈论玄理的内容。《后赤壁赋》则不同，以记叙出游这件事开头，中间通过细腻优美的语言描写了赤壁的壮美景色，结尾通过描写道士化鹤的梦境，表达了自己内心怅然若失的苦闷。

贬谪期间，醉心山水与创作

《赤壁赋》创作于元丰五年（1082 年）。这时，苏轼正处于人生最低谷。在此之前，苏轼对王安石变法中的一些内容不是很认同，于是在《湖州谢上表》中写了几句过激的话，被政敌抓住把柄弹劾，惹得皇帝大怒，将苏轼抓捕入狱，这就是著名的“乌台诗案”。苏轼在狱中惨遭折磨，几经波折，终于被营救出来。

出狱后，苏轼被贬为黄州团练副使。官职很小，还被朝廷要求不得擅离贬所，过着“半犯人”式的生活。这期间，苏轼以苦为乐，醉心山水。元丰五年，苏轼分别于初秋的七月和初冬的十月两次游览黄州赤壁，创作了两篇以“赤壁”为题的赋，后人把前一篇称为《赤壁赋》，后一篇称为《后赤壁赋》。

了解作者

苏轼（1037—1101 年），字子瞻，号东坡居士，眉州眉山（今属四川）人，北宋著名文学家、书画家。苏轼家学深厚，一门三学士，父亲苏洵、弟弟苏辙都名列“唐宋八大家”。苏轼于嘉祐二年（1057 年）中进士，之后进入官场。他生性耿直，对改革中的一些问题总是直言不讳，结果多次被贬，曾在杭州、颍州、惠州、儋州等地任职。

苏轼在中国文学史上有突出的地位，可谓无人不知。苏轼在诗、词、文方面造诣都很高，与黄庭坚并称“苏黄”，与辛弃疾并称“苏辛”。代表作有《水调歌头》（明月几时有）、《念奴娇·赤壁怀古》等。

情景交融、意境优美

《后赤壁赋》是《赤壁赋》的姐妹篇，二者珠联璧合，浑然一体，却又风格迥异。《赤壁赋》着重借景抒情，阐述哲理。《后赤壁赋》的重心则放在游览、写景上，用凝练的手法描述了明月、高山、大江、清风，情景交融，意境优美，句法天然，风格独到，凄美忧郁之情使人如临其境。苏轼时隔三个月创作的两篇关于黄州赤壁的赋，为后人留下了两种截然不同的样文标杆。

大师的超时空直播间

几个月前去逛了一下赤壁，发了一通感慨。今天，面对着月白风清的良夜，突然又来了兴致，于是和两个朋友一起，带着朋友捕的鱼，又跟夫人要了好酒，再次去赤壁游览。

是岁十月之望，步自雪堂，将归于临皋。二客从予，过黄泥之坂……于是携酒与鱼，复游于赤壁之下。

——《后赤壁赋》

宋代学者
郎晔

道士化鹤是神来之笔，这里用的应该是唐朝青城山道士徐佐卿化鹤的典故。

元代文学家
虞集

《赤壁赋》已曲尽其妙，《后赤壁赋》更加精妙……末用道士化鹤之事，尤出人意表。

清代学者
林云铭

若无《赤壁赋》，不见《后赤壁赋》之妙；若无《后赤壁赋》，不见《赤壁赋》之佳。

清代文人
吴楚材、吴调侯

《赤壁赋》写实情实景，从“乐”字领出歌来。《后赤壁赋》写幻境幻想，从“乐”字领出叹来。一路奇情逸致，相继出现，与前一篇同一机杼，却无一笔相似。

传世经典精读

后赤壁赋（节选）

时夜将半，四顾寂寥。适有孤鹤，横江东来[①]，翅如车轮，玄裳缟（gǎo）衣[②]，戛（jiá）然[③]长鸣，掠予舟而西也。须臾客去，予亦就睡。梦一道士，羽衣蹁（pián）跹（xiān）[④]，过临皋之下，揖（yī）予[⑤]而言曰："赤壁之游乐乎？"问其姓名。俯[⑥]而不答。"呜呼噫嘻！我知之矣！畴昔之夜[⑦]，飞鸣而过我者，非子也耶[⑧]？"道士顾笑，予亦惊寤（wù）[⑨]。开户视之，不见其处。

注释

① 横江东来：横穿过大江从东边飞来。

② 玄裳缟衣：穿着黑色下衣，白色上衣。玄，黑色。裳，下衣。缟，白色。衣，上衣。这里指仙鹤。仙鹤的腿和尾巴是黑的，身上羽毛是白的，就像穿白衣黑裙的人。

③ 戛然：拟声词，形容仙鹤高叫的声音。

④ 羽衣蹁跹：穿着羽衣，轻快地走着。

⑤ 揖予：向我拱手施礼。予，我。本节选中的“予”字全部是“我”的意思。

⑥ 俯：低头。

⑦ 畴昔之夜：昨天夜里。这个典故出于《礼记 · 檀弓》上篇的“予畴昔之夜”。畴昔，往日，这里指昨天。

⑧ 非子也耶：不就是你吗？

⑨ 寤：醒。

译文

这个时候已经快到夜半，我向四周望去，感觉冷清寂寞。刚好有一只仙鹤，从东边横穿江面飞来，它的翅膀像车轮一样大，身体下部和尾部的羽毛就如同黑裙子，身上羽毛则如同洁白的上衣，它高声鸣叫，掠过我的船向西飞去。过了一会儿客人离开，我也开始睡觉。我梦见一位道士，他穿着羽毛制成的衣服，步伐轻快地走来，走到临皋亭下面，向我拱手行礼说：“赤壁之行快乐吗？”我询问他的姓名，他低头不语。“噢！哎呀！我知道你了。昨夜飞叫着从我船边经过的，不就是你吗？”道士回头笑了起来，我也忽然从梦中惊醒。开门一看，却不知道士去了什么地方。

作品赏析

这一段是《后赤壁赋》的结尾，虚幻缥缈又余味无穷，被历代文学家所称赞。《后赤壁赋》虽是一篇文赋，却不像《赤壁赋》那样旨在借景抒怀，阐发哲理。用现代的眼光看，《后赤壁赋》更像一篇游记题材的记叙文。这最后一段，苏轼借夜半梦见孤鹤道士的情境，表现自己旷然豁达的胸怀，以及想要修仙出世、远离世俗纷争的思想。

赤壁与文学

东汉末年，曹操南下征讨东吴，孙权与刘备联军在长江赤壁一带大败曹操，一举奠定了三国鼎立的局面，这就是“赤壁之战”。一般认为赤壁古战场位于今湖北省武汉市赤矶山，也有一种说法是在今赤壁市西北的赤壁山。

苏轼被贬至黄州时，多次在附近的“黄州赤壁”游览，误以为这里是赤壁之战的古战场。黄州赤壁又名赤鼻矶。苏轼游览这里后，写了两篇关于赤壁的赋，还有词作《念奴娇·赤壁怀古》，其中“大江东去，浪淘尽，千古风流人物”，更是成为千古名句。

中国文学史上，有很多作品都提到赤壁，多为怀古抒情的作品，并没有特意区分赤壁的具体地点。其他与赤壁有关的文学作品还有唐代诗人李白的诗作《赤壁歌送别》、杜甫的《过南岳入洞庭湖》、杜牧的《赤壁》，以及清代曹雪芹的《怀古绝句·赤壁怀古》等。

因为这场美丽的误会，后人也把黄州赤壁称为“文赤壁”，清康熙时黄州赤壁还被命名为“东坡赤壁”。

元明清

曲高和寡，日渐没落

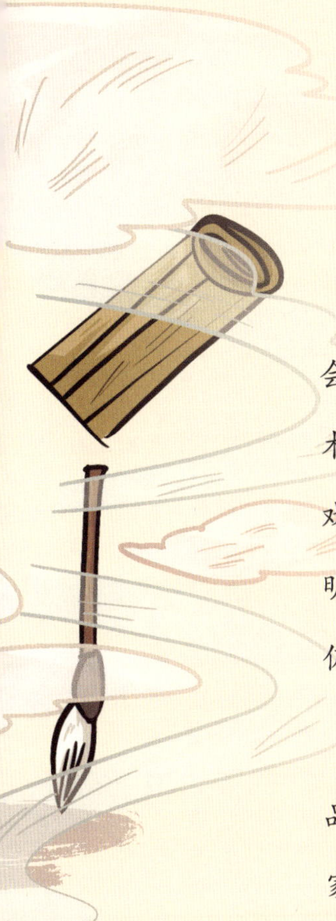

元明清时期，辞赋的发展开始走下坡路。伴随着社会经济的发展，资本主义萌芽出现，人们的审美观和艺术追求发生了巨大的转变，民众热衷于话本、通俗小说、戏曲等通俗文学，对曲高和寡的辞赋逐渐疏远。此外，明清时期盛行的“八股文”也阻碍了辞赋的发展。不过，仍然有许多优秀的小赋出现。

元代虽时间不长，但依然有郝经的《怒雨赋》等作品传世。元末明初，社会战乱频繁，吴莱、刘基等文学家创作了一些反映民间疾苦、批判现实的作品。明朝中后期开始，反映社会矛盾的辞赋作品数量增加。明代的辞赋代表作，有刘基的《伐寄生赋》、李东阳的《见南轩赋》、王守仁的《太白楼赋》、李梦阳的《疑赋》等。

这些作品风格多样，内涵丰富，显示了明代文人对辞赋发展的进一步探索。

清初有黄宗羲的《海市赋》、王夫之的《祓禊（fú xì）赋》，之后有蒲松龄的《绰然堂会食赋》等辞赋问世，作品各有特色，大多属于抒情的短赋。到了乾隆、嘉庆年间，律赋再度兴盛，进入一个辞赋复古的时期，有袁枚的《秋兰赋》、洪亮吉的《过旧居赋》等优秀作品。晚清则有龚自珍的《哀忍之华赋》、黄遵宪的《小时不识月赋》等，别有新意。

《秋兰赋》

借景言情，性灵自然

作者：袁枚

创作年代：清代

文学体裁：抒情小赋

特点：文辞幽雅隽永，借景言情，通过兰花表现了洁身自好的追求

评价：拟人咏物的小赋精品，性灵自然

你知道吗

梅兰竹菊“四君子”，是古代文学中十分常见的意象，古人用兰花象征品性高洁。早在先秦典籍《易经》中，就有“同心之言，其臭如兰”的记载，意思是说，意气相投的言论，就像兰草那样气味芬芳。《孔子家语》中有“芝兰生于深林，不以无人而不芳”的说法。

跨越时光学经典

表达自己洁身自爱的品格

《秋兰赋》是清代文学家袁枚创作的一篇咏物抒情的小赋。这篇文章意境优美，音节协调，对仗工整，是难得的小赋精品。文章通过赞扬兰花清幽高洁、卓尔不群的高尚品格，表达了自己洁身自爱、不同流俗的处世态度。

这篇赋全文很少用典，也没有堆砌铺陈华丽的辞藻，但笔法灵活多变、自由流畅，可谓集辞赋众家之长。

隐居时的创作

《秋兰赋》反映了袁枚本人的个性和处世哲学。袁枚虽然才华横溢，但并不被当时的官场所喜。他一共做了七年的县令，其间虽有声望，但职位一直没能提升。乾隆十四年（1749年），袁枚父亲去世，他索性以奉养老母的名义辞去官职，过起了隐居生活。袁枚对腐败的官场十分失望，《秋兰赋》中借歌颂秋兰，来表明自己不愿与官场众人同流合污的志向。

了解作者

袁枚（1716—1798年），清代文学家，字子才，号简斋，钱塘（今浙江杭州）人。袁枚少年成名，才学过人，乾隆四年（1739年）中进士，历任溧水、江浦、沭阳、江宁等地知县，政绩斐然。袁枚在中年时辞官，于江宁小仓山（在今江苏南京）修筑园林，取名“随园”，此后几十年间，一直过着闲居生活。

袁枚是清代有名的才子，与大学士纪昀齐名，当时人称“南袁北纪”。作为清代中叶的文学大家，袁枚的诗、古文、骈文、小说都有很高的水平，展示出独树一帜的风格特色。他被誉为“骈文八家”之一，又与赵翼、蒋士铨并称“乾隆三大家”。袁枚性格开明，喜奖掖后进，对女弟子同样尽心教学。作品集有《小仓山房集》《随园诗话》《子不语》等。

性灵自然

《秋兰赋》的特点是句式灵活多变，将叙事、抒情、写景等有机结合起来。全文借景言情，把兰花人格化，表现了洁身自好的品格追求。文辞幽雅隽永，风格清新流丽，一改传统辞赋铺排描写的传统，体现了袁枚作文性灵自然的特点。

《秋兰赋》是袁枚的辞赋代表作。从清朝中叶开始，分析、仿效甚至讽刺这篇作品的学者数量众多，其中不乏名人高士，可见袁枚及这篇作品的文学影响力。

大师的超时空直播间

我这个人是不怎么喜欢当官的。早年我也曾中进士，当过沭阳、江宁等地的知县。但我就是文人脾气，平日散漫惯了，所以“官声”不太好。后来，我干脆辞官归隐。拙作《秋兰赋》借秋兰表达自己的志向，今晚将它拿出来再看，别有一番唏嘘。

析佩表洁，浴汤孤处。倚空谷以流思，静风琴而不语。歌曰：秋雁回空，秋江停波。兰独不然，芬芳弥多。秋兮秋兮，将如兰何！

——《秋兰赋》

袁枚辞官归隐几十年，没几个人做得到。他的文学才华极出众。

清代文学家
王昶

袁枚把古文、四六体运用得得心应手，既与古代相通，又能自我创新……百余年内，大概没人比得上他。

清代文学家
姚鼐

袁枚通达政体，可惜没有得到重用。退隐之后专心创作，也有很大成就。

清代学者
孙星衍

袁枚不多作也，不轻易作骈体文，留存下的这些已堪称古藻缤纷、大气旋转，足冠一朝。

清代学者
李英

辞赋的形式和分类

骈赋与骈文

中国古代文学中的骈文，由于与辞赋中骈赋的形式非常类似，以至于许多辞赋名篇也被人认为是骈文，比如南朝刘宋时期文学家鲍照的作品《芜城赋》等。不过，骈赋与骈文还是有区别的：辞赋中的骈赋是一种韵文，有韵脚，而骈文却不见得全都押韵。

古代辞赋类型

类型	代表作
骚体赋	司马相如《长门赋》
汉大赋	张衡《二京赋》
骈赋	江淹《别赋》
律赋	柳宗元《披沙拣金赋》
文赋	欧阳修《秋声赋》

古代辞赋的特点

一、形式

语句字数有要求，多以四、六字句为主，并追求骈偶（即对偶）。

二、音律

语音有要求，追求声律谐协。

三、文辞

遣词造句追求华丽的辞藻（即藻饰）和引用典故。

四、内容

比较侧重于写景，或借景抒情、借物言志。早期的一些作品过于追求文学形式，忽略了实质内容。

辞赋的散文化

中唐“古文运动”之后，辞赋逐渐出现了散文化趋势，不再一味追求排偶和藻饰，也不再苛刻地追求骈偶、音律、句式参差，这种辞赋叫作“文赋”。文赋具有赋的结构，却并不完全遵守传统辞赋的文字要求，不拘束于字句对偶，但从文学体裁上来看，依然被视为辞赋。

传世经典精读

秋兰赋（节选）

秋林空兮百草逝，若有香兮林中至。既萧曼[1]以袭裾（jū）[2]，复氤氲（yīnyūn）[3]而绕鼻。虽脉脉[4]兮遥闻，觉熏（xūn）熏然[5]独异。予心讶焉，是乃芳兰。开非其时，宁不知寒？

注释

① 萧曼：形容高远的样子。

② 袭裾：熏染了衣襟。裾，古代指衣服的前襟。

③ 氤氲：形容气流、云烟弥漫的样子。

④ 脉脉：沉默，含情不语的样子。

⑤ 熏熏然：沁人心脾的样子。

译文

秋天的树林空旷寂寥，很多植物都凋衰了，但我发觉好像有一种幽香从树林中传来。这高远的香味熏染了衣襟，又像云烟一样在鼻尖缭绕弥漫。虽然这脉脉的香气来自远处，却沁人心脾，气味独特。我心中对此很诧异，发觉这是兰花的芳香。但现在不是兰花盛开的季节，难道这兰花不知道寒冷的秋天已到？

作品赏析

这段文字是《秋兰赋》的开头，作者从闻到一股香气写起："秋林空兮百草逝，若有香兮林中至"。这里设置了一个悬念，作者没有点出具体是什么香气，只是细腻地写出了这股香气的特征。作者还运用了对比的手法，将秋兰盛开与天气寒冷、百花凋谢做对比，凸显了秋兰的卓尔不群。这一段的最后，作者揭晓了答案，原来是秋兰的香气，接着用一句"宁不知寒"引出下文。

趣说袁枚

袁枚很有个性，他对学习书法没什么兴趣，所以字写得不怎么好看；他不喜欢被词的曲谱束缚，所以这个体裁的作品很少；他不愿意做官了，就半路辞官。

袁枚是清代少见的"职业"文人。他三十多岁时，在江宁买下随园，将其改造成著名的私家园林，吸引了大量文人前来参观，袁枚还在里面售卖自己的书籍，获得不菲的收益。

袁枚是一位美食家，有"食圣"之誉。他曾出版过著名的美食专著《随园食单》，被誉为中国历史上当之无愧的"食经"。袁枚凭自己在美食方面的天赋，把随园里的菜馆打理成了著名的美食胜地。

颇具商业头脑的袁枚还有一条生财之道，即为别人写应酬文章。不管是墓志铭还是传记、寿序，他都按价收费。终其一生，袁枚都过得富足而有趣。

作文故事素材索引

【文脉流传】

【苦难磨炼】

【忠心为国】

【奇闻趣事】

作文佳句素材索引

【壮观美景】

长风至而波起兮，若丽山之孤亩。势薄岸而相击兮，隘交引而却会。
——《高唐赋》/008

于是大厦云谲波诡，摧嗺而成观。仰挢首以高视兮，目冥眴而亡见。
——《甘泉赋》/026

雕楹玉碣，绣栭云楣。三阶重轩，镂槛文棍。右平左墄，青琐丹墀。刊层平堂，设切厓隒。坻崿鳞眴，栈齴巉崄。襄岸夷涂，修路陵险。
——《二京赋》/034

出乎大荒之中，行乎东极之外。经扶桑之中林，包汤谷之滂沛。潮波汩起，回复万里。
——《吴都赋》/060

适有孤鹤，横江东来，翅如车轮，玄裳缟衣，戛然长鸣，掠予舟而西也。
——《后赤壁赋》/094

【文学修养】

恒患意不称物，文不逮意，盖非知之难，能之难也。故作《文赋》，以述先士之盛藻，因论作文之利害所由，他日殆可谓曲尽其妙。
——《文赋》/052

【深谋远虑】

使天下之人，不敢言而敢怒。独夫之心，日益骄固。戍卒叫，函谷举，楚人一炬，可怜焦土！——《阿房宫赋》/078

秦人不暇自哀，而后人哀之；后人哀之而不鉴之，亦使后人而复哀后人也。——《阿房宫赋》/078

【心情感受】

魂逾佚而不反兮，形枯槁而独居。言我朝往而暮来兮，饮食乐而忘人。——《长门赋》/018

余告之曰：其形也，翩若惊鸿，婉若游龙。荣曜秋菊，华茂春松。仿佛兮若轻云之蔽月，飘飖兮若流风之回雪。远而望之，皎若太阳升朝霞；迫而察之，灼若芙蕖出渌波。——《洛神赋》/044

黯然销魂者，唯别而已矣！——《别赋》/068

是以行子肠断，百感凄恻。风萧萧而异响，云漫漫而奇色。舟凝滞于水滨，车逶迟于山侧。——《别赋》/068

跨越时空的大语文

文豪大有来头

刘光成　等　编著

中信出版集团 | 北京

图书在版编目（CIP）数据

跨越时空的大语文：全6册 / 刘光成等编著. -- 北京：中信出版社, 2024.3

ISBN 978-7-5217-5049-2

Ⅰ. ①跨… Ⅱ. ①刘… Ⅲ. ①语文课－中小学－教学参考资料 Ⅳ. ①G634.303

中国版本图书馆CIP数据核字（2022）第241671号

跨越时空的大语文（全6册）

编　　著：刘光成　等
本册撰稿：刘光成
出版发行：中信出版集团股份有限公司
（北京市朝阳区东三环北路27号嘉铭中心　邮编　100020）
承 印 者：北京盛通印刷股份有限公司

开　　本：787mm × 1092mm　1/16　　印　　张：47　　字　　数：950千字
版　　次：2024年3月第1版　　印　　次：2024年3月第1次印刷
书　　号：ISBN 978-7-5217-5049-2
定　　价：158.00元（全6册）

目录

孔子

粉丝超多的至圣先师

籍贯：鲁国陬邑（今山东曲阜东南）

字号：名丘，字仲尼

生卒年：公元前 551—公元前 479 年

地位：儒家学派创始人、“万世师表”

成就：开创的儒学是中国传统思想文化的主流

文学：整理我国传世的第一部文学作品《诗经》，是文学史上开创新篇章的第一人；编修《春秋》，开修史之先河

教育：古代伟大的教育家，提出“有教无类”的观念，开创了私人讲学的风气，桃李满天下，被誉为“万世师表”

学文典范

孔子提出的“仁者爱人”“有教无类”“三人行，必有我师焉”“学而不厌，诲人不倦”“知之为知之，不知为不知”等观点，对中华民族的发展有着深远的影响。让我们来了解一下这位大师吧！

跨越时光读大师

艰难成长

孔子祖上是贵族，但他幼年多难，三岁时父亲撒手人寰，从此与母亲相依为命，艰难成长。孔子十七岁的时候，母亲也去世了。鲁国掌权的贵族季孙氏曾宴请贵族，其家臣阳虎居然阻拦孔子，不让孔子进门。历经挫折的孔子勤奋求学，才华横溢，却仅担任委吏和乘田等小官，负责管理仓库和管畜牧等工作。

外出避祸

当时的鲁国内政混乱不堪，家门衰落的孔子更是没有什么用武之地了。公元前 517 年，鲁国权臣季平子与郈（hòu）昭伯斗鸡，发生争执。郈昭伯向国君鲁昭公告状，鲁昭公早就对季平子不满，趁机联合郈昭伯攻打季平子，却被打败出逃，最后客死他乡。这件事，史称“斗鸡之变”。

鲁国就这样乱成一团，孔子眼见这种现状，想到与齐景公有些交情，于是到了齐国。齐国国君齐景公本想重用孔子，但大夫晏婴认为孔子复兴周礼的主张烦琐复杂，难以引导百姓，很难有实际的作用。因此，孔子在齐国还是没有受到重用。

公元前 515 年，孔子又返回鲁国。

施展抱负

回到鲁国后，孔子韬光养晦。公元前 500 年，孔子被任命为中都宰，颇有政绩，又升任司空，后被任命为鲁国大司寇，摄行相职，有了施展抱负的机会。

当时的国君鲁定公并没有真正的实权，权力掌握在贵族“三桓”（孟孙氏、叔孙氏和季孙氏同属鲁桓公的后裔，被称为“三桓”）的手中。孔子提出了“堕三都”的方案，要把三桓领地超出规制的城墙拆掉，削弱三桓对国君的威胁。

得罪权贵

孔子的改革得罪了国内的贵族，原本支持孔子的季桓子也开始疏远孔子。国君对这种局面也没有办法，“堕三都”最后半途而废。

同时，鲁国的邻国齐国害怕鲁国崛起，使用计策离间了孔子与鲁定公、季桓子的关系。孔子被迫离开鲁国。从此，孔子师徒踏上了周游列国的道路。

周游列国

孔子一行人先后在卫国、曹国、宋国、陈国等国逗留。其间，由于权贵们的阻挠，没有哪个诸侯国肯重用孔子。

孔子在陈国待了三年，本以为可以施展政治才能，但当时的陈国经常受到吴、楚等大国侵扰，毫无前途，孔子只好离开。陈国、蔡国的一些大夫害怕孔子去楚国掌握大权后对他们不利，于是派人围困孔子。孔子陷入“陈蔡之厄”，情况危急，断粮七天。后来楚昭王派兵接应，才将孔子和他的弟子们救出。楚昭王对孔子印象很好，但令尹子西反对重用孔子，孔子只好再度返回卫国。这时，孔子已经六十八岁了。

这一年，齐国大举入侵鲁国。“三桓”中的叔孙氏、孟孙氏由于不满季孙氏专权，不肯出兵协助季康子抵挡齐军。万般无奈的季康子任用孔子的弟子冉有为大将，率军击退入侵的齐军。战后，季康子询问冉有击败齐军的过程，冉有为促使老师孔子重返鲁国，竭力为老师游说：“我的军事知识都是跟先生孔子学的。”

于是，季康子便派人迎接孔子回鲁国。至此，孔子终于结束了长达十四年的漂泊之旅，落叶归根。

回到鲁国的孔子并未受到重用。此时，对仕途不抱希望的孔子并没有消沉，他沉下心来，继续修书育人的事业。

修书育人

孔子晚年完成了儒家经典《春秋》《诗经》《尚书》等作品的修订工作。

孔子倡导“有教无类”的教育理念，他广收门徒，开办了当时规模最大的私学。西周时期，教育事业的主办权掌握在官府的手中，由官府出面兴办的学校称为“官学”。官学只收有身份的贵族子弟，孔子则致力于打破这种局面。孔子收的学费并不贵，只要能拿出十条干肉，孔子便收其为弟子。

据史书记载，孔子三十而立的时候，身边已经聚集起一批弟子，其中不乏有名之士，如比孔子小九岁的子路，以及颜回的父亲颜路、曾参的父亲曾点等。

链接小知识

孔子收了多少弟子？

《史记》记载孔子座下的弟子大约有三千人，其中身通六艺的佼佼者有七十二人。在《论语》中，孔子着重提到自己的优秀弟子有颜回、子骞、伯牛、仲弓、子我、子贡、子有、子路、子游、子夏。后人将他们称为“孔门十哲”。

假如大师也有直播间

周游列国真是个考验。这次大家在陈国断了粮，跟随的弟子都饿病了，甚至到了不能起身的地步。子路沉不住气，愤愤不平地问我："难道君子也有这么穷困的时候？"在这里，我郑重告诉大家："君子也会穷途末路，但志向决不会改变，仍然会固守节操和本分！而小人身处逆境，就会胡作非为。"

在陈绝粮，从者病，莫能兴。子路愠见曰："君子亦有穷乎？"子曰："君子固穷，小人穷斯滥矣。"

——《论语·卫灵公篇》

孔门十哲之一
颜回

老师真是让人参不透啊。他的学问道德高深莫测。

汉代史学家
司马迁

孔夫子是所有读书人的老师啊！

魏文帝
曹丕

孔子可谓命世之大圣，亿载之师表。

法国文学家
伏尔泰

孔子影响了世界，他没觉得自己的话是经典，但大家都把他的话当作金科玉律。

美国科学史学家
李约瑟

中国封建社会中皇帝的身份最尊贵，但孔子却是“无冕的皇帝”。

伟大的先贤孔子

- 孔子的精彩一生
  - 思想
    - 己所不欲，勿施于人
    - 君子成人之美，不成人之恶
    - 躬自厚而薄责于人
    - 克己复礼
  - 处世
    - 义然后取，人不厌其取
    - 君子喻于义，小人喻于利
    - 因民之利而利之
    - 敬事而信，节用而爱人

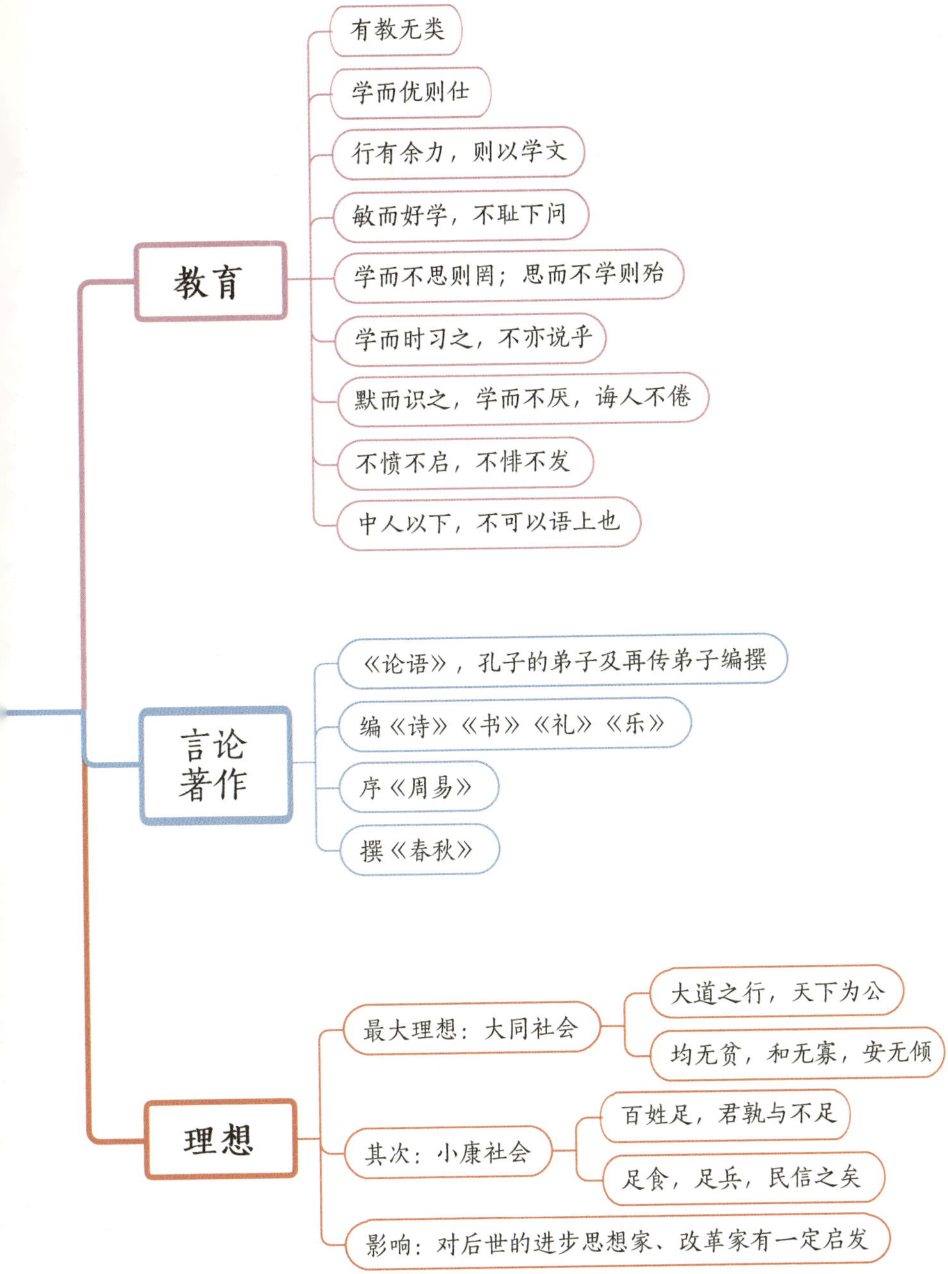
教育
有教无类
学而优则仕
行有余力，则以学文
敏而好学，不耻下问
学而不思则罔；思而不学则殆
学而时习之，不亦说乎
默而识之，学而不厌，诲人不倦
不愤不启，不悱不发
中人以下，不可以语上也
言论著作
《论语》，孔子的弟子及再传弟子编撰
编《诗》《书》《礼》《乐》
序《周易》
撰《春秋》
理想
最大理想：大同社会
大道之行，天下为公
均无贫，和无寡，安无倾
其次：小康社会
百姓足，君孰与不足
足食，足兵，民信之矣
影响：对后世的进步思想家、改革家有一定启发

文豪的传世经典

论语·公治长篇（节选）

子贡问曰："孔文子[①]何以谓之'文'也？"子曰："敏[②]而好学，不耻下问，是以谓之'文'也。"

注释

① 孔文子：指春秋时卫国的大夫孔圉（yǔ），"文"是他的谥号，"子"是对他的尊称。

② 敏：聪慧、勤奋的意思。

译文

子贡问："孔文子凭什么能得到一个'文'的谥号呢？"孔子回答："这个人聪明、勤奋、好学，不以向不如自己的人请教问题为耻，所以得到一个'文'的谥号。"

作品赏析

孔文子，姓孔名圉，为卫国做出了很大贡献。他死后，国君赐予"文"的谥号，这是谥法中对人的最高赞誉。孔文子虽然不见得有经天纬地之才，但孔子认为，他的学习态度值得赞赏，这种"敏而好学，不耻下问"的精神，足以配得上"文"的谥号。

论语·述而（节选）

子曰："默而识(zhì)[①]之，学而不厌，诲(huì)人不倦，何有于我哉[②]？"

注释

① 识：记住。

② 何有于我哉："何有"是"有什么"的意思。这句话是倒装句式，意思是"于我何有哉"，即"这些事情对我来说有什么困难呢？"或"这些事我到底做了多少呢？"。

译文

孔子说："把学到的知识默默地记在心里面，努力学习且不感到厌烦，教导别人而不感到疲倦，这些事我到底做到了多少呢？"

作品赏析

这句话包含着治学的两种态度。第一种是不断学习的刻苦精神。孔子非常喜欢学习，经常复习学过的知识，把从前所学的知识默记在自己心里，这就是"默而识之"；孔子时刻努力学习且永不满足，这就是"学而不厌"。第二种是乐于为人解惑。作为一名老师，孔子教导学生，要无论学生怎样请教都不感到疲倦，也就是"诲人不倦"。

论语·颜渊（节选）

仲弓问仁。子曰："出门如见大宾[①]，使民如承大祭[②]。己所不欲，勿施于人。在邦[③]无怨，在家无怨。"仲弓曰："雍虽不敏，请事斯语矣！"

注释

① 大宾：指身份尊贵的宾客。

② 大祭：国家举办的大型祭祀。

③ 邦：指诸侯国。

译文

仲弓问孔子什么是仁德。孔子说："出门做事的态度就好像去接待贵宾，役使百姓的态度就如同去承办大型的祭祀活动。自己不喜欢做的事情，不要强加给别人。在诸侯国朝堂上做官不抱怨，在卿大夫的封地内做官也不抱怨。"仲弓说："我虽然不聪敏，但也要照您的话去做。"

作品赏析

孔子认为，出门办事的时候要严谨，当官要仔细考量，小心谨慎。另外，还要学会换位思考、宽以待人，平时做事的时候设身处地为别人想想；做官则要从百姓的角度考虑施政方针。最后，要调整好自己的心态，保持言行一致。在朝廷中要谨言慎行，为民造福；在家乡要奉公守礼，团结身边的乡人。

庄子

一个爱跑题的故事家

籍贯：宋国蒙（今河南商丘东北）
字号：名周，字子休（一说子沐）
生卒年：约公元前369—公元前286年
成就：著名思想家、哲学家、文学家，道家学派代表人物
代表作：《逍遥游》《齐物论》《养生主》

处世：“避世不仕”，不管谁请他做官，一概不给面子
才华：文学高手，擅长讲寓言故事和辩论，经常把人辩得目瞪口呆
心态：深谙“浪漫”之道的哲人，超然物外

学文典范

庄子的作品气势豪放，挥洒自如，想象力极为丰富，《逍遥游》《秋水》等文章影响了世世代代的文人名士。庄子创作了大量寓言，充满了哲学智慧，是后人的思想宝库。

跨越时光读大师

人生之谜

庄子身上布满谜团，他的出生、死亡等人生经历很难一一考证。史学家通常认为，庄子大约于周烈王七年（公元前 369 年）出生于宋国蒙邑，也就是今河南商丘东北部一带。庄子去世的时间大概在公元前 286 年。

崇尚自由

庄子崇尚自由，对世俗的金钱和官职毫不在意。当时的祭祀是大事，重大的祭祀要用到牛，这种被用来祭祀的牛叫作“牺牛”。庄子用牺牛打比方说，千金的厚礼、卿相的尊位，就像这些祭祀用的牛，平日看起来身份尊贵，被人喂养多年，最终不过是在祭祀的时候披上带花纹的织绣，作为贡品被杀掉。到那时，就算这些高贵的“牺牛”想做普通的牛，也不可能了。

逍遥避世

有一次，楚威王派两名大夫带着厚礼前来请庄子做官。二人对庄子说：“希望您能管理楚国的政务。”庄子头也不回地说：“我听说你们楚国有一只著名的神龟，已经死了三千年了，国君亲手用锦缎将它的尸体包好，放在名贵的竹匣中，珍藏在国家的宗庙，十分荣耀。你们若是这只神龟，是愿意在名贵的竹匣中死去，还是宁愿在烂泥里拖着尾巴爬行？”

二人诚实地回答：“我们宁愿在烂泥里拖着尾巴爬行。”庄子点点头说：“请二位回去吧！我也宁愿在烂泥里拖着尾巴多活几年。”

视权贵如腐鼠

庄子的志向是追求人生的自由和逍遥，而绝不是权力和地位。很多人不能理解庄子逍遥避世的思想。

惠施曾在魏国为相，庄子去魏国时，有人搬弄是非，说庄子这次来者不善，想取代惠施的国相之位。惠施深知庄子的才能，有些惊慌失措，于是派人在国都搜捕庄子。庄子却不以为意，大大方方地前去见惠施。他对惠施说：“南方有一种怪鸟，叫鹓鶵（yuānchú），传说它从南海起飞，前往北海。中途如果没有高贵的梧桐树，它便不栖息；如果没遇到珍贵的果实，它就不吃食物；如果找不到甜美的泉水，它就不喝水。有一只猫头鹰拾到了一只腐烂的老鼠，恰逢鹓鶵从它面前飞过。猫头鹰害怕鹓鶵抢它的死老鼠，仰头凝视，不断发出威胁的声音。现在，你也怕我抢你的死老鼠吗？”

惠施大为窘迫，连连道歉。

成材与废材

庄子的著作里，留下了与朋友惠施、自己的弟子等人的精彩哲学辩论，很多地方蕴含着朴素的辩证法。

有一次，庄子带着弟子行走在山里，看见前面有人砍树，便停下来围观。不远处有一棵大树，砍树的樵夫却站在树旁不动手。庄子的弟子询问他们为什么不砍这棵树。樵夫说：“这棵树枝叶太盛，又不够直，砍掉没有什么用处。”庄子笑着对弟子们说：“这棵树能够终享天年，是因为其不成材啊！”

后来，庄子一行到朋友家做客，朋友吩咐宰杀家鹅款待。仆人询问：“咱们家有两只鹅，一只能叫，一只不能叫，请问宰杀哪一只呢？”主人说：“杀那只不能叫的无用之鹅吧。”

弟子们目睹此事，问庄子：“我们之前遇见的山中那棵大树，由于不成材而能活下去；那只不会叫的鹅，却因为不成材而惨遭杀身之祸。这该怎样解释呢？”庄子笑着说：“具体问题具体分析。我觉得人最佳的状况应该是处于成材与不成材之间。”

超然洒脱

庄子不愿被礼教规矩束缚。他的妻子去世后，惠施赶来吊唁，却看到庄子坐在地上鼓盆而歌。庄子说：“我怎么能不伤心呢！然而生命从出生到死亡，就跟春夏秋冬四季运行一样自然。”庄子临终，弟子们想厚葬老师，庄子却说：“天地是我的棺椁，日月是我的宝玉，星辰是我的珍珠，万物都是我的陪葬。我陪葬的东西还不够多吗？哪里还用得着这些俗物！”弟子们说：“我们担心乌鸦、老鹰吃您的遗体。”庄子说：“在地面上会被乌鸦、老鹰吃，埋在下面则会被蚂蚁吃。如今你们要抢了乌鸦、老鹰的食物交给蚂蚁，太偏心了啊。”

古人把丧事的仪式看得很重要，庄子却认为，生死只不过是一种自然现象。这种超然生死的境界，远在常人之上。

假如大师也有直播间

我曾梦见自己变成了一只蝴蝶，很生动逼真的一只蝴蝶，心情多么愉快！但我不知道自己原本是庄周。突然间醒来，发现原来我是庄周。也不知道是我梦见自己变成了蝴蝶，还是蝴蝶在梦中变成了我？

昔者庄周梦为胡蝶，栩栩然胡蝶也，自喻适志与，不知周也。俄然觉，则蘧蘧然周也。不知周之梦为胡蝶与？胡蝶之梦为周与？

——《庄子·齐物论》

汉代史学家
司马迁

庄子学识太渊博了，他的学说包罗万象，没有他不研究的。

晋代文学家
潘岳

庄子是我的偶像。

晋代诗人
陶渊明

庄子也是我的偶像。

宋代政治家、文学家
王安石

如果一个地方的人们淳朴、与世无争，那他们一定深受庄子影响。

现代文学家
鲁迅

庄子的文章就像江河湖海一般汪洋辟阖，仪态万方。晚周时期诸子百家的作品，没有能超过庄子的。

庄子寓言里的成语

邯郸学步

出自《庄子·秋水》。一个少年觉得邯郸人的走路姿势好看，便去学习，后来非但没有学会邯郸人的走路姿势，连自己原来的走路姿势都忘了。这个成语讽刺了那些盲目学习别人，却将自己特色丢掉的人。

井底之蛙

出自《庄子·秋水》。住在井底的青蛙认为天只有井口那么大，根本想象不到大海的广阔。这个成语讽刺了那些目光短浅的人。

东施效颦

出自《庄子·天运》。丑女东施觉得美女西施生病时皱眉头、按着心口的样子很美，于是也学西施的样子。村里人看她做作的样子更加疏远她。这个成语讽刺了那些拙劣的模仿行为。

庖丁解牛

出自《庄子·养生主》。擅长解剖牛的庖丁在解牛时一气呵成，进刀时发出的声音竟然合乎音律。这个成语比喻掌握了事物的客观规律后，做事得心应手，游刃有余。

螳臂当车

出自《庄子·人间世》。一只螳螂举起前肢，企图阻挡马车的前进。这个成语比喻做事自不量力。

朝三暮四

出自《庄子·齐物论》。有个养猴子的人本来已经计划好早上给猴子三个橡子，晚上给四个，结果猴子都反对。他立刻将方案调整为早上给四个，晚上给三个，猴子们都很高兴。这个成语现在被用来讽刺那些反复无常的人。

文豪的传世经典

庄子与惠子游于濠梁之上（节选）

庄子与惠子游于濠（háo）梁①之上。庄子曰："鲦（tiáo）鱼②出游从容，是鱼之乐也。"惠子曰："子非鱼，安知鱼之乐？"庄子曰："子非我，安知我不知鱼之乐？"

注释

① 濠梁：濠水的桥上。濠，古代水名，位于现安徽凤阳东北。

② 鲦鱼：一种生活在淡水里的银白色小鱼，又叫白鲦。

译文

庄子和惠子一同在濠水的桥上游玩。庄子说："鲦鱼在水中悠闲自得地嬉戏玩耍，这就是鱼的快乐啊。"惠子说："你又不是鱼，哪里知道鱼的快乐呢？"庄子说："你又不是我，哪里知道我不知道鱼儿的快乐呢？"

作品赏析

庄子与他的老朋友惠子（惠施）在濠水的桥上游玩，二人看到水里的鱼儿，进行了一场辩论。本文内容妙趣横生，让人读后对二人的辩论技巧会心一笑，其中蕴含的哲学道理又令人深思。

北冥有鱼（节选）

北冥①有鱼，其名为鲲②。鲲之大，不知其几千里也；化而为鸟，其名为鹏③。鹏之背，不知其几千里也；怒④而飞，其翼若垂天之云⑤。是鸟也，海运⑥则将徙于南冥。南冥者，天池⑦也。

注释

① 冥：通假字，通“溟”，指海。“北冥”指北海。下文的“南冥”指南海。传说北海广阔无边，水色深黑。

② 鲲：一种传说中的大鱼，生活在幽深的北海里。

③ 鹏：传说中最大的鸟，由鲲变化而成。

④ 怒：形容奋起的样子，这里指用力鼓动翅膀。

⑤ 垂天之云：悬在天空中的云彩。

⑥ 海运：海水运动。古时候有“六月海动”的说法。此时必有大风，大鹏可以乘风向南飞翔。

⑦ 天池：天然形成的水池。

译文

北方的海里面有一条巨大的鱼，名字叫鲲。鲲长得巨大，不知道有几千里；可以变化为鸟，名字叫鹏。鹏的脊背，不知道有几千里；它展翅奋飞的时候，翅膀就仿佛挂在天空中的云彩。这只大鸟，在海水运动的时候将迁徙到南方的大海。南海是天然形成的水池。

作品赏析

本文选自《逍遥游》。《逍遥游》是道家经典著作之一，无论思想性还是艺术性都被认为是《庄子》一书的代表。这篇文章宣扬一种自由自在的人生观，庄子一生都秉承这种追求自由的处世态度。

《逍遥游》影响了后世诸如嵇康、阮籍、陶渊明、李白、苏轼、曹雪芹这些大名鼎鼎的文人。近现代文人如鲁迅、闻一多、郭沫若等也深受其影响。

陶渊明

他将生活过成了诗的模样

籍贯：浔阳柴桑（今江西九江西南）
字号：名潜，字元亮，别号五柳先生，私谥靖节
生卒年：约 365（或 372、或 376）—427 年
成就：杰出的诗人、辞赋家、散文家，被誉为“田园诗鼻祖”
代表作：《归园田居》《饮酒》《桃花源记》

诗歌：开创田园诗一派，歌颂了田园生活，描写了劳动人民，在文学史上有开创性；饮酒诗与咏怀诗各具特色

散文：语言风格或朴素优美，或情真意切，或深情热烈；语言优美真朴，悠然中富有生活情趣，充分表现了自然天成的独特美感

学文典范

陶渊明的人生观，和他的作品《桃花源记》《归去来兮辞》等名篇，深刻影响了后人的文学创作。唐代的著名诗人王维、宋代的文学家苏轼等人，都深受陶渊明的感染。

跨越时光读大师

有志少年

陶渊明出身名门，祖上有不少人做官，但到了陶渊明父亲这一代时，家道已经败落。陶渊明自幼修习儒家经典，喜欢一个人在大自然中读书，从小便有“猛志逸四海，骞翮思远翥（zhù）”的志向，不愿与世俗相妥协。可以说，正是由于从小的熏陶，陶渊明形成了不愿与世俗同流合污的性格。

外出谋生

陶渊明年青时，家里愈发穷困，他尝试步入仕途谋生。

陶渊明的官运并不好，一开始出任的都是低级官吏，仅能解决温饱问题。他曾经在《饮酒》（其十）中写道：“此行谁使然？似为饥所驱。倾身营一饱，少许便有馀。”

393 年，陶渊明辞去江州祭酒的职务归家。第二年，陶渊明的妻子去世。据说，就是这一时期，他创作了风格独特的《闲情赋》，含蓄地塑造出一个美人，幻想与她形影不离。作品想象力丰富，语言灵活清丽，表现出极大的创造性，一改汉赋铺排辞藻的风格，令后人久诵不衰。

不为五斗米折腰

405 年，陶渊明在叔父的推荐下出任彭泽县令，这也是他最后一次为官。陶渊明在彭泽当县令的时候，所属的浔阳郡派一个督邮来检查公务。这个督邮贪婪成性，在官场名声极差。手下告诉陶渊明，应该穿戴隆重地去拜见这个督邮。陶渊明不想参拜这种小人，长叹一声，说：“我不能为那微薄的五斗米官俸便向官场的小人折腰！”就这样，陶渊明离开了上任仅八十一天的彭泽县，从此隐居，以诗书自娱。

同年，陶渊明的妹妹在武昌去世。陶渊明作《归去来兮辞》，表明辞官归隐的心意，同时纪念妹妹。

田园隐居

陶渊明归隐后，创作出许多反映田园生活的诗文，比如《归园田居》五首、《杂诗》十二首等。

然而，归隐的生活并不美满。一年夏天，一场无情的大火毁掉了陶渊明的家。作品中生机盎然的“方宅十余亩，草屋八九间”，在大火中化为灰烬。陶渊明全家一度只能寄居在船上。

后来，当地遭遇大旱，粮食绝收，陶渊明也得了一场大病，差点病死。陶渊明的挚友东林寺慧远大师、刘遗民等人先后去世。这些都让陶渊明的精神和生活雪上加霜。

依旧洒脱

虽然生活困顿，但陶渊明的名气却越来越大，很多人以结识他为幸事。朝廷诏征他担任著作郎，陶渊明称病没有应征。

王弘出任江州刺史，结识了陶渊明，陶渊明在王弘设的送别宴上作《于王抚军座送客》。重阳节那天，陶渊明在东篱下采了一把自己最爱的菊花。不久，一个穿白衣的男子走来，原来是王弘带着美酒过来拜访。陶渊明大喜，二人饮酒大醉。

陶渊明就是这样，不管生活多么困窘，都能洒脱应对。

存钱换酒

当时的文坛领袖颜延之经常去拜访陶渊明，有一次留下两万钱，陶渊明把钱全部存到酒家，以便日后去拿酒。

陶渊明与客人饮酒，如果喝醉了，就直言不讳地跟客人说：“我喝醉了，要去睡觉，你可以回去了。”

不改初心

427 年，大名鼎鼎的南朝宋名将檀道济来拜访陶渊明。他劝陶渊明：“孔子曾说过，贤者处世，皇帝无道的时候就归隐，政治清明的时候就出仕。现在天下已经清明，为何你还要当隐士呢？”

年迈的陶渊明回答：“我有什么资格被称为贤者？况且我的志向也不在做官啊。”

檀道济临走时想赠予陶渊明一些财物，陶渊明拒绝了，以表明自己的心志。

文豪病逝

427 年，陶渊明病逝于浔阳。

陶渊明生活的时代，统治者极端腐败，军阀连年混战。在这种情况下，性格耿直的陶渊明直到生命尽头，仍坚持自己的初心。

陶渊明去世以后，并没有谥号，几名友人私下将他的谥号定为“靖节”，所以后世也称他为“陶靖节”。

隐逸大师知多少

战国隐士：鬼谷子

鬼谷子，一般认为是战国时楚国人，隐居在鬼谷，故自称鬼谷子。鬼谷子是诸子百家之一、纵横家的鼻祖。

根据《史记》记载，张仪与苏秦求学于鬼谷子。另外相传，庞涓、孙膑也是鬼谷子的弟子。

商末隐士：伯夷、叔齐

伯夷和叔齐是商末孤竹国的王子。伯夷是长子，但国君亚微却指定伯夷的弟弟叔齐为继承人。叔齐不忍争夺君位，伯夷也不愿违背父亲的意思，于是二人双双出走。二人路遇周武王姬发出兵伐商，他们拦马劝谏。武王灭商后，二人隐居，决定不食周粟，以表达不满，在首阳山以蕨菜等为食，写下了《采薇歌》明志，最终饿死。

汉初隐士：商山四皓

商山四皓简称“四皓”，即东园公、夏黄公、绮里季、甪（lù）里四人。见秦政暴虐，他们隐居商山（位于今陕西商洛），采芝充饥。汉代初年，他们拒绝了汉高祖刘邦的笼络，还写了《紫芝歌》以明志。张良曾教太子刘盈以卑辞厚礼请出商山四皓为上宾，打消了刘邦废太子的念头。他们出山时都已经八十岁有余。刘盈继位后，四皓不愿为官，重回商山隐居。

上古隐士：许由、巢父

据说尧为天子的时候，想把天下让给贤明的许由，许由不接受，逃至箕山下隐居。尧又邀请许由担任九州长官，许由不愿世俗流言脏了他的耳朵，索性到颍水边洗耳。

隐士巢父在树上筑巢隐居，牵牛至颍水边饮水，看到许由。他觉得许由隐居不彻底才被人找到，于是把牛牵到上游，以免脏了牛的口。

东汉隐士：严光

严光是会稽余姚（今属浙江）人，年少有名，是东汉光武帝刘秀的同窗好友。严光隐居在桐庐的富春江畔，每日只是在江边垂钓。刘秀下令在全国查访，终于找到了他，把他请到洛阳。严光一直拒绝做官，后来还是隐居在富春山。八十岁时，在家中去世。

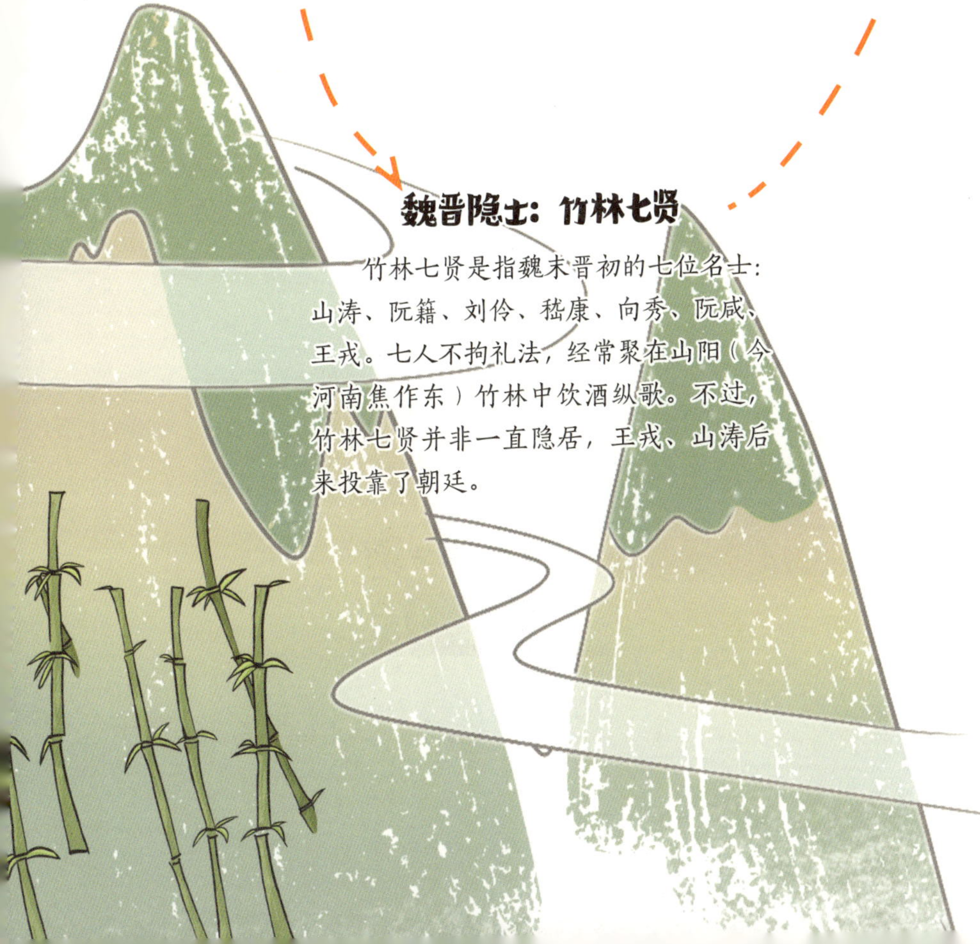

魏晋隐士：竹林七贤

竹林七贤是指魏末晋初的七位名士：山涛、阮籍、刘伶、嵇康、向秀、阮咸、王戎。七人不拘礼法，经常聚在山阳（今河南焦作东）竹林中饮酒纵歌。不过，竹林七贤并非一直隐居，王戎、山涛后来投靠了朝廷。

唐代隐士：竹溪六逸

竹溪六逸是唐代开元年间隐居于山东泰安竹溪的六位名士。开元二十五年（737 年），李白与山东名士孔巢父、韩准、裴政、张叔明、陶沔（miǎn）一起，在竹溪隐居，他们寄情山水，饮酒作诗，世称“竹溪六逸”。李白曾写诗句“昨宵梦里还，云弄竹溪月”，就是回忆这一段隐居生活。

假如大师也有直播间

我要辞官回家去啦！家里的田园快要荒芜了，为什么不回去呢？回家去吧！既然自己的心神被身体役使，为什么还要惆怅失意呢？过去的错误已无法挽回了，而未来的事情还可以补救。误入迷途还不算太远，觉悟到今天的做法正确，之前的做法错误。

归去来兮，田园将芜胡不归？既自以心为形役，奚惆怅而独悲？悟已往之不谏，知来者之可追。实迷途其未远，觉今是而昨非。

——《归去来兮辞》

唐代诗人 孟浩然

我曾经读过《高士传》这本书，觉得其中最牛的人是陶渊明。

唐代诗人 李白

这个人我喜欢！没有别的原因，就是因为他喜欢喝酒、写诗。江州刺史王弘亲自为他送酒，有趣！

唐代文学家 韩愈

我以前不懂那些作品里崇尚隐居的人，为何表现得那么贪酒，直到读了陶渊明的作品，才知道酒只是托词罢了。

宋代文学家 欧阳修

晋朝作品能入我眼的，也就陶渊明的《归去来兮辞》了。

宋代文学家 苏轼

我觉得曹植、李白、杜甫等人都无法超越陶渊明。陶渊明穷的时候就去乞讨，宽裕了就杀鸡招待客人，活得多么真实！

文豪的传世经典

饮　　酒（其五）

结庐[1]在人境，而无车马喧[2]。
问君[3]何能尔[4]？心远地自偏。
采菊东篱下，悠然见南山。
山气日夕佳，飞鸟相与还。
此中有真意，欲辨已忘言。

注释

① 结庐：建造房屋，这里指居住、定居的意思。

② 车马喧：原指车马的嘈杂声，这里指世俗交往的喧扰。

③ 君：作者自称。

④ 尔：如此、这样。

译文

居住在这人世间，却没有尘世的喧嚣。

问我为何能达到如此境界？只要心中存着高远的追求，自然就会感觉居住的地方宁静。

在东面篱笆下采摘菊花，悠然地望着远处的南山。

山中傍晚的气息十分美好，飞鸟们结伴而归。

这里蕴含着人生的真正意义，想分辨却不知怎样表达。

作品赏析

《饮酒》是陶渊明创作的一组五言诗，共有二十首，以酒为主题，表达了对生活的感想与看法。这首诗为第五首，大约作于 417 年。当时正值东晋灭亡的前夕，作者目睹朝廷日益腐败，感慨甚多，借诗抒发了对现实的不满和对田园生活的喜爱，表达了不与统治者同流合污的情操和安贫乐道的品德。

桃花源记（节选）

林尽水源，便得一山，山有小口，仿佛若有光。便舍船，从口入。初极狭，才通人。复行数十步，豁然开朗。土地平旷，屋舍俨然，有良田、美池、桑竹之属。阡(qiān)陌[①]交通，鸡犬相闻。其中往来种作，男女衣着，悉如外人。黄发垂髫(tiáo)[②]，并怡然自乐。

注释

① 阡陌：指田间的小路。

② 黄发垂髫：指老人和小孩。黄发，旧说是长寿的特征，用来指老人。垂髫指古代小孩子未成年前不束发加冠时头发下垂的样子，用来指小孩。

译文

桃花林的尽头也是这溪水的源头，这里有一座山，山上有个小洞口，里面好像有光透了出来。那人便下了船，从洞口进入。刚开始十分狭窄，只容一个人通过。又向前走了几十步，变得开阔敞亮起来。土地平坦宽广，房舍整齐，有肥沃的田地、美丽的池塘和桑树、竹子之类。田间的小路交错相通，鸡鸣狗叫的声音传入耳中。那里的人们来来往往，耕种劳作，男女的衣着打扮，都和洞外面的人一样。老人和小孩，个个看起来舒适自得。

作品赏析

《桃花源记》是陶渊明的代表作之一，也是他的诗作《桃花源诗》的序言。文章借武陵一个打鱼人迷路误入桃花源的故事，为人们塑造了一个没有战争、安宁自由的世外桃源，并以此表达对当时社会现状的讽刺。

420 年，刘裕废东晋恭帝司马德文，自立为皇帝，之后又将其杀害。陶渊明听说后，对刘裕十分不满。但他无力改变这种状况，只好借助文学作品来表达自己的理想，便创造了一个“阡陌交通，鸡犬相闻”“不知有汉，无论魏晋”的世外桃源。

韩愈

一生坎坷却始终耿直的大儒

籍贯：河南河阳（今河南孟州南）

字号：字退之，自称郡望昌黎，世称“韩昌黎”“昌黎先生”

生卒年：768—824 年

成就：唐代文学家、哲学家，“唐宋八大家”之首，世称“文章巨公”“百代文宗”

代表作：《师说》《进学解》等

文学：古文运动倡导者，反对浮华的骈文，提倡“文以载道”

教育：三进国子监，提携了贾岛等寒门举子，并力改“耻为人师”的风气，留下论说师道的经典文章

学文典范

韩愈的诗和散文都受到后人的推崇，写作理论也有很强的指导意义，尤其是韩愈“以文为诗”“文以明道”的理念，对宋诗和后世文学的发展影响极为深远。

跨越时光读大师

身世凄苦

韩愈出生不久，母亲就不幸去世。三岁时，父亲撒手人寰，年幼的韩愈由兄长抚养。少年时期，哥哥病逝，韩愈只得跟随寡嫂郑氏回到河阳老家安葬兄长，之后，又跟寡嫂到了宣州。可以说，少年韩愈饱尝亲人逝去、颠沛流离的痛苦。生活使得韩愈早熟，他读书十分刻苦，少年时期就打下了良好的文化基础。

科举崎岖

786 年，苦读的韩愈十八岁了，他离开宣州，前往京师长安，参加科举考试。然而，韩愈的科举之路非常崎岖。787 年至 789 年，韩愈共参加了三次科举考试，都以失败告终。

792 年，韩愈又一次前往长安，终于登进士第。但是，吏部的选官考试又遭遇失败。不久，韩愈的嫂子郑氏逝世，他悲痛万分，返回河阳为其守丧。

接下来的几年间，韩愈屡屡在吏部的考试中落败。好在经人引荐，796 年，韩愈出任宣武节度使观察推官。

复兴古文

韩愈结合自身学习和科举考试的经历，不断思考当时文坛存在的问题。当时十分流行骈文，过度讲求对偶和声律，堆砌华丽辞藻，忽视思想和内容的表达。于是，韩愈提出了“古文”这一概念，主要指先秦和汉朝时候的散文，与魏晋以来的骈文相对。

韩愈是个实干派，他与一些志同道合的朋友发起了“古文运动”，想恢复古代的儒学传统，改革文风，注重内容本身，而不是过分被形式束缚。

韩愈的主张得到了柳宗元等文学大家的鼎力支持，逐渐形成了一场影响深远的文化运动。韩愈也因此在文坛有了很高的声望。

敢说敢做

韩愈性格耿直，敢说敢做，他改革文风的主张虽然得到了很多人的支持，但也得罪了一些保守的人，因此在官场屡屡受挫。

801年，韩愈经过层层考核后，进入中央任职，担任国子博士，仅仅两年后，就被诬陷贬谪到地方担任县令。接下来的几年内，韩愈又多次任国子博士，可是任期都不长。

祸从口出

韩愈极其郁闷，写了一篇《进学解》，讲述自己的遭遇，以此自勉。这篇文章广为流传，得到了朝廷高层官员尤其是当朝宰相裴度的赏识。后来，他被聘任为裴度的行军司马，后因功授职刑部侍郎。

819 年，唐宪宗派使者前往陕西凤翔迎佛骨。韩愈为此上了一篇言辞激烈的《论佛骨表》，坚定表明了自己的反对意见。宪宗看到这篇文章后十分生气，准备处死韩愈，多亏大臣裴度、崔群等人极力劝谏才免其一死，后来宪宗将韩愈贬到地方任职。不久之后，宪宗念其才华和忠心，又将韩愈调任袁州（今江西宜春）刺史。

晚年被贬

韩愈的性格注定了他的晚年生活仍然不平静。823年，韩愈升为京兆尹兼御史大夫。按当时的官场规矩，韩愈必须去拜见御史台的官员，而皇帝因为欣赏韩愈，特别下旨免去他去御史台参拜的活动。

不料，御史中丞李绅（就是“锄禾日当午”诗句的作者）认为此举不妥，于是上奏折弹劾韩愈。两个倔脾气的高官为此事大打嘴仗，皇帝对此十分头痛，于是将两个人统统降级。韩愈到老又被贬了一回。

影响后世

824年，韩愈生重病，请假回家休养，于当年逝世。

韩愈在文学上的大胆探索和创新给后人留下了宝贵的精神财富。他一生提倡的“发言真率，无所畏避”“文道合一”“务去陈言”等理论，对后世的读书人有很大的启迪。

假如大师也有直播间

李白、杜甫的诗文，在诗坛中犹如万丈光芒。居然有不知深浅的文人诋毁他们，也不掂量一下自己的分量。我虽然生在李白和杜甫之后，但我仰慕他们的才华！

李杜文章在，光焰万丈长。
不知群儿愚，那用故谤伤？
蚍蜉撼大树，可笑不自量。
伊我生其后，举颈遥相望。

——《调张籍》

唐代诗人
白居易

韩愈老兄刚正不阿，很有名望，写文章有司马迁、班固的风范。

宋代词人
韩琦

全天下人都知道韩愈的名望，他没有登上宰相之位，让后世评论家至今还翻着白眼笑话当时的皇帝。

宋代文学家
苏轼

东汉以来的文章弊病不少。韩愈先生横空出世，谈笑间改变了诸多文坛积弊。唐代的古文从此才算真正开始步入正轨。

清代诗人
钱良择

韩愈将前人的创作方法尽数革除，另辟蹊径，开创了千古未有的局面。

清代政治家、文学家
曾国藩

韩愈的文章像龙一样，变幻莫测。

文豪的传世经典

早春呈水部张十八员外[1]

天街[2]小雨润如酥，

草色遥看近却无。

最是一年春好处，

绝胜烟柳满皇都。

注释

① 水部张十八员外：唐代诗人张籍（约 767—约 830 年）。张籍在族内兄弟中排行第十八，曾担任水部员外郎一职。

② 天街：京城的街道。

译文

京城街道上空飘落的小雨像酥油一样滋润，绿色的小草远看有很多，近看时却没有几棵。这是一年中最美的时节，远远胜过长安满城绿柳如茵的季节。

作品赏析

这首诗创作于唐穆宗长庆三年（823 年）早春时节，此时的韩愈无论官场职务还是个人名望都达到了巅峰。五十五岁的韩愈兴味盎然地写了这首诗，送给当时任水部员外郎的诗人张籍。全诗风格清新明快，勾勒出生机勃勃的景色，一股欢欣鼓舞的情绪跃然纸上。

马　　说（节选）

世有伯乐[①]，然后有千里马。千里马常有，而伯乐不常有。故虽有名马，祇（zhǐ）[②]辱于奴隶人之手，骈（pián）死[③]于槽（cáo）枥（lì）之间，不以千里称也。

马之千里者，一食（shí）[④]或尽粟（sù）一石（dàn）[⑤]。食（sì）马者不知其能千里而食（sì）[⑥]也。是马也，虽有千里之能，食（shí）不饱，力不足，才美不外见（xiàn）[⑦]，且欲与常马等不可得，安求其能千里也？

注释

① 伯乐：原指春秋时期擅长发现骏马的相马大师孙阳。后来泛指善于发现人才的人。

② 祗：同“祇（只）”，只、仅。

③ 骈死：（和普通马）一同死。骈，本义为两马并驾，引申为并列。

④ 一食：吃一次食物，吃一顿。

⑤ 尽粟一石：吃完一石粟米。尽，形容词作动词用，“吃尽”的意思。石，古代计量单位，十斗是一石，约是现在的 60 千克。

⑥ 食：同“饲”，喂养、饲养。除了“一食”“食不饱”的“食”念 shí，其余的“食”都念 sì。

⑦ 见：同“现”，表现的意思。

译文

世上先有伯乐，然后才会出现千里马。千里马经常出现，可伯乐却不会经常有。因此，即使出现了千里马，也只能在见识浅薄的仆役手里受尽屈辱，和普通的马一样一起死在马厩里，不能以千里马来称呼它。

一匹能够日行千里的马，有时一顿饭能吃一石粮食。喂马的人不懂这是千里马，而把它当作普通马一样喂养。这样的马即使有日行千里的高超能力，却因为吃不饱，力气不足，它的才能和优点也不能表现出来，即便想要达到和一般马一样的程度也办不到，又怎能要求它日行千里呢？

作品赏析

《马说》这篇文章创作于贞元十一年（795 年）到十六年（800 年）之间。当时的韩愈在官场屡屡碰壁，郁郁不得志。他多次科举落第，后来三次上书宰相希望得到重用，但结果不尽人意。韩愈借这篇文章来抒发自己的心意，文章中的千里马，指的是像自己一样有才华却报国无门的人，正望眼欲穿地等待发现自己的伯乐。

欧阳修

桃李满天下的大宋第一伯乐

籍贯：吉州吉水（今属江西）

字号：字永叔，号醉翁，晚年号六一居士

生卒年：1007—1072 年

成就：北宋文学家、史学家，“唐宋八大家”之一，与韩愈、柳宗元、苏轼并称“千古文章四大家”

代表作：《醉翁亭记》《卖油翁》《朋党论》等

文学：承上启下，继承并发展了韩愈的古文运动；继往开来，开创北宋文坛一代文风

识人：慧眼识珠，人称“千古伯乐”；“唐宋八大家”中有五人出自他的门下

政治：忧国忧民，协助范仲淹进行一系列扭转颓势的改革

学文典范

欧阳修在文学上有广泛的影响，促进了散文的文风改革；突破以往辞赋模式，开创文赋新风格；以文为诗，形成宋诗独特风格，推动了古代诗歌理论的发展；宋词发展也有创新。

跨越时光读大师

画荻教子

欧阳修身世坎坷，三岁时，父亲撒手人寰，他从此与母亲郑氏相依为命。好在欧阳修的母亲很重视教育，她知书识礼，在欧阳修很小时就教他读书写字。没有笔墨，母亲就把荻秆当成笔，在沙地上教欧阳修写字，这就是“画荻教子”的故事。

人生转折

少年时期，欧阳修从一位豪绅家借到了韩愈的《昌黎先生集》。他打开一读，便爱不释手，从此以韩愈为偶像，认真读书。

不料，满腹才华的欧阳修在随后的科举考试中，居然两次应试都落榜了。好在有人保举，欧阳修参加了开封府国子监的解试。考试结果很是扬眉吐气，他独占鳌头，接连成为监元和解元，然后又在第二年的礼部省试中斩获桂冠，一举成为省元。从此以后，欧阳修的声望如日中天。

锋芒遭挫

1030 年，欧阳修参与由皇帝亲自主持的殿试，很多人认为欧阳修一定会夺魁。据说，在殿试前，欧阳修做了一件新衣，戏称“状元衣”，准备成为状元时穿。他有一位叫王拱辰的同窗，听说后把衣服抢过来披在自己身上。到了殿试时，获得状元的人竟然真的成了王拱辰。

后来，考官晏殊解释道，欧阳修之所以未能夺魁，是因为他当时实在锋芒过盛，考官们担心他四连冠后会骄傲，所以选择挫挫他的锐气，让他更好地成才。

逍遥人生

为官之后，欧阳修与名士梅尧臣、尹洙相识，组成了一个文学小团体。这时候，欧阳修遇到了吴越王钱俶的儿子——西京留守钱惟演。钱惟演对欧阳修这些青年才俊特别友好，支持他们出去体验生活。

“散漫”有理

当时社会上流行措辞华丽工整的骈文，欧阳修深受韩愈影响，决定改变这种华而不实的风气，创作了不少新的散文作品。

后来，钱惟演离开洛阳，王曙接任了他的职务。王曙为人古板，不喜欢欧阳修等人的“散漫”。

有一次，王曙怒斥他们说：“前辈宰相寇准这样的人物，尚且因散漫享乐而被贬，何况你们这些远不如寇相的人！”欧阳修听后，反驳说：“寇相之所以被贬，是因为不知急流勇退，跟享乐有什么关系呢？”王曙听了气急败坏，却又无可奈何。

醉翁之情

欧阳修的惬意生活并没有持续多久。1043年，欧阳修卷入了一场大风波。

当时的北宋社会矛盾非常尖锐，贫富差距很大。大臣范仲淹希望进行改革，欧阳修坚定支持。然而，范仲淹的改革侵犯了一些权势集团的利益，这些权势集团联合弹劾范仲淹。改革失败，范仲淹等人相继被贬。欧阳修不服，上书为其辩解，但最终被贬去滁州（今安徽滁州）。在滁州时，欧阳修寄情山水，创作出千古名篇《醉翁亭记》。

潜心修史

欧阳修虽然在政治上遇到挫折，但才学不凡，仍然受到宋仁宗器重。1054 年，宋仁宗让欧阳修以翰林学士的身份与宋祁合修《唐书》，后来又让他编撰《五代史》，史称《新唐书》《新五代史》。奉旨修史，这在古代是对读书人极大的认可和荣誉。

纠正文风

1057 年，宋仁宗任命欧阳修担任礼部贡举的主考官。在这次考试中，欧阳修对堆砌冷僻辞藻的文风进行了纠正。一名考生的卷子里写道：“天地轧，万物茁，圣人发。”欧阳修戏谑地在后面续上了“秀才剌，试官刷”（剌，意为荒谬）的字样。

晚年的欧阳修主动远离权力中心，创作了《卖油翁》等作品。王安石变法时，欧阳修将自己的号改为“六一居士”，有意急流勇退，归隐山林。辞官后，他移居颍州（今安徽阜阳），直到逝世。

假如大师也有直播间

老夫早年也是喜欢花间词的。这首《玉楼春》也颇费推敲之功。试想，爱人离开之后，闺中之人独自留守，也不知道他的行程有多远，心中思念，眼中凄凉，不知不觉，忧愁和苦闷涌上心头。他越走越远，渐渐地，书信联系也中断了。以后音信全无，要到哪里去寻找他的踪迹呢？

别后不知君远近，触目凄凉多少闷。
渐行渐远渐无书，水阔鱼沉何处问。
——《玉楼春》

宋仁宗
赵祯

像欧阳修这样的优秀人才，到哪里去找？

宋代政治家、文学家
王安石

世上的学者，不管认不认识欧阳修，只要读了他的文章，就能了解这个人的不凡之处。

宋代文学家
苏轼

欧阳修论起大道来，像韩愈一般；发表起评论来，仿佛陆贽一般；记叙事情，好像司马迁一般；作起诗词歌赋，如同李白一般。

宋代学者
朱熹

欧阳老师写的字就如同他的为人，外在结构开阔，内里刚劲坚韧。

清代政治家、文学家
曾国藩

古人说“立言”也是不朽的功业，欧阳修可以算这方面的高人！

文豪的传世经典

生查子[1]·元夕

去年元夜[2]时，花市灯如昼。

月上柳梢头，人约黄昏后。

今年元夜时，月与灯依旧。

不见去年人，泪湿春衫[3]袖。

注释

① 生查子：词牌名。

② 元夜：正月十五元宵节的夜晚，人们游灯街、逛花市，非常热闹。

③ 春衫：原指年轻时穿的衣服，也指代年轻时的自己。此处也可以解释为过年的新衣。

译文

去年正月十五元宵节的夜晚，花市的灯光明亮得好像白天一样。月亮爬上柳树枝头，人们和喜欢的人相约黄昏以后同游。

今年正月十五元宵节的夜晚，月亮、灯光同去年一模一样。但再也看不到去年同游的人，泪水湿透了衣裳的袖子。

作品赏析

一般认为，这首词是欧阳修于 1036 年所写，是为了怀念第二任妻子杨氏。京师元宵之夜繁华热闹，反衬了作者痛失爱人的哀伤之情，表达了作者对爱妻的一往情深。此词与唐代崔护的《题都城南庄》“去年今日此门中，人面桃花相映红。人面不知何处去，桃花依旧笑春风”有异曲同工之妙。

卖 油 翁（节选）

陈康肃公①善射，当世无双，公亦以此自矜（jīn）②。尝射于家圃（pǔ）③，有卖油翁释担而立，睨（nì）④之久而不去。见其发矢⑤十中八九，但微颔（hàn）之。

康肃问曰：“汝亦知射乎？吾射不亦精乎？”翁曰：“无他⑥，但手熟尔⑦。”

注释

① 陈康肃公：陈尧咨，北宋官员，以箭术高超闻名，谥号为“康肃”。公，对男子的尊称。

② 自矜：自夸。

③ 家圃：这里指家里射箭的场地。圃，原意为园子，这里指场地。

④ 睨：斜着眼睛看，这里形容不在意的样子。

⑤ 发矢：射箭。

⑥ 无他：没有别的（奥妙）。

⑦ 但手熟尔：只不过手法技艺熟练罢了。但，只不过。尔，通假字，同“耳”，相当于“罢了”。

译文

康肃公陈尧咨十分擅长射箭，当今世上没有第二个人能够跟他相比，他也凭借这项本领自夸。他曾经在家里射箭场练习射箭，有位卖油的老翁放下担子，站在那里用不在意的眼神观看他射箭，很久都不离开。老翁看陈尧咨十箭中了八九箭，只是微微点点头。

陈尧咨问老翁说：“你也懂得射箭技巧吗？我的箭法不是很高明吗？”老翁说：“没有什么高明的地方，不过是手法熟练罢了。”

作品赏析

本文节选自《欧阳文忠公文集·归田录》卷一，是欧阳修晚年的作品。《欧阳文忠公文集·归田录》里面的文章，大部分都是平淡易懂的小故事，这也说明欧阳修在晚年已经步入了“不争”的恬淡境界。

1067年，欧阳修在朝廷中被人诽谤，自己上书请求到地方任职，皇帝命他前往亳州担任地方官。欧阳修在亳州任上创作了这篇文章，用陈尧咨射箭的故事，讲述了熟能生巧的道理。

王安石

学者中的大政治家

籍贯：抚州临川（今江西抚州市）

字号：字介甫，号半山，世称“临川先生”

生卒年：1021—1086 年

成就：“唐宋八大家”之一；诗词、哲学、经学散文都有很大成就，晚年诗风自成一派，世称“王荆公体”

代表作：《伤仲永》《泊船瓜洲》《梅花》《元日》

文学：临川文学的代表人物；注重文学的实际功用，文风严谨透彻，十分擅长议论说理

政治：两度出任宰相，力图变法改变北宋“积贫积弱”的局面，起到了富国强兵的效果

学文典范

作为北宋诗文革新运动中的中坚人物，王安石直面现实，注重有感而发的创作风格，在当时产生了很大影响，推动了宋诗的革新进步，特色鲜明的议论性散文尤其影响深远。

跨越时光读大师

四处游历

王安石出身于书香门第，自幼便是一个小神童。相传，他酷爱读书，有过目不忘、下笔成文的本领。他经常跟随父亲四处游历，看到了很多民间疾苦，这让他从小就树立了要长大为官、造福百姓的理想。

1037 年，王安石来到京城，结识了同乡曾巩。曾巩向老师欧阳修推荐了王安石，欧阳修对王安石也十分欣赏。

扎根基层，造福百姓

欧阳修鼓励王安石去参加科举考试。1042 年，王安石不负众望，以进士第四名的身份任淮南节度判官。王安石一生践行朴素的唯物主义思想，讲究务实做事，不盲目效法前人，不在乎世人的流言。他后来出任鄞（yín）县知县，兴修水利，爱民如子，在当地很受尊敬。闲暇之余，王安石不忘创作，《伤仲永》等作品就创作于此时。1051 年，王安石出任舒州通判，政绩斐然。当朝宰相文彦博注意到了这个年轻人，请求朝廷褒奖他，但王安石认为这会造成越级提拔的坏风气，拒绝受奖。整个青年时期，王安石都在地方上踏踏实实工作，毫无当京官的意愿。

一鸣惊人

经过多年历练后，1058 年，三十七岁的王安石终于进京了。刚一进京，他就写了一篇《上仁宗皇帝言事书》，系统地提出了变法的主张，针对北宋的社会现实，提出了解决之道。

然而，仁宗皇帝并没有采纳王安石的主张。王安石看变法没有希望，转身又回到地方上去了。此后，朝廷又多次委任他馆阁之职，都被他一一推辞。

1067 年，宋神宗即位。王安石的机会终于来了，此时的北宋一片混乱：机构臃肿，军费开支巨大，每年还要向辽国和西夏交纳大量岁币，国库经常告急。即位不久的宋神宗急切地想进行一次大刀阔斧的改革，他决心起用声名远扬的王安石。宋神宗先是任命王安石为江宁知府，不久又升他为翰林学士兼侍讲。

一拍即合

1068 年，宋神宗召见王安石。两人进行了一次长谈后，准备变法。第二年，宋神宗任命王安石为参知政事，担任改革主力。在这年新年，王安石创作了《元日》，一语双关地赞扬了当时政局的新气象。

全方位变法

1070 年，王安石受命开始在全国范围内推行新法，包括青苗法、均输法、市易法、免役法、方田均税法、农田水利法、保甲法、保马法等内容。

1071 年，王安石又将改革的大刀指向了科举制度，废除了以诗赋辞章取士的惯例，改为采用《春秋》三传——《左传》《公羊传》《穀梁传》内容来选拔人才。这种选取人才的方式，被称为“三传明经取士”。

变法遇阻

变法触犯了一些权贵的利益，遭到这些人的强烈反对。此后，北宋朝廷分裂为拥护变法的新党与反对变法的旧党两派，且两派展开了激烈的交锋。

北宋政治家、史学家、文学家司马光曾三次写信给王安石，一一指出变法的弊端。王安石也写了一封《答司马谏议书》，一一反驳其指责，表明自己变法的决心。

失去信任

王安石变法的初衷是好的，但由于一些权贵反对，再加上用人不当等原因，新法推进缓慢，王安石的压力越来越大。就连皇帝的祖母曹太皇太后、母亲高太后都联合起来向神宗哭诉，极力反对变法。王安石逐渐失去了神宗的信任。

少了皇帝支持，心灰意冷的王安石多次主动辞职，最终回到江宁，远离朝政喧嚣，过上了半隐居的生活，其间创作了《书湖阴先生壁二首》等作品。

人去政息

1085 年，宋神宗去世，宋哲宗即位，曾经在宋神宗面前哭骂王安石的高太后成了太皇太后，并垂帘听政。

高氏上台后，迅速起用司马光为宰相。王安石曾经推行的新法，大部分都被废除。王安石无能为力，此后不久就郁郁而终，享年六十六岁。

假如大师也有直播间

浙江绍兴城外，有一座宝林山，山上有一座应天塔。传说，这座山是从琅琊郡东武县飞来的，人称飞来峰。爬上山，可以找到高耸入云的塔。听说鸡鸣时分，还可以看见旭日升起。我想，站在山顶，难道还怕层层的浮云遮挡视野吗？

飞来山上千寻塔，闻说鸡鸣见日升。
不畏浮云遮望眼，自缘身在最高层。
——《登飞来峰》

宋代文学家
苏轼

王安石建立了了不起的功业，能力超越朝中所有人才，所以被皇帝重用。

有人诽谤王安石，其实他真的像个孩子，是个不撞南墙不回头的人。

宋代政治家、文学家
司马光

宋代文学家
黄庭坚

我曾观察王安石的风度，他真的是一位视富贵如浮云的人，不沉溺于金钱酒色，是一代伟人。

王安石的文章和品德都是一流的，大家期望他能在宰相的位置上大有作为，重现盛世局面。只可惜改革过分急躁呀！

宋代学者
朱熹

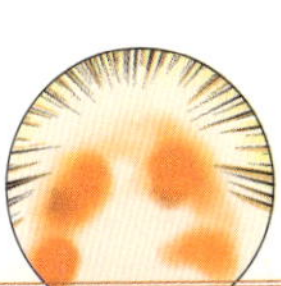

近代文学家
梁启超

中国数千年中，出现了王安石这样的人才，这是中国历史的荣耀，我们的国民应当永远纪念他才对。

王安石变法主要内容

青苗法

每年在青黄不接的时候，由官府贷款给农民，等到秋收后连本带息偿还。此举意在避免大地主、大财主向农民推售高利贷，又可增加政府的财政收入。

免役法

由官府出钱雇人服役。每年雇役所需经费由民户按户等高下分摊，原来享有免役特权的人户不得不交役钱。

市易法

某种商品较便宜时，朝廷以指导价收购，较贵时，朝廷再将商品平价放出。这既能防止大商人囤积居奇，又可增加财政收入。

保马法

愿意养马的百姓，朝廷为其提供马匹或资金，自行养马，以备将来作战使用。

保甲法

建立民兵制度，对村中的壮丁登记造册，每两个男人选择一个参加军事训练，提高国家基层军事动员能力。

文豪的传世经典

梅　花

墙角数枝梅，
凌寒独自开。
遥①知不是雪，
为有暗香②来。

注释

① 遥：远远地望去。

② 暗香：此处指梅花的幽香。

译文

墙角有几枝梅花，冒着严寒独自开放。

远望就知道那不是雪，因为隐隐传来梅花的香气。

作品赏析

宋神宗熙宁九年（1076年），朝廷上下反对改革的声音越来越大，王安石第二次被罢相，独自来到钟山居住。王安石的心境与独立雪中的梅花有共通之处，于是写下这首诗。这首诗的语言朴素平实，既赞扬了梅花的高洁，又表现了作者的情操。

元　　日[1]

爆竹声中一岁除[2]，
春风送暖入屠苏[3]。
千门万户曈曈日，
总把新桃换旧符[4]。

注释

① 元日：农历正月初一，即春节。

② 除：过去，逝去。

③ 屠苏：用屠苏草浸泡的屠苏酒。饮屠苏酒是古代过年时候的一种习俗，大年初一大家一起喝屠苏酒，意在驱邪避疫、平安长寿。

④ 新桃换旧符：用新的桃符换下旧的桃符。桃符是古代新年时挂在大门上的避邪门饰，是春联的前身。

译文

在轰隆的爆竹声中，一年已经过去。春风将温暖送给畅饮着屠苏酒的人们。

千家万户感受着太阳温暖的照耀，都忙着用新的桃符换下旧的桃符。

作品赏析

宋神宗对北宋积贫积弱的现状深感忧心，启用王安石变法。1069 年，任参知政事的王安石看到新年的热闹气氛，想到变法的新气象，心中有感，作了这首诗。

泊船瓜洲①

京口②瓜洲一水间③，
钟山④只隔数重山。
春风又绿⑤江南岸，
明月何时照我还⑥。

注释

① 泊船瓜洲：在瓜洲停船。泊，船靠岸停泊。瓜洲，镇名，在今江苏扬州一带。

② 京口：古城名，在今江苏镇江。

③ 一水间：指一条长江隔在京口和瓜洲之间。一水，一条长江。

④ 钟山：指今天的江苏南京紫金山。

⑤ 绿：动词，吹绿的意思。

⑥ 还：回。

译文

京口和瓜洲中间仅隔着一条长江，钟山只隔着几座山峰。

春风又一次吹绿了江南的岸边，明月什么时候才能照着我返回呢？

作品赏析

这首诗创作于王安石晚年，描写了将船停在瓜洲时的所见所感。“春风又绿江南岸”形象地写出了春天到来的景象，据说作者最初写的是“又到江南岸”，后来把“到”字改成“过”“入”“满”等，反反复复改了十几次，最终选定了“绿”字。

苏轼

一生走在被贬路上的大文豪

籍贯：眉州眉山（今属四川）

字号：字子瞻，号“东坡居士”

生卒年：1037—1101 年

成就：著名文学家、书画家，“唐宋八大家”之一，与苏洵、苏辙合称“三苏”，诗与黄庭坚并称“苏黄”，词与辛弃疾并称“苏辛”，散文与欧阳修并称“欧苏”，书法为“宋四家”之一

代表作：《水调歌头·明月几时有》《念奴娇·赤壁怀古》等

文 学：精通诗、词、散文、辞赋等，写诗旷达豪健、富有理趣，作词开创了气势恢宏的豪放派，散文辞赋多姿多彩、收放自如

艺术：书法融会贯通，自出新意；倡导文人画，注重画风创新

学文典范

苏轼被认为是北宋文化最高成就的代表，对诗文革新有突出贡献，尤其是他的文艺观点和创作的词、散文作品，对古代文学的发展，影响极为深远。

跨越时光读大师

书香门第

《三字经》中有这样一段话：“苏老泉，二十七，始发奋，读书籍”。这位苏老泉名叫苏洵，是苏轼的父亲。1037 年，苏轼出生了。他和弟弟苏辙、父亲苏洵被合称“三苏”。“三苏”在当时很有名望，也是宋代古文运动的代表人物，在“唐宋八大家”里就占了三个席位。

乌龙事件

1057 年，二十岁的苏轼赴京赶考，遇到一个大乌龙事件。当时主考官是文坛领袖欧阳修，他看到苏轼所作的《刑赏忠厚之至论》，赞不绝口，以为是自己的学生所作，为避嫌只给这篇文章的作者第二名。事后真相大白，欧阳修对苏轼愈加赏识，给予“他日文章必独步天下”的评价，苏轼一时名动京师。

外调避祸

苏轼步入仕途的前几年，生活较为平静。直到 1071 年，此时王安石变法正如火如荼地进行着。苏轼对王安石新法中的一些规定不太认同，便几次上书。王安石等主张变法的官员，则对反对变法的人极力打击，很多官员因此被贬官离京。看到这种情况，苏轼只得请求调到外地去做官，远离京城这是非之地。

心系民生

苏轼出京后，先后在杭州、密州（今山东诸城）、徐州等地任职。苏轼在徐州任职时，黄河决口，洪水泛滥，苏轼在城墙上搭草屋暂住，日夜不回家，以安定民心；派官吏分别堵塞缺口，同时协调驻防的军队一起抢修东南长堤，保全了徐州城。事后，苏轼主持修缮了旧城，并修建了护岸防洪，以利长久。

乌台诗案

1079 年，苏轼被调到湖州任知州，任职期间，他给皇帝写了一封《湖州谢表》汇报工作，性格耿直的他写了一些对现状的不满。没想到这篇文章被别有用心的新党发现，他们以此为把柄，污蔑苏轼妄自尊大、愚弄朝廷、犯上不敬，皇帝把苏轼关进了御史台大牢。

御史台里的柏树上经常有乌鸦栖息筑巢，御史台因此被称为“乌台”。苏轼的这件案子，便称为“乌台诗案”。幸好有太皇太后和王安石等人说情，加上宋朝有“刑不上大夫”的传统等原因，苏轼才保住了性命。

千古文章

苏轼虽然保住了性命，但被贬到黄州（今湖北黄冈）任团练副使。苏轼并没有因此自暴自弃。有了很多闲暇时间，苏轼多次到黄州城外的赤壁山游览，他饮酒赋诗，文思泉涌，写下了《赤壁赋》《后赤壁赋》以及千古绝唱《念奴娇 · 赤壁怀古》。

东坡居士

在黄州任上，黄州太守把黄州东门山坡的一块荒地交给苏轼，苏轼开荒种地，自称“东坡居士”。他煮“东坡羹”，做“东坡肉”，酿“东坡酒”。据说，现在好多饭店里名字带“东坡”的食品，最初就是由苏轼发明的。在不断地磨炼中，苏轼的性格也越来越豁达、随性。

链接小知识

苏轼的弟子们

苏轼十分重视发现和培养文学人才。当时就有许多青年作家众星拱月似的围绕在他周围，其中成就较大的有黄庭坚、张耒、晁补之、秦观四人，合称“苏门四学士”。再加上陈师道和李廌，又合称“苏门六君子”。

苏轼的人生轨迹

1037年	出生于四川眉州
1056年	1056年入京，次年中进士
1061年	在凤翔（今属陕西宝鸡）任判官，留下了《喜雨亭记》等文
1065年	返回汴京，历任数职
1071年	外调杭州任通判，写下《饮湖上初晴后雨》二首
1074年	被贬至密州出任知州，写下《水调歌头·明月几时有》
1076年	被调往徐州出任知州
1079年	被调往湖州出任知州
1080年	到黄州任团练副使，写下《念奴娇·赤壁怀古》《记承天寺夜游》等
1084年	调往汝州，途径庐山，写下《题西林壁》

1085 年	返回汴京，历任数职
1089 年	重回杭州任知州
1091 年	调往颍州任知州
1093 年	外调定州，任军州事
1094 年	被贬至惠州
1097 年	被贬至儋州
1100 年	北归
1101 年	病逝于常州，享年六十四岁

假如大师也有直播间

阳光下，西湖水波荡漾，简直美极了。下雨天呢？天空云雾朦胧，西湖水波缥缈，这景色十分奇妙。把美丽的西湖比作传说中的美人西施，不管怎么淡妆浓抹，都显得刚刚好，有恰到好处的那种自然、可爱。

水光潋滟晴方好，山色空蒙雨亦奇。
欲把西湖比西子，淡妆浓抹总相宜。
——《饮湖上初晴后雨》

读苏轼的文字，酣畅淋漓，爽快。我们老人不要挡路了，让年轻人出人头地！

宋代文学家
欧阳修

不得不说，东坡先生才是真性情。如果说其他人是马，那东坡就是龙马！

金元之际文学家
元好问

词的风格，到了苏轼时期是一大变化，南宋辛弃疾等人的词风都是从这里来的。

清代文学家
纪昀

欧阳修、苏轼这些前辈都已经到了做学问为后人传诵的地步，这就是古人所说“立言”啊！

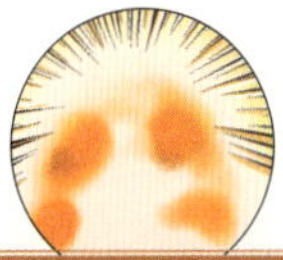

清代政治家、文学家
曾国藩

苏东坡是一个无可救药的乐天派、一个伟大的人道主义者、一个百姓的朋友、一个大文豪、大书法家、创新的画家、造酒试验家、一个工程师……

现代作家、翻译家
林语堂

文豪的传世经典

题西林壁[1]

横看成岭侧成峰，
远近高低各不同。
不识庐山真面目，
只缘[2]身在此山中。

注释

① 题西林壁：这首诗题写在西林寺的墙壁上。西林寺在今庐山脚下。

② 缘：因为。

译文

从正面、侧面看庐山山岭连绵起伏、山峰耸立，从远处、近处、高处、低处看庐山，庐山呈现各种不同的样子。我之所以认不清庐山真正的面目，是因为我身处庐山之中。

作品赏析

1084 年，苏轼由黄州贬赴汝州时，经过江西九江，游览庐山，写下了若干首诗。《题西林壁》是游庐山后的作品，描写庐山变化多端的面貌，并借景说理，指出观察问题应客观全面。

水调歌头

丙辰中秋，欢饮达旦，
大醉，作此篇，兼怀子由[①]。

明月几时有？把酒问青天。
不知天上宫阙，今夕是何年。
我欲乘风归去，又恐琼楼玉宇，
高处不胜寒。
起舞弄清影，何似在人间。

转朱阁，低绮户，照无眠。
不应有恨，何事长向别时圆？
人有悲欢离合，月有阴晴圆缺，
此事古难全。
但愿人长久，千里共婵娟[②]。

注释

① 子由：苏轼的弟弟苏辙的字。

② 婵娟：这里指月亮。

译文

丙辰年中秋，彻夜畅饮，大醉后写下此词，借此思念弟弟苏辙。

何时有明月呢？我举杯遥问苍穹。不知道天宫里，现在是哪年？我想乘着清风扶摇而上，又怕禁不住仙宫的寒意。起身舞蹈，影子也随着舞动，仙宫哪里比得上人间呢。

月儿转过朱红色的楼阁，低低地挂在雕花的门窗上，照着无法入睡的人。月亮可有什么怨恨吗？为什么要在我与亲朋分别的时候格外圆呢？自古以来，人世间的悲欢离合就与月亮的阴晴圆缺一样，难以求全。只望远方的亲朋都平安，哪怕现在隔着万水千山，也能共享这美好的月光。

作品赏析

1076 年，苏轼至密州出任知州已经两年，与弟弟苏辙分别七年没有团聚。中秋节，皓月当空，苏轼饮酒大醉，心潮起伏，挥毫写下了这首词。

赤　壁　赋（节选）

壬（rén）戌（xū）①之秋，七月既望②，苏子与客泛舟游于赤壁之下。清风徐来，水波不兴。举酒属（zhǔ）客③，诵明月之诗[4]，歌窈窕（yǎotiǎo）之章。少焉[5]，月出于东山之上，徘徊于斗（dǒu）牛[6]之间。白露[7]横江，水光接天。纵一苇[8]之所如，凌[9]万顷之茫然。浩浩乎如冯（píng）虚御风[10]，而不知其所止；飘飘乎如遗世独立，羽化[11]而登仙。

于是饮酒乐甚，扣舷而歌之。歌曰："桂棹兮兰桨[12]，击空明兮溯（sù）[13]流光。渺（miǎo）渺[14]兮予怀，望美人兮天一方。"

注释

① 壬戌：宋神宗元丰五年（1082年）

② 既望：农历每月十六日。望，每月十五日。既，完毕、完了。

③ 属客：劝客人饮酒。

④ 明月之诗：指《诗经·陈风·月出》，下文"窈窕之章"指其中的诗句。

⑤ 少焉：一会儿。

⑥ 斗牛：古人用二十八宿对应天上的二十八个星区，其中有斗宿和牛宿。

⑦ 白露：白茫茫的水汽。

⑧ 一苇：比喻小船像苇叶一样，是《诗经》中的典故。

⑨ 凌：渡过、越过。

⑩ 冯虚御风：在空中驾风而行。冯，同“凭”，凭借，依靠。虚，空。御，驾驶，泛指驾驭运行或飞行的事物。

⑪ 羽化：古代指人飞升上天、成为神仙。

⑫ 桂棹兮兰桨：用桂木做的棹，用木兰做的桨。棹和桨都是划船的工具。

⑬ 溯：逆流而上。

⑭ 渺渺：形容悠远的样子。

译文

壬戌年的秋天，七月十六这天，苏轼和朋友一起到赤壁之下划船游玩。舒缓的清风阵阵吹来，水面波澜不起。大家举酒劝酒，吟诵《诗经》中有关明月的诗，歌咏“窈窕”一章的名句。明月很快从东山升起，在夜空中的斗宿与牛宿之间徘徊。横贯江面的是白茫茫的水雾，好像水光接连到了天际。就让小船在江上飘着，渡过广阔无边的水面。这情景就像凭空乘着风一样，不知道到哪里停下，飘然而去，如同脱离人间，飞升成为神仙。

于是我们饮酒愈加有兴致，手敲打着船舷作为节拍，唱着诗歌：“桂木做的船棹，木兰做的船桨，划破了月下空明的清波细浪，我们逆流而上，迎着水面上浮动的月光。我的心里悠远地遐想，眺望思慕的美人啊，她在天涯的那一方。”

作品赏析

宋神宗元丰二年（1079 年），乌台诗案之后，苏轼被贬为黄州团练副使。三年后，苏轼两次游览附近的赤壁，写下两篇赋，这是第一篇，因此又称《前赤壁赋》。本文是古代文章的杰出代表，以文为赋，结合了传统辞赋和散文的优点。既有传统赋体的情韵，又不受制于传统辞赋的格式束缚，开头就是散文的自由散句，全文词句十分优美，景中含情，布局巧妙，对后世的诗歌、散文、辞赋发展都有深远的影响。

纪昀

会讲段子的大学问家

籍贯：直隶献县（今属河北献县）

字号：字晓岚、春帆，号石云，道号“观弈道人、孤石老人”

生卒年：1724—1805 年

成就：清代文学家，当时的学界领袖、文坛宗师

代表作：编纂《四库全书》，著有《阅微草堂笔记》

文学：善诗文，也能作小说

学术：是许多重要典籍编修工作的领导和参与者，对中国古代文化的研究和传播有很大贡献

个性：生性幽默，堪称一流的段子手

学文典范

纪昀对历代文学的发展变化、学术流派，有很高的历史眼光，后代学术研究受益良多。高考语文中，曾以纪昀《阅微草堂笔记》中的文章为例，讲述了视角转换的写作技巧。

跨越时光读大师

小小神童

纪昀很小的时候，就展现出惊人的才华。父亲纪容舒带他拜当地的名师及孺爱先生为老师，接受启蒙教育。当时的启蒙读物是《三字经》，五岁的纪昀过目不忘，不到半个月，便已将《三字经》倒背如流。及孺爱欣喜异常，认为自己收了一个有绝世奇才的弟子。纪昀有奇才不假，但也是一个让人头疼的孩子，非常调皮。

机智幽默

1730 年，纪昀参加了童子试。年幼的纪昀轻松夺魁，被称为“神童”。在清代，童子试分为县试、府试及院试三个阶段，三试全部通过后就是秀才，可享受免除徭役、见县官不跪等特权。

年少成名，使得本就调皮的纪昀更加我行我素。纪昀对对联的能力特别强，他经常凭借这个技能噎人或开玩笑。

据说，当时考试的主考官是位登科才三年的举人。他看纪昀还是个小孩，便出了一个讽刺他的对联：“十岁顽童，岂有登科大志。”纪昀一看，回了一句：“三年经历，料无报国雄心。”

科举波折

年少成名、学识渊博的纪昀，后面的科举之路却走得如同过山车一般。他先是经历了跑题落榜等风波，终于在 1747 年，在顺天府乡试中拔得头筹，高中解元。第二年，纪昀信心满满去参加会试，结果却令人大跌眼镜——名落孙山。落榜后，纪昀积极准备下次会试，其间母亲不幸去世了。依照礼法，纪昀需要守孝三年。

守孝期满后，纪昀重新参加会试，得了第二十二名。1754 年，三十岁的纪昀在殿试中取得二甲第四名的成绩，正式进入官场。

皇帝看重

殿试过后，纪昀担任翰林院庶吉士一职。这个职务品级不高，可是能经常见到皇帝，也算是前途光明。而纪昀也很快抓住了机会。

1756 年秋，乾隆皇帝出行热河，纪昀跟随。在这次出行中，纪昀的诗作受到乾隆皇帝的夸奖。纪昀“能文”的印象也留在了乾隆皇帝心中。

发配边疆

纪昀做文章水平一流，做官的水平却没有那么高。

乾隆三十三年（1768），轰动一时的两淮盐引案爆发。盐引是清代食盐买卖的凭证，属于国家管控物资。负责这方面事务的官员与商人勾结，贪污受贿，被人告发。乾隆皇帝震怒，准备严查。其中一名涉案官员叫卢见曾，他的孙子就是纪昀的大女婿。纪昀为此通风报信，惹得乾隆皇帝大怒，将纪昀撤职，发配乌鲁木齐。

在发配期间，纪昀坚持创作，写了很多关于边疆风光的诗文，这在当时是十分难得的。1771 年，纪昀终于被乾隆皇帝召回京师。纪昀以土尔扈特全部归顺为题作诗歌功颂德，让乾隆皇帝大悦，恢复了纪昀的官职。

主修《四库全书》

1773 年，乾隆皇帝筹划许久的大百科丛书《四库全书》终于提上日程。大学士刘统勋举荐纪昀和郎中陆锡熊二人为总纂。从此，纪昀开始领队编纂这部巨作，一直持续了十四年。

在此期间，纪昀成为乾隆皇帝的“伴读”，不论南下江南还是北上巡幸，乾隆皇帝都会记得带上纪昀。遇到盛事，纪昀就会应景作诗，让皇帝十分开心。

艰难熬过文字狱

纪昀在文学、学术方面的才能受到乾隆皇帝极大的认可，凡是朝廷有文化修书方面的大事，经常让纪昀领导或参与其中。再加上多次担任科举考官，纪昀在读书人中影响很大。不过，乾隆时期文字狱达到了最盛，由于纪昀的特殊地位，也多次被牵连其中，所幸只是被罚，并没有大的灾祸。乾隆皇帝晚年对纪昀青睐有加，多次召他随侍，在千叟宴的时候也邀请纪昀出席。

谥号“文达”

嘉庆皇帝亲政后，重用了七十二岁的纪昀，任命他为兵部尚书。纪昀八十岁寿辰这天，嘉庆皇帝特地派人携赏赐上门道贺。1805 年，嘉庆皇帝册封纪昀为协办大学士，加太子少保，管国子监事。纪昀去世后，嘉庆皇帝赐谥号“文达”，取“敏而好学可为文，授之以政无不达”的意思，亲作祭文、碑文纪念，这是封建社会文臣的极大荣耀。

假如大师也有直播间

中华历史上，诗何其多也，而表现边疆风土人情的诗却有些不够看。老夫在乌鲁木齐待了两年多，作诗一百余首，太过瘾了，其中就数写天山最高峰的这首，描述的景色最壮丽！夜深人静，山雨欲来，说下雨就下雨，闪电仿佛就在头顶。不过，暴风雨来得快，去得也快，明天山顶可能就会出现美丽的朝霞，这就是天山的魅力！

云满西山雨便来，田家占候不须猜。
向来只怪东峰顶，晓日明霞一片开。
——《乌鲁木齐杂诗之风土》

朕欣赏纪昀的文学水平，可惜刑名并不是其擅长的领域，还是用心编书去吧。

清乾隆帝
弘历

觉得纪昀很不错，他敏而好学，写出了很好的文章，是个不可多得的人才，我要重用他。

清嘉庆帝
颙琰

纪晓岚先生生性幽默，是我朝的诙谐大王，朝中大臣很多都被他开过玩笑。

清代文学家
朱克敬

纪昀老师有着汉代谷永的文笔和楼护的口才，没人能跟他相提并论。

清代经学家、文学家
洪亮吉

纪先生胸怀坦率、生性幽默。突然听到他说的话，会觉得诙谐，可过后仔细思考，会发现他说的是至理名言啊！

清代学者、藏书家
江藩

千古巨制《四库全书》

《四库全书》的内容十分丰富，分经、史、子、集四部分，部下有类，类下有属。

经部：收录儒家“十三经”及相关著作10个大类。

史部：收录各类史书15个大类。

子部：收录诸子百家著作和类书，包括儒家类、兵家类、法家类、农家类、医家类、天文算法类、术数类、艺术类、谱录类、杂家类、类书类、小说家类、释家类、道家类等14大类。

集部：收录诗文词总集和专集等，包括楚辞、别集、总集、诗文评、词曲等5个大类。

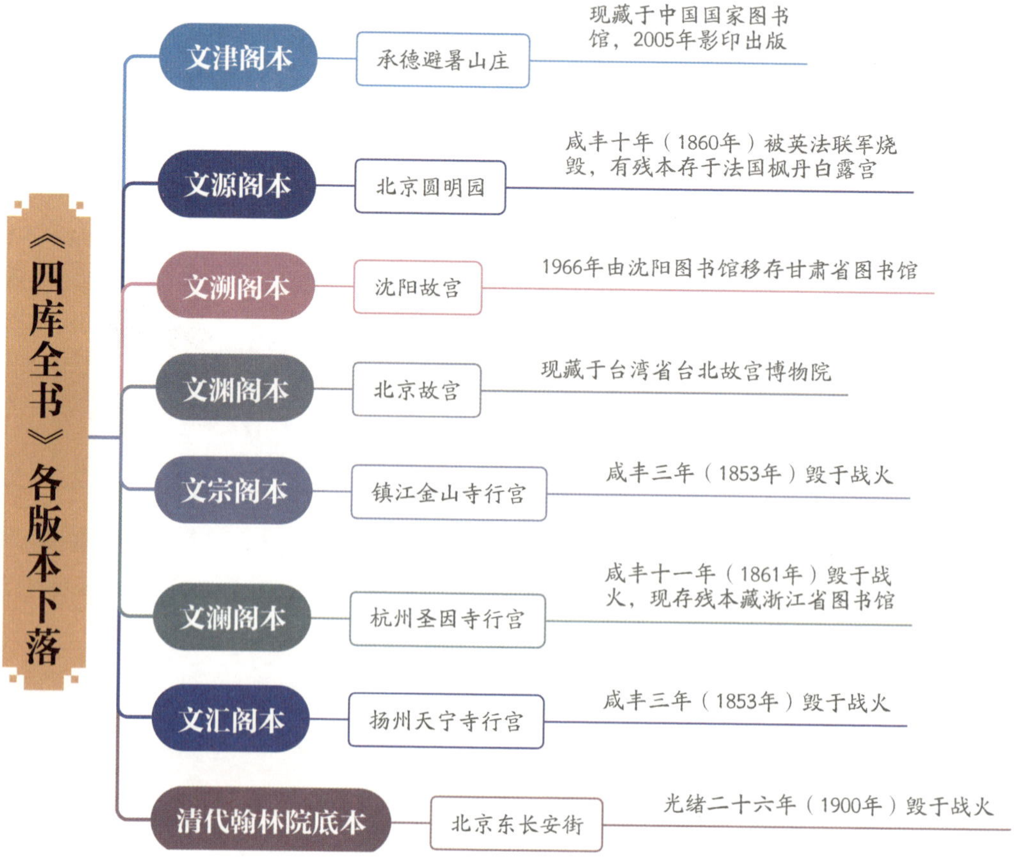

#《四库全书》

- **定位**
  - 《四库全书》全称为《钦定四库全书》，是清代乾隆年间政府主持编修的大型丛书，也是中国古代最大的文化工程。
- **选材**
  - 符合收录条件的“着录”3000余种。
  - 符合部分条件的，被列为“存目”，只存书名，不收其书，共6793种。
  - “抵触本朝”之书一概“禁毁”3000余种。
- **过程**
  - 乾隆三十八年（1773年）设置“四库全书馆”，经十年完成。
  - 纪昀等360多位官员、学者参与，3800多人负责抄写，编纂抄写的过程就花了将近十四年。
- **内容**
  - 全书分为经、史、子、集四部，所以名为“四库”。
  - 全书共收录了3460余种图书，共计 79300余卷（文渊阁本）。
  - 中华传统文化最丰富、最完备的集成之作，文学、哲学、历史、理学、工、农、医等几乎所有的学科都能够从中找到自己的源头和血脉。
  - 收入和存目了西洋传教士参与撰述的著作，包括从西洋传入中国的数学、天文、仪器及机械等方面的著作。
- **装帧**
  - 《四库全书总目》因为是全书纲领，采用代表中央的黄色
  - 经部绿色
  - 史部红色
  - 子部浅蓝色（或月白色）
  - 集部灰黑色（或藕荷色）
  - 装帧原则依春、夏、秋、冬四季而定

文豪的传世经典

富春至严陵山水甚佳[1]（其二）

浓似春云淡似烟，
参差（cēncī）[2]绿到大江边。
斜阳流水推篷[3]坐，
翠色随人欲上船。

注释

① 富春至严陵山水甚佳：从富春至严陵旅途所见的景色非常美丽。富春，指富春江，属于钱塘江的一段。严陵，这里指富春山。

② 参差：长短、高低、大小不一致、不整齐。

③ 推篷：拉开船上的篷。

译文

浓厚得好像春天的云彩，清淡得又好似薄烟，江边的绿树高低不齐。

夕阳斜下，流水涔涔，我不禁推开船篷坐在舱外，富春江山水的翠色似乎跟着涌上了船头。

作品赏析

这首诗记录了纪昀从富春到严陵旅途中的秀丽山水。全诗紧扣了一个“绿”字，清新活泼，充满了画面的色彩感和动态感。在夕阳余晖的照耀下，江水碧如翡翠，岸边绿树环绕，一边波光荡漾，一边翠色欲滴。作者以丰富的想象为我们描绘了一幅夕阳绿树行舟图。

河中石兽[1]（节选）

一老河兵闻之，又笑曰：“凡河中失石，当求之于上流。盖[2]石性坚重，沙性松浮，水不能冲石，其反激之力，必于石下迎水处啮（niè）沙为坎（kǎn）穴[3]，渐激渐深，至石之半，石必倒掷[4]坎穴中。如是再啮，石又再转。转转不已，遂反溯（sù）流逆上矣。求之下流，固颠；求之地中，不更颠乎？”如其言，果得于数里外。然则天下之事，但知其一，不知其二者多矣，可据理臆断欤（yú）？

注释

① 石兽：这里指一间寺庙门前的石雕。

② 盖：因为。

③ 坎穴：坑洞。

④ 倒掷：倾倒。

译文

一位巡河的老兵听说了这件事，笑道："但凡是落入河中的石头，都应当在河的上游追寻它。这是因为石头坚硬沉重，沙松软易浮，水流不可能冲走石头，而是在石头下面迎着水流的地方侵蚀沙子，形成坑洞。慢慢地，流水越激，坑洞越深，当坑达到石头的一半时，石头必定会朝着水流的反方向倾倒在坑洞中。这样再冲刷，石头又会再次转动。如此不停地转动，于是石头反而逆流朝相反方向转到上游去了。在河的下游寻找石兽，当然很荒唐；可在石兽沉没的地方寻找，不就更荒唐了吗？"人们依照他的意见去寻找，果然在上游几里外找到了石兽。就像这样，天下的事只知道表面现象，不知道根本道理的情形有很多，难道真的根据某个道理就能做出主观判断吗？

作品赏析

这篇文章选自纪昀的《阅微草堂笔记》，讲述了一则非常具有教育意义的故事，深刻地表达了对那些一知半解却又自以为是的"学者""专家"之流的嘲讽，同时也告诉了我们，认识事物需要全面深入、一丝不苟。

文章层次分明，循序渐进，围绕着石兽的搜寻工作展开故事，将生活的哲理蕴藏在故事当中，极大地提升了文章的可读性。

鲁迅

以笔为武器的文坛战士

籍贯：浙江绍兴

字号：本名周树人，字豫才

生卒年：1881—1936 年

成就：著名文学家、思想家、革命家、教育家、民主战士，新文化运动的重要参与者，中国现代文学奠基人之一

代表作：《呐喊》《彷徨》《朝花夕拾》《野草》《中国小说史略》等

文学：以文学向腐朽的封建文化宣战，影响了大量进步人士。在现代小说、杂文、散文、翻译文学和学术研究等领域，都有重大贡献和突破

教育：一生致力于提携文学后辈和有志青年

学文典范

鲁迅的作品深刻探讨了社会和文化问题，为后世留下丰富的精神遗产，影响超越了时代和民族。《故乡》《藤野先生》《孔乙己》等多篇文章入选各个时期不同版本的语文教材。

跨越时光读大师

家道中落

鲁迅也算出身于名门望族。他的祖父周介孚曾供职翰林院，出任过内阁中书。鲁迅出生时，周家在绍兴分居三处，彼此照应，家中有四五十亩水田，是标准的大户人家。鲁迅十二岁进入三味书屋，跟着名师寿镜吾读书，学习十分认真。

不料，1893年，鲁迅的祖父周介孚因陷入科考舞弊案被下狱，父亲周伯宜病重，家道中落，鲁迅全家被迫前往乡下避难。

人情冷暖

由于父亲患病，鲁迅开始担起责任，每天为父亲买药。家境越来越艰难，钱花完了就去当铺典当东西。家境好的时候，四周的人都用一种羡慕和亲切的眼光看待他，对他十分友善；如今人们的态度却变得冰冷，对他冷眼相待。就这样，鲁迅很早便见识了人情冷暖。

鲁迅十五岁那年，父亲去世了。家庭生活每况愈下，但少年时期的鲁迅从未放弃学习。除了在私塾学习古文知识，他还自学影描美术。这一时期，他开始写日记，锻炼作文能力。

外出求学

艰难的生活并没有让鲁迅意志消沉。1898年，鲁迅考入江南水师学堂，第二年转入矿务铁路学堂，学的是跟文学毫不相关的开矿。在这期间，鲁迅已经开始找外国的图书学习，比如赫胥黎的《天演论》，以此来开阔眼界。

鲁迅毕业后，为了进一步深造，继续求学。1904年9月，他前往日本仙台医学专门学校学医，其间认识了藤野严九郎。藤野严九郎不仅不歧视鲁迅，反而处处照顾他，鲁迅后来专门写文章纪念这位良师。

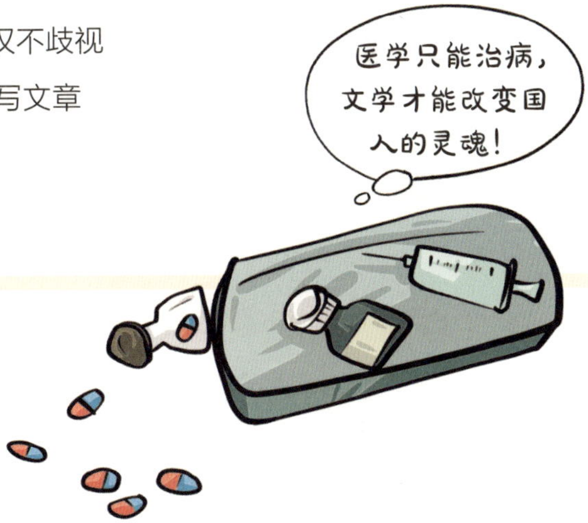

弃医从文

鲁迅学医期间，世界局势很不太平。1906年鲁迅在日本留学期间观看幻灯片，在幻灯片里面一个中国人被日军抓捕，在场的中国人却在津津有味地观赏。这给了鲁迅很大的触动。他认为当时很多人的内心是麻木的，当医生虽然能救人，却无法唤醒人们。

后来，鲁迅决定弃医从文，希望用文学的力量强健中国人的精神。

归国效命

当时的日本，有很多学识渊博、思想进步的中国仁人志士。1908 年，鲁迅在日本拜民主革命家章太炎先生为老师，在他身边学习，同时，成为反清革命组织“光复会”会员。这期间，鲁迅生活艰难，经常替别人校对书稿来赚钱补贴生活。

1909 年 8 月，鲁迅回到祖国。归国之后，他进入学校，开始教书育人，同时进行文学创作。1911 年，鲁迅完成了个人的第一篇文言短篇小说《怀旧》。

以笔为刃

像鲁迅一样，很多走在时代前列的人都意识到改变国人思想的重要性。1915 年，陈独秀在上海创办了一本叫作《青年杂志》的刊物，后改名为《新青年》，拉开了新文化运动的序幕。两年后，陈独秀将《新青年》的编辑部转移到北京，并成立了刊物编委会。此时，鲁迅加入进来，担任编委，开始在中国文坛发光发热。

1918 年 5 月，鲁迅在《新青年》第 4 卷第 5 号发表了中国现代文学史上第一篇白话短篇小说《狂人日记》，以笔为刃，向旧社会发起了猛烈冲击。1920 年，鲁迅还读了《共产党宣言》中文译本等进步读物，并盛赞译者。

奋勇抗争

1926年3月，日本军舰驶入中国大沽口港口挑衅，北京爆发了反对北洋军阀段祺瑞执政府的游行运动。游行期间，段祺瑞政府向爱国群众开枪，造成47人死亡的重大惨案，这就是震惊全国的“三一八惨案”。鲁迅接连写出《死地》《记念刘和珍君》等文章抨击段祺瑞政府的罪行，遭北洋政府追捕，被迫南下，到厦门大学任职。不久后，蒋介石发动“四一二反革命政变”，鲁迅积极营救进步学生，失败后愤然辞职。

民族魂

从1928年起，鲁迅意识到了社会变革的紧迫性，他开始大量搜集马克思主义著作，并进行翻译。他参加发起中国自由运动大同盟；还发起中国左翼作家联盟，被选为常务委员。

常年忘我工作的鲁迅，身体越来越差，1936年10月在上海不幸逝世。

在鲁迅先生55年的生命历程里，总共留下了上千万字的作品，其中包括600多万字的文学作品，以及400多万字的书信作品和编辑类作品。鲁迅被誉为“民族魂”，他的作品深刻影响着一代又一代人，对中国社会的思想文化发展产生了巨大的影响。

假如大师也有直播间

有同学写作文，说我发现了“拆屋效应”。是的，这话的确是我说的。

譬如你说，这屋子太暗，须在这里开一个窗，大家一定不允许的。但如果你主张拆掉屋顶，他们就会来调和，愿意开窗了。

——《无声的中国》

现代学者
郭沫若

鲁迅先生无意做诗人，偶有所做，每臻绝唱。

现代作家
郁达夫

没有伟大人物出现的民族，是世界上最可怜的生物之群；有了伟大的人物，而不知拥护、爱戴、崇仰的国家，是没有希望的奴隶之邦。

苏联作家
法捷耶夫

鲁迅是真正的中国作家，给世界文学贡献了很多民族形式的、不可模仿的作品。

现代诗人
臧克家

有的人活着，他已经死了；有的人死了，他还活着。

现代日本作家
大江健三郎

我认为在 20 世纪的亚洲，也就是在这 100 年间的亚洲，最伟大的作家就是鲁迅。

鲁迅创作时间线

1906年
弃医从文，开始从事文艺译著工作

1918年5月
在《新青年》发表《狂人日记》
中国第一部现代白话小说

1920年9月
发表小说《风波》

1923年8月
小说集《呐喊》出版

1926年8月
《彷徨》出版

1927年4月1日
赴黄埔军校发表演讲《革命时代的文学》

1927年8月
发表《魏晋风度及文章与药及酒之关系》

1927年12月
与梁实秋等人就“第三种人”“自由人”展开论争

1933年
作《为了忘却的记念》怀念柔石

1934年1月
与郑振铎合编的《北平笺谱》出版

1934年5月
编选苏联版画集《引玉集》出版

1935年2月
开始译果戈理《死魂灵》

1908年

与二弟周作人一起合作，译《域外小说集》，次年出版

1911年

作文言小说《怀旧》

1912年至1917年

大量抄古碑，辑录金石碑帖，校对古籍

1918年

任《新青年》杂志编委

1923年12月

作《娜拉走后怎样》演讲，《中国小说史略》上册出版

1924年7月

赴西安讲《中国小说的历史变迁》

1924年11月

在《语丝》周刊首期发表《论雷峰塔的倒掉》

自此鲁迅成为《语丝》主要作家之一

1926年4月

作《死地》《记念刘和珍君》等

1928年春

与创造社、太阳社的大部分成员就“革命文学”问题展开论争

1928年

从这一年开始大量搜集马克思主义著作并翻译

1930年3月

作《对左翼作家联盟的意见》演讲

1935年6月

集成《新文学大系·小说二集》并作长序

1936年

最后的创新之作《故事新编》出版

故　乡（节选）

深蓝的天空中挂着一轮金黄的圆月，下面是海边的沙地，都种着一望无际的碧绿的西瓜。其间有一个十一二岁的少年，项带银圈，手捏一柄钢叉，向一匹猹[1]尽力的[2]刺去，那猹却将身一扭，反从他的胯下逃走了。

…………

闰土又对我说：

“现在太冷，你夏天到我们这里来。我们日里到海边检[3]贝壳去，红的绿的都有，鬼见怕也有，观音手也有。晚上我和爹管西瓜去，你也去。”

“管贼吗？”

“不是。走路的人口渴了摘一个瓜吃，我们这里是不算偷的。要管的是獾（huān）猪，刺猬，猹。月亮地下，你听，啦啦的响了，猹在咬瓜了。你便捏了胡叉，轻轻地走去……”

注释

① 猹：鲁迅曾说，“猹”是他根据乡下人的读音生造出来的，可能是獾这种小动物。

② 的：现在写为“地”。

③ 检：现在写为“捡”。

作品赏析

本文节选自《故乡》。1919 年，鲁迅回到了故乡，再次接触了风雨飘摇中的中国农村，结合自己的生活体验，写出了这篇小说，反映了作者对故乡物是人非的感慨。作者用白描的手法、简练的语言描写了一幅少年抓猹的画面，一个朴实、活泼、机灵、勇敢的少年形象栩栩如生，跃于纸上。

从百草园到三味书屋（节选）

不必说碧绿的菜畦（qí），光滑的石井栏，高大的皂荚树，紫红的桑椹（shèn）[①]；也不必说鸣蝉在树叶里长吟，肥胖的黄蜂伏在菜花上，轻捷的叫天子（云雀）忽然从草间直窜向云霄里去了。单是周围的短短的泥墙根一带，就有无限趣味。油蛉（líng）在这里低唱，蟋蟀们在这里弹琴。翻开断砖来，有时会遇见蜈蚣；还有斑蝥（máo），倘若用手指按住它的脊梁，便会拍[②]的一声，从后窍喷出一阵烟雾。何首乌藤和木莲藤缠络着，木莲有莲房一般的果实，何首乌有拥肿[③]的根。有人说，何首乌根是有像人形的，吃了便可以成仙，我于是常常拔它起来，牵连不断地拔起来，也曾因此弄坏了泥墙，却从来没有见过有一块根像人样。如果不怕刺，还可以摘到覆盆子，像小珊瑚珠攒（cuán）④成的小球，又酸又甜，色味都比桑椹要好得远。

注释

① 桑椹：现在写作“桑葚”。

② 拍：现在写作“啪”，拟声词。

③ 拥肿：现在写作“臃肿”。

④ 攒：凑在一块儿。

作品赏析

这段文字节选自《从百草园到三味书屋》，写于 1926 年。当时鲁迅到了厦门大学，正值暑假期间，回忆起少年时的往事，就写了这篇散文，发表于《莽原》上。对回忆中的百草园，作者的写法挥洒自如，就像优美的诗歌，显得妙趣横生。简练而生动的语言，使得百草园中动静结合，趣味无穷。

作文故事素材索引

【苦难磨炼】

【自由豁达】

【宏伟志向】

【修身育德】

作文佳句素材索引

【品德修养】

【自然美景】

【胸怀抱负】

鹏之背，不知其几千里也；怒而飞，其翼若垂天之云。

——庄子 /023

春风又绿江南岸，明月何时照我还。 ——王安石 /068

【哲理思辨】

子非鱼，安知鱼之乐？ ——庄子 /022

蚍蜉撼大树，可笑不自量。 ——韩愈 /042

千里马常有，而伯乐不常有。 ——韩愈 /045

欲与常马等不可得，安求其能千里也？ ——韩愈 /045

翁曰：“无他，但手熟尔。” ——欧阳修 /055

不识庐山真面目，只缘身在此山中。 ——苏轼 /078

人有悲欢离合，月有阴晴圆缺，此事古难全。 ——苏轼 /079

然则天下之事，但知其一，不知其二者多矣，可据理臆断欤？

——纪昀 /093